지나간 **탄핵**, 다가올 **탄핵**

탄핵 인사이드 아웃 2

지나간 탄핵, 다가올 탄핵

탄핵 인사이드 아웃 2

채명성 저

기파랑

―――――――
일러두기

1. 박근혜 전 대통령 호칭

박근혜 전 대통령은 이 책이 다루는 1974~2019년의 기간 동안 박정희 대통령의 딸, 사인 私人, 국회의원, 당대표, 대통령 경선후보, 대통령후보, 대통령, 다시 사인(전직 대통령)으로 신분과 지위의 변화를 겪는다. 책에서는 혼동의 여지가 없는 범위에서 그분을 일관되게 '대통령'이라고 지칭하겠다.

2. 탄핵

일반으로 탄핵彈劾이란 '잘못을 공박한다'라는 뜻이다. 왕조 시대에 언관言官 등이 비리 등을 이유로 관리를 공개적으로 공박하는 것을 탄핵이라 했다. 오늘날 형사 법정에서 변호인이 검찰 공소장의 허점을 공박하는 것도 탄핵이라 한다.

현대 법치국가에서 탄핵impeachment은, 중대한 위법 등을 이유로 공무원을 파면하는 특별한 절차이다.
미국은 의회 하원의 탄핵 발의가 있으면 상원이 탄핵 의결을 한다. 아직까지 미국 대통령이 탄핵으로 파면된 일은 없다.
우리나라는 국회의 탄핵소추彈劾訴追가 있으면 헌법재판소가 탄핵심판을 한다. 헌정사상 대통령에 대한 탄핵심판은 두 차례 있었는데, 2004년 노무현 대통령 탄핵소추는 헌재에서 기각되었고, 2017년 박근혜 대통령 탄핵소추가 전무후무하게 헌재에서 인용(認容, 받아들임)되어 대통령이 파면되었다. 이 책의 전작前作인 『탄핵 인사이드 아웃』(기파랑, 2019)은 박근혜 대통령 탄핵소추와 파면 결정의 부당성을 탄핵한 책이었다.

이 책에서는, 더불어민주당 우상호 원내대표 등이 물밑에서 탄핵을 기획하고 '최순실(최서원) 게이트'가 터진 2016년 여름부터, 국회의 대통령 탄핵소추를 거쳐 2017년 3월 10일 헌재의 대통령 파면 결정까지의 기간을 탄핵 정국이라 부르고자 한다. 탄핵 정국과 이후 벌어진, 초유의 현직 대통령 탄핵 파면을 정점으로 하는 일련의 사건과 상황들은 탄핵 사태라고 부르겠다.

2019년 1월 『탄핵 인사이드 아웃』을 낸 지 열 달 만에 속편續篇을 낸다.

『탄핵 인사이드 아웃』에서는 '탄핵 사태' 첫 1년여에 걸치는, 헌법재판소의 탄핵심판 과정부터 박근혜 대통령 파면 결정, 이어진 법원의 형사재판 과정을 '사실과 법리' 측면에서 분석하여, 탄핵 과정이 부당했음을 밝히고자 했다.

그동안 탄핵의 부당성에 대한 공감대가 확산되었고, 사회 전반의 분위기도 많이 달라졌다. 하지만 아직도 대한민국에는 박근혜 전 대통령과 지난 박근혜 정부에 대한 오해와 왜곡이 존재한다. 지나간 탄핵 정국에서 마구 생산된 루머와 오보 들이 정리되지 않아 부정적인 이미지가 불식되지 못한 폐해는 걱정스러운 수준이다. 탄핵 사태의 원인과 사태의 본질도 명확하게 정리되지 않은 채 반목과 갈등이 이어지고 있다.

결과적으로 전편前篇이 되는 『탄핵 인사이드 아웃』을 낼 당시는 탄핵 사태의 충격과 후폭풍이 채 가시기 전이어서, '거짓의 산' 속에서 한 줌 진실을 가려내기 급급한 나머지 나무만 보고 숲은 보지 못한 아쉬움이 있었다. 따라서 속편인 이번 책에서는 탄핵 정국 이전과 이후까지를 아우르는 더 넓은 조망에서 탄핵 사태를 되짚어 보고, 지난 열 달 사이 벌어진 일들, 그동안 거짓으로 드러난 것들과 새로이 밝혀진 사실들을 함께 살펴보기로 한다.

먼저 제1부에서, 박근혜 전 대통령이 어떤 인물이었는지를 그의 인생 역정과 함께 되짚어 보고, 박근혜 정부가 어떤 일들을 했는지 있는 그대로 조명하고자 한다. 공功은 공대로, 과過는 과대로 객관적으로 평가되기를 바라지만, 아무리 박하게 주어도 공칠과삼功七過三은 되지 않을까 한다.

다음 제2부에서는 탄핵 사태를 좀 더 넓은 시야에서, 그 배경부터 구체적으로 살펴보려 한다. 탄핵 사태가 발생한 2016년은 개성공단 폐쇄, '김정은 참수부대' 창설 등으로 남북의 갈등이 최고조에 달해 있었고, 미국도 대북 선제 타격을 심각하게 검토하던 시기였다. 북한으로서는 일촉즉발의 위기 상황이었으나, 결과적으로 탄핵을 통해 위기를 넘었다. 탄핵의 뒤에는 '최순실 TF'로 대표되는 고도의 '탄핵 공작'이 있었다는 것, 그 공작의 기획자들은 일부 정치·언론 세력들과 북한 및 북한 추종 세력이었다는 것, 대다수 정치 세력과 언론이 그 공작에 놀아났다는 것 등을 전편에서보다 좀 더 소상히 밝히고자 한다. 박근혜 전 대통령 형사재판이 그사이 대법원 파기환송심까지 진척되었으므로, 이제까지의 형사재판 전 과정도 함께 간추려 본다.

제3부에서 '문재인 대통령은 탄핵될 것인가?'라는, 일견 도발적인 물음을 던진다. 결론부터 미리 말하자면, 현 문재인 대통령과 집권 세력이야말로 탄핵되어 마땅하다는 것이다.

탄핵 사태 이후 들어선 문재인 정권이 대한민국을 근본에서부터 뒤흔들고 있어, 나라의 존립을 걱정해야 할 지경이다. 대통령부터 앞장서서 헌법과 법률을 수도 없이 위반하고 있고, 이것들은 당연히 탄핵 사유에 해당한다. 박근혜 전 대통령을 탄핵시킨 사유들과 비교할 때 문재인 정권의 행태가 얼마나 심각한지, 그리고 이러한 점들 하나하나가 명백한 탄핵 사유임을 분야별로 나누어 설명한다.

탄핵 사태는 대통령 파면과 제19대 문재인 대통령 취임으로 얼핏 종료된 듯하지만, 이후 3년 가까이 반목과 갈등, 국정 난맥상이 계속되고 문재인 대통령 탄핵 가능성까지 거론되고 있는 지금, 탄핵 사태는 어떤 의미에서 아직도 진행 중이다. 마지막 제4부는 탄핵 사태로부터 자유 대한민국이 얻어야 할 교훈을 찾는 데 할애하여, '자유'의 관점에서 우리 역사를 되짚어 본다. 자유 대한민국의 탄생이 얼마나 기적과 같은 일이었는지, 이승만·박정희 전 대통령들이 자유의 터전을 지키고 가꿔 온 얼마나 위대한 분들이었는지, 오늘날 왜 이런 혼란이 발생했는지, 지금의 혼란 이후에 우리가 어디로 가야 하는지에 대해 함께 생각해 보고자 한다.

'지나간 탄핵'의 본질은 체제 전쟁이며, 해방 이후 70년 넘게 이어져 온 남북 분단과 대한민국 내 좌우 대립의 최종전의 서막이었다. 지나간 탄핵으로 가시화된 체제 전쟁의 최종전이 '다가올 탄핵' —당연히 문재인 대통령 탄핵을 말한다—으로든 아니면 또 다른 형태로든 아무튼 마무리되기까지 오랜 시간이 걸리지는 않을 것이다. 이 전쟁을 통해 북한 3대 세습 독재 체제가 막을 내리고 대한민국에 자유가 만개하기를 바란다. 그것이 지금도 진행 중인 탄핵 사태에서 우리가 깨달아야 할 교훈이고, 이 책을 쓰는 이유이다.

'인사이드 아웃'이라는 전편의 제목과 이번 속편의 부제 모두, 이승만 전 대통령이 1941년 미국에서 출간한 『재팬 인사이드 아웃Japan Inside Out』에서 가져온 것임을 새삼스럽게 고백한다. 이승만 전 대통령이 그 책을 통해 아직 마각을 드러내지 않은 일본 제국주의의 실상을 세계인들 앞에 밝히고 태평양 전쟁을 예견한 것처럼, 나도 이 책들을 통해 탄핵의 본질이 체제 전쟁임을 밝히고 탄핵 이후를 고민하자는 바람에서다.

기억은 쉽게 왜곡된다. 요즘과 같이 가짜 뉴스가 난무하는 시대에는 더더욱 그렇다. 그러나 세상은 인과율에 따라 움직이고 진실은 반드시 밝혀진다. 세상의 변화는 진실을 밝히는 데서부터 시작된다. 보잘것없는 이 책이 기록하는 진실이 그 밑거름이 되기 바라며, 에밀 졸라Emile Zola의 '나는 고발한다J'Accuse'의 한 대목을 인용하는 것으로써 머리말을 맺는다.

한쪽에는 햇빛이 비치기를 원치 않는 범죄자들이 있고, 다른 한쪽에는 햇빛이 비칠 때까지 목숨마저도 바칠 정의의 수호자들이 있습니다. 이미 말씀드렸지만 다시 한 번 강조합니다. 진실이 땅속에 묻히면 그것은 조금씩 자라나 엄청난 폭발력을 획득하며, 마침내 그것이 터지는 날 세상 모든 것을 날려 버릴 것입니다. 그리고 우리는 머지않아 알게 될 것입니다.

이번 책도 흔쾌히 출간을 수락해 주신 기파랑의 안병훈 사장님과 박정자 주간님, 전편에 이어 속편도 편집을 맡아 준 김세중 편집자와, 허인무·박은혜 님들께 감사드린다.

2019년 11월

| 차례 |

'악마의 편집' 너머의 진실 찾기

'고립무원의 대통령'

저는 지금 돌이켜보면, 그 당시에 너무너무 끔찍했어요, 매일 매일이. 8시, 9시 메인 TV 뉴스를 볼 때도 끔찍했고요. 아침에 조간 신문들을 펼칠 때도 매일 매일이 무서웠어요, 그 공포감. 정말 고립무원의 대통령 혼자 떠 있는 것 같은, 바다 위에. 그런 느낌. (…) 그때 나왔던 모든 논평은 일종의 '라면 논평'이에요. 이게 모두가 '사실이라면'이라는 전제를 깔고 논평을 한 거예요. 이 논평은 너무너무 잔인한 거예요. 그거는 '사실이라면 참 실망이다' 그 정도로 끝나야 해요. 이 '~라면', '이것이 사실이라면'이라고 해 놓고 그 위에다가 온갖 상상을 동원해서 이렇게 올리는 것은 저는 죄악이라고 말하고 싶어요.

제19대 문재인 대통령이 취임한 지 만 2년이 갓 지난 2019년 5월 26일, KBS 1TV의 '저널리즘 토크쇼 J'에 출연한 모某 인사는 '고립무원의 대통령'의 기억을 이야기하며 눈시울을 붉혔다. '대통령' 재임 당시 언론의 공격으로 매일 매일이 끔찍했다고 했다. '대통령'이 추진한 개별 정책들은 국민 여론에 부합하는 것이었는데, 언론이 '메시지'와 싸워서 이기기 힘드니까 '메신저'를 공격한 것이라고 했다. '대통령'이 결국 '전투'에서 패해 불행한 결말을 맞았다고도 했다.

　　저 발언 속 '고립무원의 대통령'은 고 노무현 전 대통령이다. 저 말을 한 출연자는 노무현 정부 보건복지부 장관을 지낸 유시민 노무현재단 이사장이다.

　　유 이사장이 말하는, '대통령의 불행한 결말'을 불러온 전투가 두 진영 사이에서 10여 년 벌어지는 동안 서로 간의 감정의 골은 깊어져만 가, 어느덧 마지막 선을 넘어 버렸다. 그것이 지나간 탄핵 사태이다. 탄핵 사태의 가해자들인 현 집권 세력은 어느 날 정권을 잃으면 보복을 당할 것이라는 두려움에 떨 수밖에 없고, 영구 집권을 위해 수단 방법을 가리지 않는 상황으로 내몰리고 있다. '적폐 청산'이라는 미명으로 자행되는 전 정권 인사들 탄압, 법원과 헌법재판소의 '코드 인사', 최근의 '조국 사태'에서 절정에 이른 잇따른 인사 참사, 차기 선거를 노린 포퓰리즘 정책으로 추락할 대로 추락한 경제…. 그 와중에 대한민국호는 엉뚱한 곳으로 흘러가고 있다. 언젠가 누군가는 이 원한의 고리를 끊어야 하지만, 쉽지 않은 상황이다.

아직도 탄핵을 믿는가

2016년 12월 9일 국회의 박근혜 대통령 탄핵소추, 2017년 3월 10일 헌법재판소의 대통령 파면 결정—이후 3년 가까운 시간이 흘렀다. 그사이 문재인 정권 3년차를 맞으며 전직 대통령 2명이 구속되어 재판을 받고 있다. '적폐 청산'이라는 미명 하에 자행되는 인적 청산은 국정원, 군, 검찰, 언론에 이어 법원에까지 이어지고 있다. 그 과정에서 국정원 소속 정치호 변호사와 변창훈 검사가 스스로 목숨을 끊었고, 이재수 전 기무사령관이 투신 사망했다. 경제는 무너지고 안보는 위태롭다. 대한민국은 사회주의화되어 가고 있다. 이념 대립은 이전보다 더욱 격화되었다. 이 모든 일들이 약 3년 전 박근혜 대통령 탄핵에서부터 시작되었다.

이제 물어보고 싶다. 2016년 겨울 왜 그렇게 분노했고, 거리로 나와 촛불을 들었나? 과연 지금도 대통령을 탄핵시킬 사유가 있었다고 생각하는가? 당시 대통령이 사교邪教에 빠진 최서원의 아바타라는 분노와 실망감, 대통령이 세월호 7시간 동안 섹스나 하고 굿판을 벌이는 더러운 여자였다는 충격 때문에 탄핵에 찬성한 것은 아니었나? 그 모두가 거짓으로 밝혀졌지만 대통령은 파면되고, 구속되었다.

대통령 탄핵이 철저하게 '기획'된 것임은 탄핵 정국 당시 더불어민주당 원내대표였던 우상호 의원의 2017년 11월 6일자 『시사IN』 인터뷰 '이제는 말할 수 있다: 탄핵안 가결 막전막후'(이하, '우상호 인터뷰')를 통해 이미 어느 정도 밝혀진 바다. 우상호 원내대표는 2016년 8월 중순부터 조응천, 손혜원, 도종환 의원 등과 비공개로 '최순실 TF'를 꾸렸다고 밝혔다. 소주 '처음처럼'을 네이밍한 광고 전문가 손혜원 의원과 '접시꽃 당신'의 시인 도종환 의원이 TF 주요 멤버였다는 사실은 중요한 의미를 함축하고 있다. 박정자 교수는 이를 두고 "'섹스와 샤머니즘'이라는 두 개의 키워드로 지탱된 기획에 '기획자 없는 시민들의 자발적인 참여'라는 고도의 내러티브까지 포함시킨 기획자가 드러났다"고 평가했다. "손혜원 의원의 자신만만함은 이 정권을 근원에서부터 만든 일등공신이라는 사실에서 나온다"고도 했다.

이후 많은 사실이 추가로 드러났다.

탄핵 정국 당시부터 인력과 매크로 프로그램을 동원하여 인터넷 뉴스 댓글 조작으로 여론을 왜곡한 혐의로 김경수 경남도지사와 '드루킹'(김동원)에 대해 하급심에서 잇따라 유죄가 선고되었다.

박지원 의원은 2017년 11월 한 언론과의 인터뷰(이하, '박지원 인터뷰')에서 "(탄핵 정국 당시 새누리당) 김무성 의원이 40표를 모으면서 탄핵소추 논의가 본격화되었다"고 밝혔다.

탄핵심판 당시 헌법재판소 공보관으로 있다가 헌재 결정 직후 퇴임한 배보윤 변호사는 2019년 4월 25일 자유 우파 변호사 단체 모임에서 탄핵심판 과정의 문제점을 지적하고, 그 과정에서 본인이 공직자로서 제 역할을 다하지 못했음을 반성하는 '양심고백'을 했다.

천영식 전 청와대 홍보기획비서관은 『신동아』 2019년 6~10월호 연재 글 '대통령 박근혜 최후 140일'(이하, '천영식 증언록')에서 탄핵 정국 기간 동안 대통령이 혼란스러운 나라를 추스르기 위해 어떤 노력을 기울였는지, 매 단계 그 모든 노력들이 수포로 돌아갈 때마다 어떤 심경을 피력했는지 생생하게 증언했다.

가장 중요한 탄핵 사유였던 '미르재단을 통한 뇌물죄'는 이후 형사재판에서 무죄가 선고되었다. 최근에는 강요죄에도 해당되지 않는다는 대법원 판결이 내려졌다. 검찰과 특별검사가 엄청난 인력을 동원하여 대통령과 최서원 및 관련자들의 계좌를 추적하였지만 대통령이 이들로부터 1원도 수수하지 않았다는 사실만이 새삼 밝혀졌을 뿐이다. 하지만 법원은 '묵시적 청탁'을 들이대 유죄를 선고했다. 검찰과 특검이 주장해 온 '경제 공동체' 논리까지는 차마 받아들이지 않았지만, 결과는 징역 32년형이었다.

여론이 조작되고, 국회가 헌법을 어기고, 검찰과 특검, 헌법재판소가 순차로 굴복하는 과정을 거치며 대한민국의 법치는 무너졌다. 그 결과가 지금의 대한민국이다. 이제는 법치를 복원해 대한민국을 되살릴 때다.

탄핵 사태 본질은 '체제 전쟁'

지나간 탄핵 사태는 본격적인 '체제 전쟁'의 서막이었다. 이는 탄핵을 '기획'한 자들이 누구인지, 탄핵 사태를 통해 이득을 얻은 자들은 누구인지, 그래서 이후 대한민국이 어떻게 되었는지를 보면 명확하게 알 수 있다.

탄핵 사태의 기획자들은 '최순실 TF'를 만들고 이를 실행한 일부 정치·언론 세력들과 북한, 북한 추종 세력들이었다. 더불어민주당은 2016년 7월경부터 '최순실 TF'를 만들고 탄핵을 기획했다. 북한은 앞서 그해 4월부터 본격적으로 탄핵을 주장했고, 6월부터 난수 방송을 재개했다. 북한 체제에 우호적인 민주노총과 전교조를 비롯한 각종 시민단체들이 탄핵 정국에서 촛불집회 등을 통해 핵심적인 역할을 했다.

탄핵 사태 덕분에 북한은 2016년 일촉즉발의 위기 상황에서 벗어날 수 있었다. 2016년 박근혜 대통령은 개성공단을 폐쇄하고 '김정은 참수부대' 창설을 승인했다. 국군의 날 기념식에서 북한 주민들을 향해 "자유 대한의 품으로 오라"고 공언했다. 국정원 대북 공작도 본격화되었다. 미국도 대북 선제 타격을 심각하게 검토하고 있었다. 북한은 탄핵을 통해 이 위기로부터 벗어났고, 대선 잠룡潛龍이던 문재인 전 의원 역시 치명상을 입을 수 있었던 '송민순 회고록' 의혹(제9장 참조)에서 벗어날 수 있었다.

탄핵 사태로 북한에 우호적인 문재인 정권이 들어선 이후 북한은 직·간접으로 많은 수혜를 누리고 있다. 미국 국무부 출신 전직 고위 관리는 "북한이 한국 좌파들에 대한 이념 공세에서 상당한 성공을 거두었고, 북한이 어떤 행동을 하든 남한은 무조건 따른다고 믿는 정도에 이르렀다"고 평가하기도 했다. 그렇기 때문에 북한이 '삶은 소대가리' 등의 독설을 퍼부을 수 있는 것이라고도 했다.

민주노총은 정부에 노골적인 '촛불 청구서'를 내밀고 있고, 전교조는 법외노조화 취소 약속을 지키라며 문재인 정부를 압박하고 있다. 참여연대 인사들은 정권의 실세로 떠올랐고, 기타 좌파 시민단체들도 정부로부터 각종 수혜를 입고 있다.

이렇게 대한민국은 위기 상황으로 빠져들고 있다. 친북 정권이 북한에 구걸하듯 받아낸 '평양 공동선언'과 군사 분야 합의서로 인해 대한민국의 안보가 근본부터 위협받고 있다. 북한의 위협으로부터 대한민국을 지켜 줄 핵심 자산들이 모두 무너지고 있다. 미국과의 관계가 악화되고 있고, 일본과의 관계 역시 최악의 상황으로 치닫고 있다. 대한민국을 지켜 줄 한·미·일 삼각동맹이 흔들리고 있다. 대공 업무를 담당할 기무사는 해체되었고, 국정원의 대공 업무 역시 사실상 중단되었다.

이런 와중에 현 정권은 헌법의 '자유민주주의'에서 '자유'를 삭제하는 개헌을 추진하고 있다. 교과서에서도 '자유민주주의', '한반도 유일 합법 정부' 등의 문구가 삭제되고 있고 북한에 대한 부정적 표현들도 대거 수정되고 있다. 대한민국은 사회주의화되어가고 있다. 이는 북한과 북한 추종 세력들이 가장 바라는 바이다.

결국 탄핵 사태의 본질은 체제 전쟁이며, 해방 이후 70여 년간 이어진 남북 분단, 좌우 대립 최종전의 서막이 열린 것이다.

편집은 진실을 가리지 못한다

2019년 1월, 서울 강남의 '버닝썬'이라는 클럽에서 집단 폭행 사건이 발생했다. 이 사건은 클럽 내 마약과 성폭력, 경찰과의 유착 문제로 커져 갔고, 3월에는 '최순실'이라는 이름까지 다시 등장하기에 이른다.

버닝썬 사건의 최초 고발자인 김상교 씨는 2019년 10월 한 언론사와의 인터뷰를 통해, "이 사건을 '제2의 최순실 사태'로 키우자"는 제안이 있었다고 폭로했다. 더불어민주당 국회의원과 시민단체 인사가 김 씨를 찾아와 "최초 폭행자는 최순실 조카여야 한다. 버닝썬과 최순실을 엮어 '제2의 국정 농단 사태'로 키워야 한다"고 했다는 것이다. 이들이 '제2의 최순실 사태'를 '설계'하기 위해 김 씨를 여러 차례 회유했고, 김 씨 역시 좌파 진영에 찍히면 일을 하지 못하게 될까 두려움도 컸지만, 버닝썬 사건을 정의롭게 해결하는 것이 아니라 정치적으로 이용하려는 데 화가 나서 폭로를 결심했다고 했다. 지나간 탄핵의 유령은 아직도 이렇게 대한민국을 배회하고 있다.

한편 2019년 5월 17일에는 탄핵 정국 당시 박근혜 대통령과 최서원(최순실. 이하. 직접 인용이 아닐 때는 '최서원'으로 씀), 정호성 비서관 이렇게 세 명의 청와대 대화를 녹음한 약 90분 분량의 파일이 『시사저널』을 통해 공개되었다. 검찰이 가지고 있던 녹음 파일이 어떤 경로로 유출되었는지는 알 수 없지만, 유출된 녹음 파일은 또다시 부당한 프레임 씌우기에 이용되었다.

탄핵 정국 당시도 내내 그랬다. '최순실 국정 농단' 특별검사(특검)는 거의 매일 정례 브리핑을 열어 수사 상황을 설명했고, 이는 언론을 통해 여과 없이 보도되었다. 온갖 수사 기록들도 언론을 통해 실시간으로 공개되었다. 검찰은 주요 인물들의 녹음 파일의 전모는 밝히지 않은 채 무언가 엄청난 것이 숨겨져 있는 것처럼 언론 플레이를 해 댔다. 당시 언론 기사 제목들을 보자.

"파일 10초만 공개해도…" 검찰의 경고 (2016. 11. 22)

검찰, "녹음파일 10초만 공개해도 촛불이 횃불 될 것" (11. 23)

'정호성 녹음파일' 들은 검사들, "대통령 이렇게 무능할 수가… 실망·분노에 감정조절 안돼" 개탄 (11. 27)

정호성 녹음파일, '대통령 아바타' 입증? 檢 "듣기만 해도 분노" (11. 27)

'정호성 녹음파일' 들은 검사들… "박근혜 너무 무능하다" 한탄 (11. 29)

탄핵 정국 당시 어느 누구도 이를 문제 삼지 않았다. 『시사저널』의 녹음 파일 보도는 그런 관행이 대통령 파면 후 2년 이상 지난 시점에도 계속 이어지고 있음을 말해 준다. 그러면서 '조국 사태'와 관련해서는 느닷없이 검찰의 '피의사실공표죄'나 '인권 수사'가 거론되는 상황은 황당하기까지 하다.

『시사저널』은 녹음 파일 공개를 통해 박근혜 대통령에게 새삼 다시 '최서원의 꼭두각시, 무능한 여자'라는 프레임을 씌우고자 했다. 실제『시사저널』보도에 대한 반응들을 보면 이런 의도가 어느 정도 먹혀든 것 같다. 안타까운 것은, 많은 사람들은 매체가 임의로 편집한 13분짜리 요약본만 듣거나, 그조차 전혀 듣지 않고 매체의 논평만 보고 그 의도대로 반응한다는 점이다. 사람들은 보고 싶은 것만 본다. 선입견을 깨는 일은 무섭도록 어렵다.

하지만 역설적으로, 90분 분량의 녹음 파일을 인내심을 갖고 다 들어 보면 오히려 그간 철저히 감춰진 대통령의 진면목을 확인할 수 있다. 대통령은 회의 내내 최서원과 정호성 비서관을 하대하는 표현을 한 번도 쓰지 않았다. 그들의 이야기를 경청했고, 본인의 이야기도 소탈하게 전했다. 평소 대통령의 모습 그대로였다. 녹음 파일에서 대통령은 산업과 문화의 통섭, 부처 간의 융합, 경제 민주화, 국민 행복 시대와 세계 평화, 한반도 프로세스 등에 대해 본인의 생각을 명확하게 피력하며 자신의 정치철학을 보여 줬다.

박근혜 대통령에 대해 제대로 이해하고자 한다면 위 90분 녹음 파일을 편견 없이 들어 보기를 권한다. 아울러, 대한민국 현대사를 관통한 그의 삶을 차분히 조망해 보았으면 한다.

제 1 부

대통령 박근혜

"부강하고 행복한 대한민국"

2013년 2월 25일 제18대 박근혜 대통령 취임 선서. 대통령은 '희망의 새 시대를 열겠습니다'라는 제목의 취임사에서 '경제 부흥, 국민 행복, 문화 융성'을 국정 3대 지표로 천명하며 "부강하고 국민이 행복한 대한민국을 만드는 데 모든 것을 바치겠다"고 다짐했다.

01

다시 청와대로

연이은 비극

1974년 8월 15일 오전, 서울 장충동 국립중앙극장에서 열린 제29주년 광복절 기념식. 박정희 대통령이 경축사를 낭독하는데 갑자기 여러 발의 총성이 울렸다. 객석에서 문세광이 쏜 총이었다. 연설 중이던 박정희 대통령은 몸을 피했으나, 여러 총탄 중 하나가 단상 뒤쪽에 앉아 있던 대통령 부인 육영수 여사에게 명중되었다. 육 여사는 긴급 수술을 받았지만 끝내 유명을 달리했다.

박정희 대통령과 육영수 여사의 큰딸 박근혜(이하, 혼동의 여지 없으면 '대통령'이라 씀)는 당시 프랑스 유학 중이었다. 그는 1999년 출간된 『나의 어머니 육영수』에서, 당시 어머니의 사망 소식을 듣고 "한순간 마치 고압 전류에라도 감전된 듯 강한 전류가 머리에서 발끝까지 순식간에 지나가는 느낌을 받았습니다. 이어서 눈물이 쏟아지기 시작했습니다. 한없이 한없이 눈물이 흘러내렸습니다. 프랑스에서 서울에 도착하기까지 눈물이 그치지 않았고, 시간도 그렇게 길게 느껴질 수가 없었습니다"라고 회상했다. 이어 "일본 동경(도쿄)에 잠시 비행기가 머물렀을 때 저의 충격을 달래고 위로하는 아버지의 편지를 받았습니다. 그 편지를 읽고 김포 공항에 내리니 아버지가 마중 나와 있었습니다. 비행기 밖으로 보이는 홀로 서 있는 아버지의 모습은 그렇게 고독하고 작아 보였고, 제 마음은 그 모습에 또다시 무너지는 것 같았습니다. 지난 며칠 동안 어떤 시간을 보냈는지 짐작이 갈 만큼 아버지의 얼굴은 핼쑥했습니다. 아버지는 제가 도착하기를 많이 기다렸다고 말씀하셨습니다"라고 썼다.

이날부터 대통령은 어머니의 역할을 대신해 아버지를 보좌하기 시작했다. 이 역할은 4년 뒤인 1979년 이번에는 아버지 박정희 대통령이 비운의 죽음을 맞이할 때까지 계속됐다. 어머니의 빈자리를 메우고 그 뜻을 충실히 받드는 것이 어머니를 국민들의 가슴에 살아 있게 하고 어머니 인생을 영광되게 하는 것이라는 믿음이 있었다고 했다. 2012년 출간된 『박근혜 일기』의 1974년 11월 10일 일기에는 "지금 나의 가장 큰 의무. 그것은 아버지로 하여금 그리고 국민으로 하여금 아버지는 외롭지 않으시다는 것을 보여 드리는 것이다. 소탈한 생활, 한 인간으로서의 나의 꿈, 이 모든 것을 집어던지기로 했다. 이왕 공인으로 나서지 않으면 안될 운명이라면 적극적으로 나서기로" 결심했다고 썼다.

20대 초반의 나이에 쉽지 않은 일이었다. 2007년 출간된 『절망은 나를 단련시키고 희망은 나를 움직인다』에서는 "나는 어머니가 하시는 일을 고스란히 물려받았다. 청와대에 들어온 수백 건의 민원을 점검하고, 담당 부서에서 잘 처리하고 있는지 일일이 확인해야만 마음이 놓였다. 낙후된 환경, 영세한 기업, 어렵고 소외된 계층을 찾아다니며 봉사활동을 하는 것도 주요 임무였다. 할 일은 태산 같은데 시간은 너무 빨리 흘렀다. 업무가 밀려 있을 때면 시계 바늘을 고정시켜 두고 싶었다. 하루 24시간이 부족했다. 하루 다섯 시간으로 잠을 줄였다. 12시에 취침해서 새벽 5시에 일어났다. 중요한 해외 귀빈의 방문이 있을 때면 준비가 까다로워 그마저도 자기 힘들었다. 입술이 부르트고 항상 미열을 안고 살았다. 아파도 아파할 시간이 없었다"고 기술했다.

하지만 어머니의 빈자리는 여전히 컸다. 아버지 박정희 대통령역시 마찬가지였다. 대통령은 『나의 어머니 육영수』에서 당시를이렇게 회고한다.

어느 날 아침, 식사를 마친 아버지는 잠시 아무런 말씀이 없으시더니 울음을 터뜨렸습니다.
"근혜가 없으면 못 살 것 같아. 네 어머니가 그렇게 일찍 돌아가려고 너를 두었는가 봐."
참고 참던 어머니를 향한 아버지의 그리움이 봇물처럼 터진 날이었습니다. 그전에도 아버지는 가끔 먼 하늘을 바라보며 어머니 잃은 슬픔을 표현하곤 하였습니다. '갔던 봄은 제철이 되면 어김 없이 돌아오는데 인생은 한번 가면 영원히 못 오는 것인가'라며 날이 갈수록 더욱 어머니가 생각이 난다고 아버지는 애틋한 마음 을 나타내곤 하였습니다.

비극은 또다시 찾아왔다. 1979년 10월 26일, 박정희 대통령은 낮에 삽교천 방조제 준공식에 참석하고 돌아온 뒤 저녁에 궁정동 안가에서 연회 도중 중앙정보부장 김재규가 쏜 총탄을 맞고 서거 했다. 박정희 대통령의 시신은 다음날 새벽 청와대로 옮겨졌다. 김계원 대통령비서실장으로부터 비보를 처음 전해 들은 큰딸의 첫 반응은 "전방은 괜찮습니까?"였다. 그 아버지에 그 딸이었다. 『절망은 나를 단련시키고 희망은 나를 움직인다』에서 대통령은 당시를 이렇게 회상한다.

> 5년 전 어머니의 시신이 눕혀졌던 병풍 뒤에 아버지의 시신이 안 치되었다. 누가 내 등 뒤에 비수를 꽂는다 해도 그때만큼 아프지 는 않았을 것이다. 나는 아버지의 시신을 바라보며 그제야 참았 던 슬픔을 쏟아냈다. (…)
> 정신을 차리고 보니 눈앞에 오열하는 동생들이 보였다. 밖으로 비명이 새어나갈까 입을 틀어막고 우는 지만이의 모습에 가슴이 찢기는 것 같았다. 근영이의 눈에서도 쉴 새 없이 눈물이 흐르고

있었다. 겉으로는 야무지고 강단 있어 보여도 마음이 여리고 섬세한 아이였다. 나는 가만히 동생들을 끌어안았다. 어머니가 돌아가셨을 때 아버지가 우리에게 그러셨던 것처럼, 나는 동생들을 힘주어 안았다. (…)

9일장을 치르고 난 뒤에도 사람들의 조문 행렬은 끊이지 않았다. 청와대 앞에는 국화꽃이 수북하게 쌓여갔다. 나는 아버지의 피 묻은 넥타이와 와이셔츠를 빨면서 터져나오는 오열을 참을 수 없었다. 비서실장이 전해준 아버지의 옷은 온통 시뻘건 피로 물들어 있었다. 수술한다고 여기저기 찢어놓아 처참하기가 이루 말할 수 없는 옷을 보고 있자니 굵은 눈물방울이 툭툭 떨어졌다. 몇 년 전 어머니의 피 묻은 한복을 빨던 기억이 스쳐 힘없이 바닥에 주저앉았다.

돌아서는 인심

대통령과 동생들은 아버지의 9일장을 치르고 난 뒤 1979년 11월 21일 청와대를 떠났다. 1963년 12월 제5대 대통령에 취임한 아버지를 따라 청와대에 들어온 지 16년 만이다.

대통령은 부모님을 모두 여의고 청와대를 나선 순간부터 세상의 모진 찬바람을 견뎌야 했다. 주변 사람들은 모두 떠나가고 정권은 아버지를 매도했다. 세상 어디서도 환영받지 못한 느낌이었을 것이고 실제로 그랬다. 그 기간 동안 대통령은 아버지의 명예 회복을 위해 노력했고, 주체할 수 없는 괴로움을 달래기 위해 종교 서적과 철학 서적을 탐독했다. 그리고 본인의 심경을 글로써 드러내며 고통을 이겨 나갔다.

청와대를 떠난 후 "사람들은 떠났고, 정권 차원에서 아버지에 대한 매도가 계속되었다"고 대통령은 술회한다. "당시 아버지의 가장 가까이 있던 사람들조차 싸늘하게 변해 가는 현실"이 충격이었고, 아버지가 이루셨던 일을 깎아내리고 인신공격하는 상황을 참기 힘들었다고 했다.

"하지만 나에겐 잘못된 방향으로 흘러가는 현실에 대해 일언반구 말할 힘조차 남아 있지 않았다. 그렇게 우리 곁의 사람들은 하나 둘 떠나갔고, 세상의 외면 속에 동생들과 나는 역사의 뒤안길로 사라지는 것 같았다"(『절망은 나를 단련시키고 희망은 나를 움직인다』).

이후 대통령은 힘든 나날들을 보냈다. 『평범한 가정에서 태어났더라면』(1993)에 실린 1992년 5월 21일 일기에 "지나간 40년을 돌이켜보면 그 많은 보람에도 불구하고 그 세월이 가져다 준 고통과 슬픔이 너무나도 컸기에 고통스럽게 추억될 뿐이다. 그런 생을 다시 살라고 한다면 차라리 죽음을 택할지도 모른다. 지난 세월은 태어났기 때문에, 사명과 의무가 있기 때문에 산 것이다. 태어나서 삶을 누린다는 것에 이런 즐거움도 있구나 하고 느낀 기억이 별로 없다. 보람이 있었다고는 하나 너무나 큰 고통이 그것을 짓눌러버려 그 보람을 느낄 여유조차 없곤 했다"라고 썼다.

그러는 가운데 1989년에는 10년 만에 아버지의 추도식을 거행하고 마음의 짐을 많이 내려놓을 수 있었다.

"1989년은 그 누구보다 나에게 감사하고도 잊혀질 수 없는 해다. 수년간 맺혔던 한을 풀었다고 표현해도 좋을 한 해이다. 아버지에 대한, 그 시절 역사에 대한 왜곡이 85% 정도 벗겨졌다고들 말한다"(『평범한 가정에서 태어났더라면』).

30대 후반에 접어들면서 대통령은 비로소 마음의 여유를 찾을 수 있었다. 불교 경전과 성경을 두루 찾아 읽고, 동양 철학 서적들을 머리맡에 두고 수시로 보았다. 수필집을 출간하고 문인협회 회원이 되었다. 편안한 차림으로 전국의 유명한 산을 찾아다니고 유적지를 돌아보며 여유를 즐길 수 있게 되었다.

한번은 노산군魯山君으로 강봉降封되고 끝내 사약賜藥을 받은 비운의 어린 임금 단종의 유배지 영월 청령포에 다녀와 이렇게 심경을 술회했다.

모두에게 버려진 채 유배지에서 보낸 그 몇 년의 세월은 죽음보다 더한 아픔이었을 것이다. 아내가 못견디게 그리울 때마다 관음송에 올라 애끓는 마음을 토해냈다는 단종의 일화가 가슴을 더욱 애잔하게 했다.
나는 청령포를 둘러보는 그 짧은 시간 동안 몇백 년의 세월을 거슬러올라가 단종 곁에 앉아 있는 듯했다. 내가 그의 벗이 되고 그가 나의 벗이 되어 밤을 새며 주거니 받거니 서로의 아픈 속내를 들어주는 듯도 하여 그곳을 빠져나오는 내내 코끝이 아렸다. (『절 망은 나를 단련시키고 희망은 나를 움직인다』)

재임 중 대통령은 "퇴임 후에는 전국의 유명한 산과 유적지를 돌아보고 싶다"고 했다. 하지만 탄핵 후 구속 수감된 대통령에게는 그런 작은 기쁨조차 허락되지 않고 있다. 이 또한 운명일 것이다.

대통령은 자신의 운명에 대해 젊은 시절부터 많은 생각을 할 수밖에 없었다. 『평범한 가정에서 태어났더라면』에서는 "나의 생은 한마디로 투쟁이다. 가장 내가 원치 않는 생의 방식. 그러나, 받아들일 수밖에 없는, 선택의 여지가 없는 것이다"라고 했고, 또 "평범한 가정에서 태어났더라면…. 인간이 추구하는 행복이란 결국 평범함 속에 있다고 느껴진다. 비범하셨던 부모님을 모셨던 것부터가 험난한 내 인생 길을 예고해 주었던 것이다"라고 했다. 또 "일의 성사는 어느 의미에서는 부수적인 것이다"라며 "하늘의 뜻과 함께 해야 한다"고 했다.

이런 생각은 1995년 출간된 『내 마음의 여정』에서 더욱 구체화된다. "도道가 온 천하에 실행된다면 그것은 명天命이요, 도가 폐지된다면 그것도 역시 명이다"라는 공자의 말씀을 새기며, "세상만사 중 단 한가지라도 천도天道를 어기고 이루어질 수 있는 일이 있을 것인가. 십자가에 못박히신 하느님의 독생자를 하늘이 힘이 없어서 구해 내지 못하셨을까. 6년간의 엄청난 고행이 없이도 싯다르타 태자에게 깨달음을 주실 수 있지 않았을까. 공자 같은 분을 춘추시대, 그 난세에 왕이 되도록 하셨다면 천하가 평안해지지 않았을까. 그렇게 되지 않았던 이유는 무엇일까. 천도가 그렇게 정해져 있지 않았기 때문일 것이다. 만세 전부터 짜여진 계획은 원래 인간의 권외에 있다. 인간의 똑똑한 머리는 아무리 달나라 별나라를 왔다갔다 하더라도 하늘의 무궁 무진함 앞에서는 바닷가 모래알만도 못하다. 그 계획을 따지고 간섭하는 것은 인간의 몫이 아니다"라고 했다. 마치 스스로의 운명을 예견한 듯했다.

다시 『평범한 가정에서 태어났더라면』에서, 러시아 혁명 후 살해당한 황제 니콜라이 2세에 대해 "그 마지막 순간 쓰레기같이 내팽개쳐졌을 때, 그나 길에서 천대받는 거지나 서로 다른 점은 무엇인가. 하늘 앞에서 인간이란 자고로 그런 것이다. 그 누구도 우쭐하거나 자만할 수 없는 존재들인 것이다"라고 기술하며, 이어 "정약용 선생은 18년 가까이 귀양살이를 했다고 한다. 그러나 귀양살이를 하지 않은 사람들보다 더 많은 훌륭한 책을 저술했고 우리 역사가 있는 한 영원히 잊혀지지 않을 인물이 되어 있다"고 썼다.

그렇게 '사인私人 박근혜'의 18년 귀양살이 아닌 귀양살이가 끝나 가고 있었다.

정치 입문과 '달성 대첩'

대통령이 아직 야인으로 있던 1997년 말, 대한민국은 이른바

'IMF 사태'로 불리는 갑작스런 외환 위기를 맞았다. 정부는 국제 통화기금IMF에 긴급 구제 금융을 신청했고, 대선 정국과 맞물리며 나라는 혼란 속으로 빠져들었다.

IMF 외환 위기 사태는 '대통령 딸 박근혜'가 정치인 박근혜로 거듭 나는 계기가 되었다. 『절망은 나를 단련시키고 희망은 나를 움직인다』에서 그는 "'나라가 이렇게 흔들리는데 나 혼자만 편하게 산다면 훗날 스스로에게 당당할 수 있을까? 죽어서 부모님을 떳떳하게 뵐 수 있을까?' 하는 질문이 계속 머릿속을 맴돌았다. 10년 후 오늘을 떠올리며 '내 한 몸의 안녕을 위해 주어진 소임을 외면했다'는 자책이 들 것 같았다"고 회상한다.

제15대 대통령 선거를 8일 앞둔 1997년 12월 10일, 야인 박근혜는 한나라당 이회창 후보 지지를 선언하며 선거 운동에 뛰어들었다. 대통령 선거 결과 새정치국민회의 김대중 후보가 40.3퍼센트의 득표율로 38.7퍼센트의 이회창 후보를 누르고 1998년 2월 25일 제15대 대통령에 취임했다.

김대중 대통령 취임 후 한 달여 지난 1998년 4월 2일에 제15대 국회의원 보궐선거가 있었다. 박근혜 후보는 대구달성 지역구에 출마해 당선되었다. 조직도 자금도 없던 상황에서 이룬 기적적인 승리로, 당시 '달성 대첩'이라 불렸다. 당선 직후 박근혜 의원은 "정치를 위한 정치를 하기 위해 선거에 뛰어든 것이 아니었습니다. 다만 아버님과 국민이 피땀 흘려 이룩한 경제가 하루아침에 무너지는 것을 보고 제 작은 힘을 보태기 위해 참여하게 된 것이었습니다"라고 했다. 2년 뒤 2000년에 제16대 국회의원에 재선되는 등, 이후 내리 5선(15~18대 대구달성, 19대 비례대표)을 했다.

2000년 4·13 총선에서 야당 한나라당은 당시 273석 중 133석(지역구 112, 전국구 21, 48.7%)으로 승리하고 원내 제1당이 되어 '여소야대' 시대를 열었다(여당 새천년민주당 115석). 총선에 이어 5월 31일 열린 한나라당 전당대회에서 박근혜 의원은 부총재에 당선되었다. 여성 몫의 지명직 부총재로 임명될 수도 있었음에도 '여성 정치인'으로 보호받기를 원하지 않는다며 경선에 출마해 당당히 당선되었다.

박근혜 한나라당 부총재는 다가올 2002년 대통령 선거를 앞두고 정치 개혁을 위해 '총재직 폐지'와 '대권·당권 분리', 즉 대선 후보와 당대표를 분리할 것을 주장했다. 이 제안이 받아들여지지 않자 2002년 4월 한나라당을 탈당하고 4월 26일 '한국미래연합'을 창당하고 당대표에 취임했다. 7개월 뒤 이회창 한나라당 총재가 박근혜 대표의 개혁안을 상당 부분 수용함에 따라 한국미래연합은 11월 19일 다시 한나라당과 합당하고, 박 대표는 대통령선거대책위원장으로 이회창 후보의 선거 운동 최전선에 나섰다.

하지만 2002년 12월 19일 제16대 대통령 선거에서, 재수의 이회창 후보가 46.6퍼센트의 득표율로 또다시 낙선(새천년민주당 노무현 후보 48.9% 당선)하고, 다음날 정계 은퇴를 선언했다.

천막 당사와 '선거의 여왕'

2004년 제17대 4·15 국회의원 총선거를 앞둔 한나라당은 그야
말로 위기 상황이었다. 2002년 이회창 대통령 후보의 '차떼기 불
법 대선 자금 사건'과 2004년 3월 한나라당이 주도한 국회의 노무
현 대통령 탄핵소추에 대한 역풍으로 당 지지율은 끝도 없이 추
락하고 있었다. 언론에서는 50석도 넘기기 어렵다는 분석이 나올
정도였다.

최병렬 대표가 사퇴하며 3월 23일 치러진 당대표 경선에 박근
혜 부총재는 주변의 반대를 무릅쓰고 출마해 당선되었다. 박근혜
대표는 당선되자마자 당시 여의도에 있던 한나라당 당사의 현판
을 떼어 내고 '천막 당사'를 열고, 시가 1천억 원이 넘는 한나라당
중앙연수원을 국가에 헌납했다.

총선을 앞둔 3월 30일, 박근혜 대표는 정당 방송 연설에서 진심
을 담아 국민들에게 호소했다. 『절망은 나를 단련시키고 희망은
나를 움직인다』에서 당시 상황을 다음과 같이 회상했다.

> 카메라에 불이 들어오고 스태프들의 시선이 내게 모아졌다. 가슴
> 속에 봇물처럼 고여 있던 말들이 단번에 쏟아져 나왔다. 나는 평
> 소 눈물을 잘 보이지 않는다. 하지만 그날은 가난한 나라를 지금
> 처럼 일구어내기까지 우리 국민이 얼마나 노력을 했는지를 회상
> 하며 마음이 복받쳐올라 눈시울이 뜨거워졌다.

"한나라당이 국민 여러분께 얼마나 많은 실망을 드렸는지 잘 알고 있습니다. 저희는 나태했습니다. 부패와 적당히 타협했고, 기득권을 누리려고 했으며, 국민의 마음을 읽지 못하고 점점 오만해져 갔습니다. 진심으로 뉘우치고 있습니다. 국민 여러분께 사죄하는 마음 하나만 남기고 다 버리겠습니다."

목이 메어 오고 목소리는 떨리고 있었다.

"가슴에 맺힌 한을 풀기 위해 우리는 정말 열심히 일했습니다. 그렇게 일으켜 세운 대한민국이 이렇게 무너지고 있습니다. 저는 이 자리에서 대통령의 잘잘못을 따지지 않겠습니다. 정부와 여당의 책임을 따지지 않겠습니다. 저희 한나라당은 왜 책임이 없겠습니까? 국민 여러분의 아픔을 제대로 보살펴 드리지 못한 저희부터 반성하겠습니다."

순간 눈물이 왈칵 쏟아졌다. 나는 흐르는 눈물을 손으로 훔쳐냈다. 녹화장에 함께한 분들도 모두 울었다.

진심 어린 호소에, 선거 운동 기간 내내 당대표부터 하루 두세 시간 쪽잠을 자며 강행군을 한 덕분에, 한나라당은 다수당 지위는 잃었으나 299석 중 여당 열린우리당의 152석(지역구 129, 비례대표 23석)에 이어 121석(지역구 100, 비례대표 21석)으로 제1야당 지위를 확보했다. 박 대표 자신도 대구달성 지역구에서 3선에 성공했다. 말 그대로 기사회생이었다. 2004년 4·15 총선을 시작으로 박근혜 대표는 한나라당 대표 재임 2년 3개월 동안 치른 모든 재·보궐선거에서 승리하여 '40대 0'의 신화를 만들며 '선거의 여왕'이라는 별명을 얻었다.

'선거의 여왕'의 면모를 웅변하는 사건이, 2006년 전국 동시 지방 선거에서 오세훈 서울시장 후보 지원 유세에 나섰다가 '커터칼 테러'를 당한 사건이다. 오른쪽 뺨에 난 상처 길이는 11센티미터나 되었고, 의사들은 "5밀리미터만 더 찔렸더라면 경동맥이 절단되어 심각한 상태에까지 이를 뻔했다"고 했다. 수술 직후 박근혜 대표의 첫 마디 "대전은요?"는 과거 10·26사태 다음날의 "전방은 괜찮습니까?"를 연상시킨다. 테러에 관해 막상 박 대표 자신은 "선거를 차질 없이 치러야 한다. 정치적으로 오버하지 않았으면 좋겠다"고 주문했으나, 당시 한나라당 박성효 후보가 여당 열린우리당 후보에게 뒤지고 있던 대전시장 선거 판세는 당대표의 "대전은요?" 한마디로 뒤집혀 박성효 후보의 당선으로 끝났다.

커터칼 테러의 후유증으로 이후 대통령은 치료 차원에서 주사를 맞기도 하였는데, 이것이 '세월호 7시간' 음해와 맞물린 '주사 논란'으로 이어지기도 했다. '천영식 증언록'에 따르면 탄핵 정국 동안 대통령은 "왜 주사 논란을 해명하지 않습니까?"라는 질문에 "어디 가서 병 얘기는 하고 싶지 않다"고 대답했다고 한다. 대통령은 그런 분이었다.

박근혜 대표의 정치력은 선거에서의 연전연승으로 그치지 않았다.

2005년 12월, 여당 열린우리당이 주도한 사립학교법(사학법) 날치기 처리 사건이 있었다. 여당 의원 일부가 본회의장에 몰래 들어간 상태에서 한나라당 의원들은 입장을 거부당하고, 충분한 수의 여당 의원들이 입장한 뒤에야 입장할 수 있었다. 본회의장에서 단상 쪽으로 가려는 한나라당 의원들과 이를 저지하려는 열린우리당 의원들 사이에 몸싸움이 벌어지는 아수라장 속에 국회의장이 입장했고, 15분 만에 사학법은 날치기로 통과되었다.

그날 저녁 박근혜 한나라당 대표는 대국민 담화를 발표하고 장외 투쟁에 돌입했다. 『절망은 나를 단련시키고 희망은 나를 움직인다』에서 대통령은 당시 심경을 "사립학교법은 우리 아이들에 관한 문제이다. 아이들의 생각이 달라지면 나라의 근본이 달라진다. 이런 중대한 사안을 여당이 정략적으로 이용하는 데는 더 이상 인내할 수 없었다"고 기술했다. 그러나 여당은 한나라당을 '비리 사학을 옹호하는 세력'으로 규정하고 공세를 퍼부었고, 여론은 싸늘했다. 하지만 추운 겨울 53일간의 장외 투쟁으로 여론은 돌아왔고, 결국 사학법 재개정 합의를 이끌어 낼 수 있었다.

최초의 여성 대통령

박근혜 대표는 2007년 당대표 직에서 물러나 대권 도전을 선언하고, 서울시장을 지낸 이명박 후보와 당내 경선을 치렀다. 본선과 다름없는 경선에서 박근혜 후보는 2천여 표 차이로 아깝게 패배했다. 박 후보는 경선 결과에 깨끗하게 승복하고 이명박 대선 후보를 지지하는 연설을 한다.

"당원 동지 여러분! 저 박근혜, 경선 패배를 인정합니다. 그리고 경선 결과에 깨끗하게 승복합니다. 오늘부터 저는 당원의 본분으로 돌아가 정권 교체를 이루기 위해 백의종군 하겠습니다. (…) 경선 과정의 모든 일들 다 잊고, 하루에 못 잊는다면 며칠 몇 날 걸려서라도 잊고, 다시 열정으로 채워진 마음으로 돌아와 저와 함께 당 화합을 위해 노력하고 그 열정을 정권 교체에 쏟아 주시길 당부드립니다."

패장의 승복 연설은 깊은 인상을 남겼고, 그해 12월 19일 치러진 대통령 선거에서 이명박 후보는 48.7퍼센트의 득표율로 26.1퍼센트에 그친 민주신당 정동영 후보에 압승을 거두며 제17대 대통령에 당선되었다.

한나라당이 정권을 되찾아 오는 데 박근혜 경선 후보가 일등 공신이었음에도, 이명박 대통령 취임 후 친이(명박)계와 친박(근혜)계 사이에는 갈등이 지속되었다. 그러는 가운데 2008년 제18대 총선 공천 과정에서 친박계 인사들이 상당수 탈락하자 '친박 대학살'이라는 말이 나올 정도였다. 박근혜 전 대표는 "저도 속고 국민도 속았다. 살아서 돌아오라"며 탈락자들을 독려했고, 탈락한 인사들은 '친박연대'나 무소속으로 출마하여 친박연대 14명, '친박무소속연대' 12명의 당선자를 배출했다.

이명박 대통령 재임 중인 2011년, 서울특별시 무상 급식 주민투표 무산으로 한나라당 소속 오세훈 서울시장이 사퇴함에 따라 10월 26일 서울시장 보궐선거가 치러졌다. 선거에서 범 야권 단일 후보로 나선 박원순 후보가 한나라당 나경원 후보에 2.6퍼센트 포인트 차이로 신승하며 서울시장에 당선되었다. 이로 인해 당이 흔들렸고, 12월 '디도스 사태'로 홍준표 당시 대표가 사퇴하자, 박근혜 전 대표가 비상대책위원장을 맡아 다시 전면에 나서게 되었다. 박근혜 비대위장은 한나라당에서 새누리당으로 당명을 바꾸고, 직전 노무현 정부에서 청와대 경제수석을 지낸 김종인 교수를 비롯해 이상돈, 이준석 등 외부 인사들을 과감히 영입하여 '경제 민주화와 복지' 이슈를 선점했다. 당 쇄신 결과 이듬해 2012년 제19대 4·11 총선에서 새누리당은 열세라던 전망을 뒤집고 152석(50.7%)으로 과반 의석 확보에 성공했다. 박근혜 비대위장은 비례대표로 5선에 성공했다.

거듭된 선거 승리와 당 쇄신을 발판으로 박근혜 전 대표는 새누리당 대통령 후보로 2012년 12월 19일 제18대 대통령 선거에 출마해, 51.6퍼센트의 득표율로 당선되었다. 1987년 직선제 헌법 개정 이후 6대째 만에 최초의 과반 득표였고, 대한민국 역사상 최초로 여성 대통령이 탄생하는 순간이었다.

02

박근혜 정부 4년

2019년 10월 17일 조선일보 양상훈 주필은 '문재인 임기 절반 동안 해놓은 일 있으면 하나만 알려달라'라는 제목의 사설에서 이승만 대통령 이래 역대 대통령들의 치적을 요약해 소개했다. 그중 박근혜 대통령의 치적을 이렇게 간추렸다.

탄핵당한 박근혜 대통령도 아무도 고양이 목에 방울을 달지 않으려고 하는 공무원연금 개혁과 노동 개혁을 시작했다. 국가 위협 세력인 통진당 해산, 사상 처음으로 북한이 굽히고 나오도록 만든 목함지뢰 사건 대응, 한·미 원자력협정 개정, F-35 스텔스전투기 도입 등을 이뤘다. 우리나라 신용등급이 최고로 오른 때가 박 대통령 때다.

박근혜 정부 4년(2013~2017) 주요 성과

정치·외교·안보·통일

- 통합진보당 해산
- 전시작전통제권 환수 무기한 연기
- 한미연합사단 공식 출범
- 한미원자력협정 개정
- F-35A 스텔스 전투기 도입
- 일본과 위안부 합의 타결
- 한일군사정보보호협정(GSOMIA) 체결
- 국내 사드 배치
- 북한인권법·테러방지법 통과

경제

- 공무원연금 개혁
- 공공기관 개혁을 통해 부채 감소
- 공공기관 임금피크제 도입
- 철도 개혁을 통한 흑자 전환
- 중국·캐나다·뉴질랜드 등과 FTA 체결
- 2013~14년 '무역 트리플 크라운' 달성
- 국가 신용등급 최고 달성(2015년 무디스 'Aa2', 2016년 S&P 'AA')

사회·문화·교육

- 김영란법 통과
- 선별적 복지에 따른 기초연금제 도입
- 청년층 '행복 주택' 15만 가구 공급
- 전교조 법외노조화
- 좌편향 국사 교과서 국정화

박근혜 대통령은 2019년 2월 25일 제18대 대통령 취임식을 갖고, '희망의 새 시대를 열겠습니다'라는 제목의 취임사에서 '경제 부흥, 국민 행복, 문화 융성'을 국정 3대 지표로 천명하며 "부강하고 국민이 행복한 대한민국을 만드는 데 모든 것을 바치겠다"고 다짐했다. 그러나 '부강하고 국민이 행복한' 대한민국을 만들기 위해서는 선결 과제로 해야 할 일이 있었다. 비뚤어져 기울 대로 기운 나라를 정상화하는 일이었다.

비정상의 정상화

문화예술계 좌편향 시정

박근혜 정부 4년은 뿌리째 썩어 가던 나라를 되살려 보려 악전 고투한 시기였다.

대통령이 취임했을 당시 상황은 녹록치 않았다. 많은 부분이 비정상적이었다. 대통령은 정치외교, 경제, 사회, 문화의 모든 분야에서 좌편향된 현실을 바로잡으려 했다. '비정상의 정상화'를 정부의 핵심 정책 기조로 내세웠다. 자유 통일과 통일 이후의 자유 대한민국을 생각할 때 반드시 필요한 작업이었다.

대통령은 취임 당시에는 이런 작업들을 포용적인 태도로 수행하려 했다. 노무현 정부 시절 문화체육부 차관을 지낸 유진룡을 문화체육부 장관으로 임명한 것이 단적인 예다. 언론 보도에 따르면 유진룡 장관은 차관 재직 시절인 2006년에 청와대의 인사 청탁을 거절해 청와대 양정철 비서관으로부터 "배째 드리지요"라는 폭언을 들으며 6개월 만에 물러난 일이 있다고 한다.

유진룡 장관은 박근혜 대통령 탄핵심판이 진행 중이던 2017년 1월 25일 헌법재판소에 출석하여, 자신이 장관에 발탁된 과정을 이렇게 소개했다.

"2013년 2월 11일, 당시 박근혜 대통령 당선자가 전화를 해서 장관직을 제안했다. '선거 과정에서 문화예술계를 비롯한 젊은 사람들이 본인을 거의 지지하지 않은 것으로 알고 있는데 그 사람들을 안고 가는 게 본인의 역할이라고 생각한다'고 했다. '많은 사람들에게 물어보니 당신이 가장 적임자라고 그러더라'고 하며 '그 자리를 맡아서 반대하는 사람들을 안고 가는 역할을 해 달라'고 했다."

집권 초기 대통령의 생각은 그랬다. 반대하는 사람들을 안고 가려 했었다. 하지만 얼마 지나지 않아 그것이 불가능하다는 사실을 깨달았다. 그리고 2013년 8월경 김기춘 비서실장을 임명했다. 대통령 형사재판 1심 판결문에 따르면 김기춘 비서실장은 취임 직후 수석비서관회의에서 "종북 세력이 문화계를 15년간 장악했다. 비정상의 정상화가 무엇보다 중요한 국정 과제다", "이념 편향적인 것, 너무 정치적인 사업에 국민 세금이 지원되는 것은 바람직하지 않다"라는 취지의 발언을 했다. 대통령 역시 문화계의 정상화를 중요한 국정 과제로 인식하고 있었다.

형사 1심 판결문에는 대통령이 "국정 지표가 문화 융성인데 좌편향 문화예술계에 문제가 많다", "좌파들이 가지고 있는 문화계 권력을 되찾아 와야 한다. 이전 정권 때는 한 일이 없다"는 말을 했고, 수사를 받으면서도 "문화계가 한쪽으로 편향된 것이 문제라고 생각했다", "항상 우리나라 문화가 한쪽으로 기울어져 있어서 소위 좌파로 분류되는 사람들은 지원을 많이 받는데, 반대쪽에 있는 사람들은 그간 지원을 받지 못했다. 그래서 이러한 현상들이 이상하다고 생각하고 있었다"고 진술한 점을 들어, 대통령의 이러한 인식이 청와대의 전체적인 기조로 영향을 미쳤다고 판단했다.

대통령의 인식은 정확했지만 실무적인 추진 과정은 서툴렀다. 게다가 이미 기울어진 문화계의 운동장을 바로잡기에는 역부족이었다. 오히려 당시의 모든 노력들이 '블랙리스트' 문제로 치환되어 왜곡되었다.

역사 교과서 바로잡기

박근혜 정부는 자유민주주의의 가치를 지키고 대한민국의 정체성을 확립하려는 노력의 일환으로 '전교조 법외노조화'(2013), '통합진보당 해산'(2014), '역사교과서 국정화'(2015) 등을 추진해 성과를 올렸다.

역사학계의 심각한 좌편향이 청소년들의 바람직한 역사 인식에 끼쳐 온 악영향에 대응하는 조치로, 기존의 검인정 역사 교과서를 국정 교과서로 환원했다.

역사 교과서의 좌편향은 전교조 문제와 결합되어 심각성이 우려할 만한 수준이었다.

박근혜 대통령 취임 전 2008년에 이미 금성사 근현대사 교과서가 좌편향으로 교육부의 수정 요구를 받은 바 있다. 취임 첫 해인 2013년에는 보수 성향 학자들이 필진으로 들어간 교학사 교과서의 선정 철회 파동이 있었다. 당시 교학사 교과서를 채택하겠다고 밝힌 학교들 전부가 좌파 단체들의 외압을 받아 이를 철회하였고, 다시 부산 부성고가 교학사 교과서를 채택하였다가 좌파 단체들로부터 집중 공격을 받고 있었다. 교육부는 특별 조사를 벌여, 교학사 교과서를 선택했다가 철회한 일부 학교에 대하여 "부당한 외압이 있었다"고 밝혔다.

대통령은 2015년 10월, 한국사 교과서의 국정 교과서 전환을 지시했다. 11월 3일 황교안 국무총리가 대국민 담화를 통해 직접 취지를 설명했다. 국정 교과서 전환의 주된 이유는

▲6·25 전쟁을 남북 공동의 책임인 것처럼 기술하고,

▲대한민국은 '정부 수립', 북한은 '국가 수립'으로 기술하여 북한에 국가 정통성이 있는 것처럼 왜곡하고,

▲북한의 반인륜적 군사 도발 행위를 외면하고 있고,

▲한국사 교과서 집필진 다수가 특정 단체, 특정 학맥에 속한 인사들이고,

▲정부의 수정 요구에 맞서 소송을 남발하고,

▲일선 학교의 교과서 선택권이 원천적으로 봉쇄되어 있다

는 점 등이었다.

역사 교과서 바로잡기는 대한민국의 정체성을 확립하기 위해 꼭 필요한 일이었고, 총선을 앞둔 상황에서도 소신을 가지고 추진한 일이었다. 아쉽게도 정권이 바뀐 뒤 국정 교과서는 폐지되고 검인정으로 되돌아갔다.

외교·안보 강화

박근혜 정부 출범 당시 한반도의 안보 상황은 엄중했다. 2011년 12월 북한 김정일이 사망하고 김정은이 27세의 젊은 나이에 권력을 세습했다. 박근혜 정부 출범 직전인 2013년 2월 12일 김정은은 제3차 핵실험을 감행했고, 그해 12월에는 고모부 장성택을 처형하여 전 세계에 충격을 주었다.

이런 상황에서 박근혜 대통령은 미국·일본과의 삼각동맹 강화에 힘썼다. 한미동맹을 포괄적 전략동맹으로 강화하고, 2014년 10월 전시작전통제권 환수를 무기한 연기했다. 2015년에는 한미 연합사단을 공식 출범시켰다. 한미원자력협정을 개정해 핵연료 재처리의 길을 텄다.

북한의 대공 레이더를 뚫고 폭탄을 떨어뜨릴 수 있어 김정은이 가장 두려워한다는 F-35A 스텔스 전투기를 도입했다. 최서원과

김관진 전 국방부 장관의 부정 의혹이 제기되었지만, 문재인 정부의 감사원은 2019년 2월 27일 선정 과정에 문제가 없었다는 결론을 내렸다. 특정 세력이 가짜 뉴스를 통해 스텔스 전투기 도입을 무산시키려 한 것 아니냐는 지적이 제기되었다.

중국의 위협에 굴하지 않고 사드(THAAD, 고고도미사일방어체계)를 국내에 배치했다.

일본과는 위안부 합의를 이끌어 내고 한일군사정보보호협정(GSOMIA, 지소미아)을 체결했다.

양승태 전 대법원장 등은 양국 정부 간 '위안부 합의'에 보조를 맞추기 위해, 일본군 위안부 출신 여성들이 개인 자격으로 일본 정부를 상대로 우리 법원에 제기한 손해배상소송을 지연시켰다는 등의 혐의로 기소되어 2019년 현재 재판을 받고 있다. 국가 간 복잡한 이해관계를 다루는 외교 문제에는 '사법 자제'의 원칙이 적용되는 것이 당연함에도, 이를 무리하게 '재판 거래'로 몰아붙이며 적폐 청산 대상으로 삼는다는 비판이 나오고 있다.

탄핵 정국에 들어간 2016년 11월 23일 한일군사정보보호협정을 체결한 것은, 힘든 시절이라도 할 일은 하고자 한 것이었다. 문재인 정부는 2019년 8월 이 협정 파기를 일방적으로 통보했다. '조국 사태'를 무마하기 위한 것이라는 비판이 나오고 있다.

박근혜 정부의 대북 기조는 '한반도 신뢰 프로세스'로 요약될 수 있다. 이는 북한의 도발에 대하여는 단호하게 대응하되 북한 및 주변국들과의 신뢰 형성을 통해 북한 비핵화와 한반도 평화 정착을 이루어 내려는 정책이다.

대통령은 집권 이듬해인 2014년 1월 초 연두 기자회견에서 '통일대박론'을 핵심 정책 기조로 제시했다. 당시 "통일은 대박이다"라는 대통령의 말이 유행처럼 번졌다. 북한의 인구와 자원을 흡수하여 침체된 한국 경제를 살리고 막대한 통일 비용 부담을 상쇄하자는 것이 '통일대박론'의 요지다. 그해 3월에는 드레스덴에서 '한반도 평화통일을 위한 구상'을 주제로 연설하고, 7월에는 민·관 협업 기구인 대통령 직속 통일준비위원회를 발족시켰다.

하지만 북핵 문제 등 북한의 계속되는 안보 위협으로 평화통일 정책의 실질적인 진전은 이루어지기 어려웠다. 2013년 4월, 북한이 한미 연합 군사훈련을 이유로 개성공단에서 북한 근로자들을 철수시키면서 약 5개월간 공단 가동이 중단되었다. 2015년 8월, 북한군이 우리 측 비무장지대DMZ에 매설한 목함 지뢰가 폭발하여 우리 군 부사관 2명이 각각 다리와 발목이 절단되는 중상을 입는 사건이 발생했다. 이에 대통령은 대북 확성기 방송 재개로 대응했고, 북한의 책임 인정 및 재발 방지를 포함하는 '8·25 합의'를 이끌어 냈다. 하지만 북한이 다시 4차 핵실험과 로켓 발사 등을 강행하자 2016년 2월 10일 개성공단 전면 중단 조치를 발표했다. 북한과 더 이상의 대화, 협력이 불가능한 상황이었다.

2016년 3월 2일에는 국회에서 '북한인권법'과 '테러방지법'이 통과되었다.

북한인권법은 노무현 정부 때인 2005년 제17대 국회에서 처음 발의되었지만, 더불어민주당의 반대로 번번이 국회의 문턱을 넘지 못했다. '북한 주민'들의 인권을 위한 법이 '북한 정권'을 자극할 우려가 있다는 이유에서였다. 우여곡절 끝에 11년 만에 제정된 북한인권법은 문재인 정권이 들어서면서 사실상 사문화死文化되었다.

테러방지법에 대해 야당은 인권 침해 요소가 있다며 반대하며 192시간에 걸친 필리버스터(의사 진행 방해)를 감행했다. 그래 놓고 더불어민주당은 2016년 총선으로 다수당이 된 후에도, 정권이 교체된 이후에도 법을 개정하려는 별다른 노력을 하지 않고 있다. 오히려 문재인 정부 첫 국가정보원장으로 지명된 서훈 후보가 인사 청문회에서 "테러방지법이 국민 보호에 기여할 것"이라는 서면 답변서를 국회에 제출함으로써 당시 필리버스터가 정략적 행위에 불과했음을 보여 주었다.

북한의 사이버 테러 위협이 가중되고 있어 테러방지법과 함께 제정되었어야 할 '사이버테러방지법'은 끝내 제정되지 못했다.

김영란법

2015년 3월 27일 '부정청탁 및 금품 등 수수의 금지에 관한 법률', 세칭 '김영란법'을 제정하고 2016년 9월 28일부터 시행하여, 공직 사회와 교육계, 언론계 등 일부에 만연한 부정 청탁에 대한 경각심을 사회에 일깨웠다.

통합진보당 해산

'비정상의 정상화'는 대한민국 내 종북 세력 척결에서 정점을 찍었다.

2010년 사망한 황장엽 전 북한 노동당 비서는 국내에 고정 간첩 약 5만 명이 활동하고 있다고 증언한 적이 있다. 일본 산케이産經 신문도 대한민국 내 북한 고정 간첩이 4만~5만 명, 반미 혁명 세력이 20만 명이라고 보도한 적이 있다. 정확한 수는 확인하기 어렵지만 분명한 것은 체제 전복을 위해 간첩들이 국내에서 활동하고 있어 대한민국의 자유민주 질서 유지에 커다란 위협으로 작용하고 있었다는 점이다.

통합진보당 역시 그 일례이다. 2013년 11월 5일, 정부는 국무회의 의결을 거쳐 헌법재판소에 통합진보당에 대한 정당해산심판을 청구해, 정당 해산 결정을 이끌어 냈다.

정당해산심판 청구는 당시 '미스터 국보법'으로 불리던 황교안 법무부 장관의 건의를 수용하여 내린 결단이었다. 2018년 출간된 『황교안의 답』에 따르면, 헌법재판소 체제에서는 처음 이루어지는 정당해산심판이었기 때문에 해산 전망이 그리 밝지 않았다고 한다. 때문에 황교안 법무부 장관은 '모든 책임은 내가 진다'는 각오로 첫 기일부터 직접 나가 법무부의 입장을 밝혔다고 한다.

1년여 동안 18차례에 걸친 공개 변론에서 치열한 공방이 오고

갔다. 제출된 입증 자료만 17만 페이지에 이를 정도였다. 2014년 11월 25일 최후 변론에서 황교안 법무부 장관과 이정희 통합진보당 대표가 격돌했다. 황교안 장관은 북한 주민들의 인권 상황을 거론하며 "북한의 비참한 인권 유린 실태는 유엔을 비롯한 국제 사회에서 지탄의 대상이 되고 있습니다. 우리의 자유민주주의 체제와 북한의 공산주의 체제 가운데 어떤 것을 선택할지 너무나 자명합니다"라 했다. 또한, "작은 균열이 둑을 무너뜨립니다. 대한민국의 자유민주주의를 지켜 내야 합니다. 통진당이 정당으로 존재하는 한 국민의 안전을 지켜 낼 수 없으며, 종국적인 국가 안보의 확보가 불가능합니다. 이 사건은 단순히 한 정당을 해산하느냐가 아니라 우리 국가의 미래를 결정할 분수령이 될 것입니다. 억압과 굶주림의 고통을 짊어지게 할 것인지가 이번 심판에 달려 있습니다"라고 했다.

헌법재판소는 2014년 12월 19일, 인용 8 대 기각 1명으로 통합진보당의 해산을 결정했다. 결정문(2013헌다1)은 통합진보당의 주도 세력이 "북한을 추종하고 있다"고 적시했고, 당의 강령 상 목표가 "1차적으로 폭력에 의하여 진보적 민주주의를 실현하고, 이를 기초로 통일을 통하여 최종적으로는 사회주의를 실현하는 것"이라고 판단했다. 또한 이석기 전 의원을 비롯한 통합진보당의 주요 구성원들이 "2013년 5월 10일 및 12일, 당시 정세를 전쟁 국면으로 인식하고 그 수장인 이석기의 주도 하에 전쟁 발발 시 북한에 동조하여 대한민국 내 국가 기간 시설의 파괴, 무기 제조 및

- 북한을 옹호하고 대한민국 정통성 부정
- 폭력에 의한 북한식 사회주의 실현
- 전시 시설 파괴, 무기 제조·탈취, 통신 교란 등 모의
- 폭력·여론 조작 등으로 당내 민주적 의사 형성 왜곡

탈취, 통신 교란 등 폭력을 실행하고자 내란 관련 회합들을 개최"한 사실을 인정하고, "비례대표 부정 경선, 당 중앙위원회 폭력 사건 및 관악을 지역구 여론 조작 사건은 피청구인(통합진보당)의 당원들이 토론과 표결에 기반하지 않고 폭력적 수단으로 자신들이 지지하는 후보의 당선을 관철시키려 한 것으로서 당내 민주적 의사 형성을 왜곡하고 선거 제도를 형해화하여 민주주의 원리를 훼손"한 것이라고 판단했다. 결론적으로 통합진보당의 주도 세력은 "민중민주주의 변혁론에 따라 혁명을 추구하면서 북한의 입장을 옹호하고 대한민국의 정통성을 부정"하고 있다고 판단했다.

정당해산심판과 별도로 이석기 전 의원 등의 내란선동 혐의에 대하여 2015년 1월 22일에 대법원 확정판결이 있었다. 이석기 전 의원에게 징역 9년 및 자격정지 7년이 확정되었다. 대법원 판결문(대법원 2014도10978)에는 이석기 전 의원 등이 "미 제국주의의 지배 질서를 무너뜨리고 통일과 민족 자주의 혁명을 완수"하기 위해 한반도 내 전쟁 발발 시 "회합 참석자 130여 명 이상이 조직적으로 전국적 범위에서 통신·유류·철도·가스 등 주요 국가 기간

시설을 파괴하는 행위, 선전전·정보전 등 다양한 수단을 실행"할 것을 선동한 사실이 상세히 적시되어 있다.

이후 탄핵 정국 촛불집회에서 '이석기를 석방하라'라는 대형 풍선이 띄워지고 '이석기 석방 서명 운동'이 벌어지는 등, '통합진보당 강제 해산 무효 및 이석기 석방' 운동이 지속적으로 이루어졌다.

노동 개혁과 민주노총의 반발

박근혜 정부는 경제·사회 부문에서 공공기관 임금피크제를 도입했고, 노동 개혁 입법을 강하게 추진했다. 공무원연금 개혁을 달성하여 향후 30년간 185조 원을 절감했다. 공공기관 개혁을 통해 공공기관 부채를 감소시키고 경영 효율화를 적극 추진했다. 기초연금 제도를 도입해 상위 30퍼센트를 제외한 70퍼센트의 노인들에게 매달 20만 원의 기초연금을 지급했고, 청년층을 위한 주거 복지 공공 사업으로 '행복 주택' 15만 가구가 공급되었다. 경제를 살리기 위해 '경제혁신 3개년계획'을 수립했고, 전국에 '창조경제 혁신센터'를 설립해 대기업과 중소기업을 연결하고 창업을 지원했다. 중국·캐나다·뉴질랜드 등과 FTA(자유무역협정)를 체결했고, 2013~14년 2년 연속으로 무역 1조 달러 돌파와 함께 수출 및 무역 흑자가 사상 최고를 기록하는 '무역 트리플 크라운'을 달성했다. 이런 성과에 힘입어 대한민국 역사상 최고의 국가 신용등급을 달성했다. 2015년 12월, 3대 국제 신용 평가 기관 중 하나인 무디스가 대한민국의 국가 신용등급을 'Aa3'에서 'Aa2'로 상향 조정한 데 이어, 2016년 8월에는 S&P가 대한민국의 국가 신용등급을 'AA-'에서 'AA'로 상향 조정했다. 하지만 탄핵 사태 이후 이 모든 노력들이 왜곡되고 폄하되고 있다.

민주노총 종북 논란

헌법재판소 결정으로 해산된 통합진보당은 민주노총이 중심이 된 민주노동당과 진보신당 탈당파인 노회찬·심상정 등이 결성한 새진보통합연대와 국민참여당이 통합하여 2011년 12월경 설립된 정당이었다. 그 뒤 민주노총이 2012년 8월경 통합진보당에 대한 지지를 철회하기는 했지만, 민주노총 자체도 종북 논란으로부터 자유롭지 못했다.

민주노총은 2010년 발생한 천안함 사태와 관련해 북한을 옹호하는 논평을 발표했다. 민주노총이 2012년에 발간한 『노동자 통일교과서』는 연평도 포격이 한국군의 호국 훈련으로 인해 야기된 것처럼 주장하고, 3대 세습 등 북한 체제를 옹호하는 내용을 다수 실어 논란을 일으키기도 했다.

철도 개혁

이념적으로뿐 아니라 한국 경제에도 민주노총은 걸림돌이었다. 대표적인 사례가 철도 개혁을 비롯한 일련의 노동 개혁 저지 투쟁이다.

철도 개혁은 역대 정권에서 모두 실패한 문제였다. 김대중 정부가 철도 민영화를 추진했다가 실패했고, 노무현 정부에서 민영화를 포기하고 철도청을 공사公社로 전환하는 데까지만 간신히 성공했다. 이명박 정부는 철도의 경쟁 체제 도입을 시도했다가 실패했다. 그러나 박근혜 대통령은 "당장 어렵다는 이유로 원칙 없이 적당히 타협하고 넘어간다면 우리 경제·사회의 미래를 기약할 수 없을 것"이라며 철도 개혁을 강하게 추진했다.

2013년 12월, 정부가 수서발 고속철도(SRT, 2016년 12월 개통) 운영 자회사 설립을 발표하자, 민주노총 산하 철도노조가 이에 반대하는 파업에 들어갔다. 정부는 엄정 대응 방침을 세웠다. 철도노조 지도부에 대해 체포영장이 발부되었고, 경찰은 영장 집행을 위해 민주노총에 공권력을 투입했다. 이 과정에서 민주노총 소속 노조원과 통합진보당 관계자 100여 명이 연행되었다. 이에 민주노총은 '박근혜 정권 퇴진 운동'과 총파업을 선언했다. 이후 협의를 거쳐 철도노조는 파업을 철회했다.

철도 개혁의 일환으로 일련의 경영 혁신을 통해 한국철도공사(코레일)의 영업이익이 2014년 흑자 전환했고, 2016년에는 영업이익과 당기순이익 동시 흑자를 기록할 수 있었다. 부채 비율도 대폭 낮아졌다.

노동 개혁 입법

대통령은 노동 시장의 구조 개선을 통한 일자리 창출 및 성장 동력 확보를 위해 노동 개혁 입법을 강하게 추진했다. 2015년 9월 15일 노사정 대타협을 통해 공정하고도 유연한 노동 시장 구축을 위한 토대가 마련되었고, 후속 조치로 근로기준법, 고용보험법, 산업재해보상법, 파견근로자보호법, 기간제근로자보호법 등 일련의 노동 개혁 법안을 발의했다. 한국 경제의 경쟁력 강화를 위해서는 임금 체계 변화가 필요하다고 보고 임금피크제를 도입해, 313개 모든 공공기관이 2015년부터 임금피크제를 실시했고 이는 금융권과 대기업으로 확산되었다.

그 과정에서 민주노총은 대립각을 세웠다. 민주노총은 2015년 4월 24일 총파업을 추진한 데 이어 11월과 12월에는 '민중총궐기'를 주도했다. 11월 민중총궐기 도중 시위에 참가한 농민 백남기 씨가 부상을 입고 다음해 사망하는 일도 벌어졌다.

결국 노동 개혁 법안들은 19대 국회가 마무리되면서 자동 폐기되었다. 하지만 대통령은 노동 개혁 의지를 굽히지 않았다. 2016년 4월 제20대 국회의원 총선거 패배 뒤 대통령의 첫 공식 발언은 "어려움이 있더라도 노동 개혁을 반드시 추진하겠다"는 것이었다.

민주노총은 탄핵 정국에서 주도적인 역할을 수행했다. 2016년 11월 30일 대통령의 즉각 퇴진을 주장하며 총파업을 벌였다. 전교조와 전국공무원노조(전공노)도 파업에 동참했다. 현 문재인 정권이 민주노총의 이른바 '촛불 빛'에 대해 부채 의식을 갖고 있다는 이야기가 공공연하게 나돌 정도로 탄핵 정국에서 민주노총의 역할은 컸다.

역시 민주노총 산하인 언론노조의 역할도 컸을 것으로 추정된다. 언론노조는 KBS, MBC, SBS, 연합뉴스, YTN 등 거의 모든 방송사와 신문사에 지부를 두고 막강한 영향력을 행사하고 있다. '김영란법'은 공직자뿐만 아니라 언론인들도 주된 규제 대상으로 하고 있었고, 이에 대한 언론의 불만은 탄핵 정국에서 되돌아왔다. 언론노조는 탄핵 정국에서 '언론 장악 부역자 명단'을 발표하기도 했다.

전교조 법외노조화

전국교직원노동조합(전교조)의 '정치 활동'은 불법이다. 교원노조법은 교원 노동조합의 정치 활동을 금지하고 있다.

하지만 전교조 및 전교조 소속 교사들의 정치 활동이나 이념 편향적 활동은 끊임없이 논란을 빚었다. 일례로 2006년에 학생과 학부모를 '빨치산 추모제'에 데려간 전교조 교사가 논란이 되었고, 김일성 부자의 주체사상과 북한의 '선군先軍 정치'를 찬양하는 자료집을 제작한 혐의로 전교조 교사가 형사처벌되기도 하였다. 전교조의 '세월호 참사 진상 규명 시국 선언' 등이 정치적 중립 의무 위반이어서 물의를 일으키기도 했다.

2019년 10월에는 서울 관악구 인헌고등학교의 일부 교사들이 학생들에게 반일 구호를 외치도록 강요하는 영상이 공개되어 논란이 일었다. '조국 사태' 관련 보도를 '가짜 뉴스'라고 가르치고, "가짜 뉴스를 믿으면 개돼지"라고 했다는 증언도 나왔다. 3학년 학생들은 교사의 보복이 두려워 주저하다가, 입시를 위한 학생생활기록부 작성이 끝나고 나서야 정치 편향 교육에 맞설 용기를 낼 수 있었다고 했다. 인헌고등학교는 2012년에 혁신학교로 지정되었고 전교조가 학교를 좌지우지하는 수준이라는 주장도 제기되었다. 실제 인헌고등학교는 혁신학교로 지정되고 6개월 만에 교장이 "내부 교원 간 갈등에 지쳤다"며 명예퇴직을 신청하기도 했다.

2013년 10월 24일, 고용노동부는 전교조가 해직 교사를 불법으로 조합원으로 두고 있다는 이유로 전교조를 교원노조법에 따른 노동조합이 아닌 '법외法外 노조'라고 통보했다. 이에 대해 전교조는 행정소송을 제기했으나 1, 2심에서 모두 패소하였고, 사건은 2019년 현재 대법원 계류 중이다.

법외노조화를 계기로 전교조는 탄핵 정국 당시 공무원노조와 함께 공동 시국 선언 기자회견을 개최하는 등 박근혜 대통령 퇴진에 앞장섰다. 이후 대통령이 파면되고 정권이 바뀌고도 법외노조화 조치가 취소되지 않자 전교조는 문재인 대통령이 후보 시절한 약속을 지키지 않는다며 문재인 정부를 규탄하는 시위를 하기도 했다.

공공 부문 개혁

공무원연금 '고양이 목에 방울을'

연금 개혁은 역대 정부가 그 필요성을 절감하고도 직접 손대기 꺼려 온 분야다. 연금 수령액 감소로 직접 피해를 보는 집단이 존재하여 그로 인한 지지율 감소를 감내해야 하기 때문이다. 한마디로 '고양이 목에 방울을 다는 일'이었다.

공무원연금이 특히 문제였다. 2017년에 발간된 『박근혜정부 정책백서』에 따르면, 공무원연금 재정수지 불균형을 메우기 위한 정부 보전금이 2015년 2조 9,133억 원이었던 것이 2020년에는 6조 원을 넘을 것으로 전망되었다. 하루 단위로 환산하면 2016년에는 매일 약 100억 원, 2021년에는 매일 약 200억 원, 2026년에는 매일 약 300억 원의 정부 보전금이 지출되어야 하는 상황이었다.

박근혜 대통령은 공무원연금 개혁을 결단했고, 지속적인 설득과 홍보 노력에 힘입어 2015년 5월 29일 공무원연금 개혁 합의안이 국회 본회의에서 의결되었다. 2014년 초 정책 대안의 검토에서부터 시작하여 최종 국회 의결까지 1년 이상의 시간이 걸렸다. 연금 개혁을 통해 정부 보전금을 향후 30년간 185조 원, 70년간 497조 원 절감할 수 있게 되었고, 2080년까지 정부 보전금이 추가로 발생하지 않는 수준의 수지 균형을 이루게 되었다. 문재인 정부가 국민연금 개혁을 시도조차 못하고 있는 상황과 극명한 대조를 보인다. 하지만 공무원연금 개혁으로 인해 관료 집단은 대통령으로부터 등을 돌리게 되었고, 탄핵 정국에서 이는 오롯이 대통령의 부담으로 남았다.

공공기관 살빼기

공공기관 개혁도 지속적으로 추진했다. 2013년 12월 '공공기관 정상화 대책'을 발표하고, 2015년 1월에는 '공공기관 2단계 정상화 대책'을 발표했다. 이에 따라 전체 공공기관 부채 비율이 2012년 220퍼센트에서 2013년 217퍼센트, 2014년 201퍼센트, 2015년 183퍼센트로 꾸준히 감소했다. 액수로는 2015년 한 해에만 14조 4천억 원의 부채가 감소했다. 사업 구조조정, 원가 절감, 방만 경영 개선 등 경영 효율화를 적극적으로 추진한 결과였다.

하지만 문재인 정부 들어 공공기관 개혁은 역주행 기조로 돌아섰다. 정부가 공무원과 공공기관을 망라한 공공 부문 채용을 대폭 확대하고, 공공기관 임원에 비전문가들을 임명하는 비율이 증가했다.

건강보험 수지 개선

박근혜 정부를 거치면서 국민건강보험 적립금이 20조 원 이상으로 내실화됐다. 이 역시 '문재인 케어'의 영향으로 문재인 정권

박근혜 정부

- 코레일 흑자
- 공무원연금 개혁
- 공공기관 부채 감소
- 건강보험 수지 개선

→ 후대를 위한 '축적 경제'

문재인 정부

- '문재인 케어'로
  건강보험 적자 전환(2018)
- 공공기관 개혁 역주행
- 선심성 퍼주기 정책

→ 갈수록 줄어드는 '비누 경제'

집권 1년 만인 2018년에 건강보험 재정수지가 7년만에 다시 적자로 돌아섰다. 적자 폭은 향후 더욱 확대되어, 적립금 소진이 시간문제가 되었다. 이를 두고 강석훈 전 청와대 경제수석비서관은 "박근혜 정부는 후대를 위한 '축적 경제'인 반면, 문재인 정부는 시간이 갈수록 줄어드는 '비누 경제'"라고 평가했다.

대통령은 탄핵 과정과 그 이후에도 자신이 추진한 개혁들이 중단된다는 사실에 매우 안타까워했다.

탄핵심판 절차가 한창 진행 중이던 2017년 1월 25일 '정규재

TV'와의 인터뷰에서 "국가 정체성 수호에 기반을 다지기 위해서, 많은 노력 기울여 왔다. 여러 가지 한 일이 많다. 통진당(해산)도 있고…. 그 외에도 열거하자면 많다. 한편으로는 우리 경제에 있어서도 재정 관리도 잘하고, 펀더멘털도 잘 관리해서 국가 신용등급이 역대 최고치를 기록했다. 그건 국제 사회가 인정해 주는 것이다. 국가 신용등급이 높다는 점은 유리하고 좋은 점이 상당히 많다. 또 하나는 지금 4차 산업혁명이 이미 진행되고 있는데, 창조경제, 문화 융성 통해서 4차 산업혁명이 이뤄질 수 있는 기반을 다져 왔다. 심혈을 기울여 왔는데, 최근 보도를 보니 블룸버그 통신이 매년 발표하는 혁신지수에서 우리나라가 4년 연속 1등 했다. 국제 사회도 그만큼 인정해 준다는 보람이 있었다. 미래를 준비한다거나 재정을 잘 관리하는 것, 그런 쪽으로 심혈을 많이 기울여 왔다"고 했다. 그러면서 "대북 관계나 국제 사회에서 약속한 것도 있고. 경제를 비롯해 딱 24가지를 정해서 계속 체크하고 뿌리 내리게 하려는 것들에 심혈을 기울였다. 이제 성과가 나타나기 시작하는 일들이 여러 가지가 있다. 그걸 좀 뿌리 내려서 마무리 잘할 수 있었으면 얼마나 좋을까 하는 안타까운 마음이 답답하다"고 했다.

파면 이후 형사재판을 받으면서도 나라 걱정을 많이 했다. 그야말로 '대한민국과 결혼했다'라는 말이 어울리는 대통령이다. 역설적으로 우리는 꽃이 지고 나서야 봄이었음을 뒤늦게 실감하고 있다.

03

탄핵 전야

정치적으로 악용된 세월호 사고

2014년 4월 16일 발생한 세월호 침몰 사고의 여파는 2년이 지난 2016년까지 이어지고 있었다. 세월호 사고와 관련하여 대통령에 대해 수많은 터무니없는 의혹들이 쏟아졌다. 소위 '세월호 7시간' 동안 수면 주사를 맞았다거나 성형 시술, 굿을 했다는 등 온갖 루머들이 있었으나, 모두 사실이 아닌 것으로 밝혀졌다.

세월호 사고 당일 대통령은 정상적으로 직무를 수행하고 있었다. 이후 기자회견과 국회의 국정조사 등을 통해 여러 차례 '세월호 7시간'에 대해 밝혀 왔고, '세월호 특별법'까지 제정해 사실 조사를 마쳤다. 그럼에도 사안의 진실보다는 일부 정치 세력이 악의적으로 꾸며 낸 유언비어만이 회자되고, 언론들에 의해 확대

재생산되어 갔다. 사실은 왜곡되었고 국민적 갈등은 깊어졌다.

세월호로 인한 갈등은 탄핵 정국에서도 지대한 영향을 미쳤다. 국회는 '세월호 사고와 관련한 생명권 침해'를 탄핵 사유 중 하나로 포함시켰다. 법리적으로 세월호 사고는 대통령 탄핵 사유가 될 수 없었고, 실제 헌법재판소도 결정문에서 세월호 사고를 탄핵 사유로 인정하지 않았지만, 세월호 사고는 대통령에 대한 부정적인 여론 형성에 결정적인 영향을 미쳤다. 어떤 의미에서 세월호 사고가 탄핵 사태라는 '거짓의 산'의 첫삽을 떴다고도 할 수 있다.

세월호 사고는 수많은 학생들이 희생된 가슴 아픈 사고였다. 더욱 가슴 아픈 일은 생존자와 유족들의 아픔을 달래고 재발 방지를 위해 노력하기보다, 세월호 사고의 참혹한 결과만을 부각시켜 모든 것을 대통령의 책임으로 돌리고 국정 수행에 발목을 잡는 등, 가슴 아픈 사고를 정치적으로 악용하는 지극히 잘못된 일들이 이어져 왔다는 점이다. 대통령 파면 후인 2018년에도 '이석기 의원 석방 콘서트'에 '세월호 합창단'이 무대에 올랐고, 2014년 7월 세워진 광화문 세월호 천막은 불법이었지만 2019년 3월까지 4년 8개월간 자리를 지켰다. 반면, 같은 광화문에 우리공화당이 2019년 6월 천막을 설치하자 서울시는 천막을 강제 철거하고, 재설치를 막기 위해 그 자리에 대형 화분을 설치하는 이중적인 태도를 보였다.

세월호 사고를 정치적으로 이용함으로써 좌파는 2008년 광우병 사태에 이어 다시 한 번, 자신들이 누가 대통령이 되는지와 무관하게 언제든 정권을 흔들 수 있는 대한민국의 주류 세력임을 입증했다.

2016년 총선 패배

2016년 제20대 4·13 총선 패배는 뼈아팠다. 처음엔 180석도 가능하리란 예측도 나왔지만 결과는 122석을 얻는 데 그쳐, 123석을 얻은 야당 더불어민주당에 한 석 차이로 제1당 지위를 내주었다. 역사에 가정은 없다지만, 새누리당이 과반 의석만 확보했더라도 나중에 국회에서 탄핵소추 논의가 나오기는 쉽지 않았을 것이다.

총선 패배의 주된 원인은 당내 공천 갈등이었다. 김무성 당시 당대표와 청와대, 친박계의 갈등은 공천위원장인 김무성 대표가 추천 난에 대표 직인職印 날인을 거부하는 '옥새 파동'으로 번졌다. 여기에 더해 유승민 의원 공천 문제와 '진박 논란'까지 이어지면서 민심이 돌아섰다.

총선 패배 책임이나 이후 탄핵 정국에서 정치력을 제대로 발휘하지 못한 점에서 탄핵의 정당성을 찾는 견해가 있지만, 이는 탄핵 사태를 뒤늦게 정당화하려는 정치적 계산에 따른 주장에 불과하다. 무엇보다, 선거 승패나 정치력은 탄핵 사유가 되지 않는다.

탄핵은 기획되었다. 탄핵 사태의 일차적 책임은 당연히, 탄핵을 기획한 자들에게 있다. 구체적으로 '최순실 TF'를 만들고 가동시킨 정치·언론 세력들, 북한과 북한 추종 세력들이 그들이다. 그리고 탄핵 정국에서 정략적으로 이에 동조한 당시 여야 정치인들, 검찰과 특검, 헌법재판소, 언론에 이차적 책임이 있다. 선동의 피해자인 대다수 국민들도 어떤 의미에서는 사태에 책임이 있다. 이 부분은 제12장에서 자세히 언급하기로 한다.

총선 이후 레임덕이 시작된 것만은 분명한 사실이다. 박근혜 정부는 통합진보당 해산을 비롯해 공무원연금 개혁, 노동 시장 구조 개선, 역사 교과서 국정화 등 개혁 작업을 지속하고 있었고, 2016년은 이로 인한 피로감이 축적되어 있는 시기였다. 거기에 일본과의 위안부 협상, 김영란법 시행, 성과연봉제 시행, 사드 배치 등과 관련하여 논란이 지속되면서 정권의 지지 기반이 취약해져 가고 있었다. 정권에 부담스러운 일들이 연이어 벌어졌다.

2016년 7월과 8월, 우병우 청와대 민정수석과 조선일보의 갈등은 레임덕을 가속화시켰다. 우병우 수석 처가의 부동산을 넥슨이 매입했다는 조선일보의 기사로부터 촉발된 사태는 이석수 특별감찰관의 우병우 수석 관련 감찰 착수, 청와대의 감찰 누설 의혹 제기, 조선일보 송희영 전 주필 의혹 제기로 이어지면서 양측 모두에 상처를 남겼다.

8월 31일, 일본 정부가 '화해·치유재단'에 10억 엔을 송금했다. 이 돈은 생존 위안부 할머니들에게 개별적으로 분배되었고 일부

금액은 추모 사업에 활용되었지만, 논란은 계속되었다.

9월 25일, 그 전해 11월 민중총궐기에 참가했다가 물대포를 맞고 쓰러진 백남기 씨가 사망했고, 부검을 둘러싸고 논란이 일었다.

9월 28일에는 '김영란법'이 시행에 들어갔다. 언론사는 이 법 적용 대상이었으므로 언론사에 대한 기업들의 협찬, 연수 프로그램 운용 등이 제약을 받았고 언론의 불만이 가중되었다는 견해가 있다.

9월 말, 공공 부문 성과연봉제 저지를 위해 공공부문노조와 금융노조가 파업에 들어갔다. 철도노조와 지하철노조도 동참했다.

대외적으로는 2016년 7월 한·미 양국이 북한의 핵과 미사일 위협에 대응하기 위해 사드 배치를 결정하고, 9월에 경북 성주골프장을 사드 부지로 확정했다. 국내에서는 지역 주민과 시민단체의 반대 시위가 이어졌고, 중국과 러시아는 반발했다. 특히 중국은 부지를 제공한 롯데의 중국 계열사에 대해 11월에 세무조사를 실시하는 것을 시작으로 대대적인 대한對韓 경제 보복(한한령限韓令)에 들어갔다.

"북한 주민들, 남으로 오라"

김정은 참수부대

북한 김정일의 사망으로 김정은이 집권한 것은 2011년 말이고,

그 1년여 뒤 박근혜 대통령이 취임했다. 한 치 앞을 예상하기 힘든 젊은 지도자의 거듭되는 도발이라는 상황에서 대통령은, 김정은을 제거하고 북한 체제를 붕괴시켜 통일을 이루는 방식을 숙고한 것으로 보인다.

국가정보원 특수활동비 문제로 구속 수감되었던 이병호 전 국정원장의 변호인은 한 언론과의 인터뷰에서, 당시 국정원이 많은 '대북 공작'을 했다고 했다. 태영호 주 영국 공사 등 많은 북한 엘리트가 귀순했으며, 국정원이 북한 내의 자생적 저항 집단을 지원하고 김정은을 제거하려는 시도도 했다고 한다. 이런 사실이 알려지자 김정은은 이병호 전 국정원장을 "지구 끝까지 따라가서 죽이겠다"고 했다는 것이다.

대통령은 2016년 9월 '김정은 참수부대' 창설을 승인했다. 당초 2019년 창설 목표였으나, 탄핵소추로 대통령이 직무 정지에 들어가자 황교안 대통령권한대행 하에서 창설 일정이 2년 앞당겨졌다. 김정은 참수부대 역시 문재인 정부가 들어서면서 사실상 해체됐다.

워싱턴포스트 부편집인 밥 우드워드가 쓴 『공포: 백악관의 트럼프』에 따르면, 2016년 9월 9일 북한의 제5차 핵실험 뒤 오바마 대통령은 임기 내에 북한 문제를 매듭짓기 위해 대북 선제 타격 검토를 지시했고, 관계 기관에서 이를 한 달간 심도 깊게 조사했다고 한다. 하지만 북한의 핵 반격 위협을 완전히 제거할 수 없다는 조사 보고가 나왔고, 오바마 대통령은 마지막에 선제 타격을 포기

2016년 10월 1일 국군의 날 기념사에서 "북한 주민들, 자유로운 대한민국으로 오라"고 선언하는 박근혜 대통령.

했다고 한다. 트럼프 대통령 역시 2016년 11월경 대통령 당선자 신분으로 오바마 대통령을 만났을 때 "북한과의 큰 전쟁 개시에 아주 근접했다는 이야기를 들었다"고 2019년 2월경 밝힌 바 있다.

'체제 전쟁' 선포

그즈음 2016년 10월 1일, 대통령은 국군의 날 기념식에서 북한 주민과 군인들을 향해 "여러분들이 희망과 삶을 찾도록 길을 열어 놓을 것입니다. 언제든 대한민국의 자유로운 터전으로 오시기 바랍니다"라고 선언했다. 공개적으로 체제 전쟁을 선언하는 순간이었다. 그날 대통령은 "지금 우리 내부의 분열과 혼란을 가중시키는 것은 북한이 원하는 핵 도발보다 더 무서운 것입니다. 북한 정권은 우리의 의지를 시험하고 있고 내부 분열을 통해 우리 사회를 와해시키려고 하고 있습니다"라고도 했다. 북한의 남한 내부 공작을 염두에 둔 발언이었다.

그 직후인 2016년 10월 17일자 동아일보에 이런 기사가 실린다. JTBC가 '최순실 태블릿PC'(최초에는 컴퓨터 파일이라고 보도함. 후술)를 언급하기 딱 일주일 전이다.

> 최근 박 대통령의 메시지는 오로지 북한이다. 4대 구조개혁도, 경제혁신 3개년계획도 사라진 지 오래다. 그냥 북한이 아니다. "정신상태가 통제불능"인 김정은과 "주민의 삶을 지옥으로 몰아넣은" 북한 정권의 붕괴를 겨냥하고 있다. 그래서 북한 주민에겐 빨리 자유의 품으로 오라고 손짓한다.
>
> 얼마 전 새누리당의 한 인사는 이렇게 귀띔했다. "미국이 올해 상반기 청와대에 '북한의 모든 공격 시설을 3일 안에 타격할 수 있다'는 의사를 전달했다고 한다. 박 대통령의 결심만 남았다는 얘기다." 그러면서 한마디를 보탰다. "누구는 '확전 자제'를 말하겠지만, 박 대통령이라면 실행에 옮길 수 있다. 그러니 얼른 생수와 라디오를 사 놓아라." (…)
>
> 정치권에선 '타격 임박설'의 또 다른 증거를 내민다. 박 대통령이 국내정치와 담을 쌓은 듯한 태도가 그것이다. 우병우 대통령 민

정수석비서관에서 김재수 농림축산식품부 장관을 거쳐 미르·K 스포츠재단 의혹에 이르기까지 '해볼 테면 해봐라'라며 무대응으로 일관한다. 여권에선 야당이 법인세 인상 법안을 통과시키면 박 대통령이 곧바로 거부권을 행사할 거란 말도 공공연히 나온다. 대치 정국이나 정권 재창출엔 관심이 없어 보인다는 얘기다. 모든 문제를 단번에 정리할 수 있다는 듯 말이다. 우리의 상상, 그 이상의 선택으로….

북한이 먼저 불 지핀 탄핵

한편 북한은 2015년 초부터 대한민국 정권의 내부 붕괴를 부추기는 발언들을 쏟아 내기 시작한다. '경애하는 최고사령관 김정은 동지께서 2015년 1월 5일 로동당 간부회의에서 하신 말씀'이라는 문건을 2016년 3월 3일 『미래한국』이 입수해 단독 보도했다. 발언 시점은 통합진보당이 해산(2014년 12월 19일)된 직후인데, 김정은은 이에 대해서도 언급했다. 김정은은 남한의 "진보 세력은 적진에 있는 우리들의 동지"라며 그들이 "선거를 통해 여당과 야당의 핵심 위치까지 진입해야 한다"고 부추겼다. 그러면서 '헌법재판소의 정치적 각성'을 언급한 것이 눈에 띈다.

지난해(2014) 12월 남조선의 통합진보당 해체에 대한 소식은 대남 사업을 하는 일군들에게 심각한 교훈과 경험을 주는 계기라는 것을 명심해야 합니다. 남조선에 있는 진보 세력은 적진에 있는 우리들의 동지입니다. 그들은 외세에 의해 강요된 민족분렬의 비극을 끝장내고 통일에 대한 절절한 희망속에 미군철수, 고려련방제 통일, 국가보안법철폐, 등을 웨치던 애국세력들입니다. (…)

이번 통합진보당 해체사건을 교훈삼아 부서에서는 남조선의 헌법재판소를 정치적으로 각성되고 반미의식이 강하며 권위있는 세력이 장악하도록 뒷받침 해야 합니다. 전쟁준비를 갖추는데서 미국 본토를 타격할수 있는 수단도 중요하지만 더 중요한 것은 결정적시기 우리와 뜻을 같이할 조직적이고 단결된 세력들입니다. (…)

현재 남조선에서 공화국의 통일로선을 신념으로 간직하고 투쟁하는 진보세력들은 친북, 좌파로 인식되여 활동을 원할하게 할 수가 없습니다. 선거에서 지지률을 얻어 야당이나 여당의 핵심위치까지 진입할 수 있도록 여기 있는 일군들이 모색하고 만들어야 합니다.

김정은 발언이 뒤늦게 보도된 이튿날인 2016년 3월 4일, 북한의 대남 선전 기구 조국평화통일위원회(조평통)는 대변인 성명을 통해 북한인권법과 테러방지법을 거론하며 "만고역적 박근혜는 민족의 이름으로 처단되는 첫번째 대상이 될 것이며 그에 동조한 자들도 응당한 심판을 받게 될 것"이라고 위협했다.

북한의 '탄핵 불 지피기'

2015년
1월 5일 — 김정은, '헌법재판소의 정치적 각성' 언급

2016년
3월 4일 — 조평통, '박근혜 처단' 언급
4월경 — 조평통, '박근혜 탄핵' 본격 주장
6월 24일 — 난수 방송 16년 만에 재개

8월 — 더불어민주당 '최순실 TF' 출범
9월 20일 — '최순실 게이트' 촉발

탄핵 정국

통일부가 발행하는 『월간 북한동향』 2016년 4월호는 4월 8일과 16일자 '조평통 서기국 보도'를 소개했는데, '대통령 탄핵'을 언급한 것이 예사롭지 않다. 당시 대한민국에서는 탄핵 문제가 전혀 논의되고 있지 않았기 때문이다.

박○○와 《새누리당》에 대한 남조선인민들의 저주와 원한은 하늘에 닿았고 남녘땅 도처에서 《박○○〈정권〉을 심판하라.》,《박○○를 탄핵하라.》는 규탄의 목소리가 세차게 터져나오고 있으며 《새누리당》의 지지률은 대폭 떨어지고 있음. (조국평화통일위원

회 서기국 보도 제1103호, 4월 8일)

> 박○○년과 《새누리당》 패거리들에 대한 남조선민심의 저주와
> 원한은 하늘에 닿았으며 《박○○정권 심판하라.》, 《박○○를 탄
> 핵시키자.》는 규탄의 목소리가 세차게 터져나오고 있음. (조국평화
> 통일위원회 서기국 보도 제1104호, 4월 16일)

석 달여 뒤인 2016년 6월 24일, 북한은 난수亂數 방송을 16년 만
에 재개했다. 난수 방송이란, 남파 간첩에게 지령을 전달하기 위
해 숫자와 문자 등을 조합한 난수 형태의 암호를 불러 주는 형태
의 방송이다. 통일부는 2016년 7월 20일 대변인 정례 브리핑을 통
해 북한의 난수 방송 재개에 대해 유감을 표명했다. 그즈음부터
언론에 미르재단과 관련된 기사가 보도되기 시작했다.

2016년 11월 통일부는 '최근 북한의 대남 선전·선동 공세'라는
보도자료를 내고 "북한이 '최순실 게이트'와 연계시켜 한국 정부
의 대북 정책 신뢰성을 훼손시키려 시도하고 있다"고 지적했다.
11월 들어 최순실 관련 비난은 전체 대남 비난의 60퍼센트가량을
차지하며, 이러한 정세를 이용한 북한의 선동 공세가 더욱 강화
될 것이며, 일부 단체들과의 선별적 접촉을 시도, 국론 분열을 위
한 통일전선 공세를 강화할 것으로 예상된다는 전망도 내놓았다.
북한이 일부 단체들과 접촉하여 탄핵을 위한 여러 가지 물밑 작
업을 했을지 모른다는 정황이다.

김정은은 박근혜 대통령 탄핵소추 직후 2017년 신년사를 통해서는 "지난해 남조선에서는 대중적인 반정부 투쟁이 세차게 일어나 반동적 통치기반을 밑뿌리채 뒤흔들어 놓았다. 남조선 인민투쟁사에 뚜렷한 자욱을 새긴 지난해의 전민항쟁은 파쑈독재와 반인민적 정책, 사대매국과 동족대결을 일삼아 온 보수 당국에 대해 쌓이고 쌓인 원한과 분노의 폭발이다. (…) 박근혜와 같은 반통일 사대매국 세력의 준동을 분쇄하기 위한 전민족적 투쟁을 힘있게 벌려야 한다"고 했다.

한편, 대통령은 중국과의 대북 압박 공조를 위해 2015년 9월 3일 중국 전승절 행사에 참여하기도 하였으나, 중국은 생각대로 움직여 주지 않았다. 오히려 2016년 북한 핵 위협으로부터 방어를 위해 사드 배치를 결정하면서 중국과의 관계가 소원해졌다.

이런 이유로 2016년 가을 이래의 촛불집회에는 중국 정부가 개입했다는 주장도 제기되었다. 동아일보 이정훈 기자는 2017년 1월 25일 '이정훈의 안보마당' 블로그에 올린 '민주당의 사드 배치 반대는 자가당착'이라는 글에서 "(1월 4~6일) 중국 정부가 더불어민주당 의원들을 불러들여 왕이 외교부장 등 중국 정부 관계자들을 만나게 한 것은 한국을 이간질하는 공작이자 사드 배치를 찬성한 박근혜 대통령에 대한 보복"이라고 했다. 또한 "지금 한국에는 6만여 명이 넘는 중국 유학생이 머물고 있다. 중국은 이 유학생들을 박근혜 대통령 탄핵을 위한 촛불시위에 몰래 참여시켰다"

고 하여 큰 파장을 불렀다. 반드시 사실 확인이 필요한 부분이다.

　대통령은 2017년 1월 25일 '정규재 TV'와의 인터뷰에서 "너무나 많은 허황된 이야기들이 떠돌다 보니 사실이라고 믿는 사람들이 있었을 것이고, 그동안 추진해 온 개혁에 반대하는 세력도 있었을 것이다. 체제에 반대하는 세력들도 합류한 게 아닌가… 저는 그렇게 보고 있다"라며 "쭉 진행 과정을 추적해 보면 뭔가 오래전부터 기획된 것이 아닌가 하는 느낌도 지울 수가 없다. 솔직한 심정으로"라고 밝혔다.

제 2부

탄핵 공작부터 형사재판까지

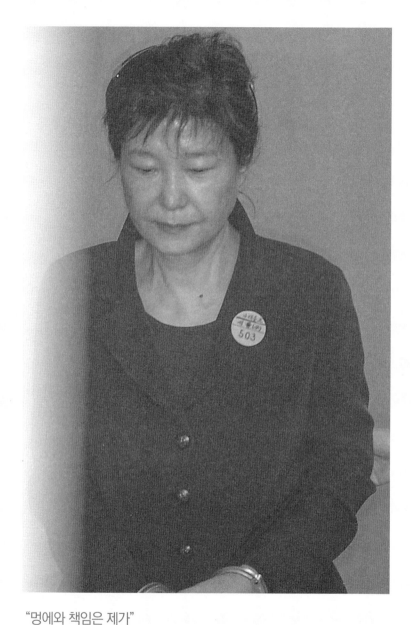

"멍에와 책임은 제가"

"법치의 이름을 빌린 정치 보복은 저에게서 마침표가 찍어졌으면 합니다. 이 사건의 역사적 멍에와 책임은 제가 지고 가겠습니다."

04

기획된 탄핵

최순실 게이트

당시 북한과 소통했는지 여부는 알 수 없으나, '우상호 인터뷰'에 따르면 더불어민주당은 2016년 7월경 최서원 관련 제보를 처음으로 입수하고, 그해 8월 중순경 비공개로 '최순실 TF'를 꾸렸다. 조응천, 손혜원, 도종환 의원 등이 TF 멤버로 참여했다. 더불어민주당은 '최순실 TF'를 중심으로 제보 받은 내용을 바탕으로 전체의 밑그림을 구상하고 실현해 나갔다.

9월 20일, 한겨레신문이 'K스포츠 이사장은 최순실 단골 마사지센터장'이라는 기사를 통해 최서원을 본격적으로 거론하기 시작했다. 이틀 뒤인 9월 22일에는 최서원 TF의 멤버인 도종환 의원이 삼성의 정유라 승마 지원 의혹을 제기했다.

탄핵 전야(2015. 1~2016. 10. 24)

주요 사건	시기	대통령 활동
북, '탄핵 불 지피기' 시작	**2015년** 1월 5일~	
	2016년 2월 10일	개성공단 폐쇄
	3월 2일	북한인권법·테러방지법 입법
북한, 16년만에 난수 방송 재개	6월 24일	
TV조선, "미르재단 모금 과정에 청와대 개입" 보도	7월 26일	
더불어민주당, '최순실 TF' 구성	8월 중순경	
	9월	'김정은 참수부대' 창설 승인
한겨레, '최서원 단골 마사지센터장' 보도로 '최순실 게이트' 촉발	9월 20일	
도종환 의원, "삼성이 정유라 승마 지원"	9월 22일	
국정감사에서 정유라 이화여대 입학 특혜 의혹 제기	9월 28일	
	10월 1일	"북한 주민들, 대한민국으로 오라" (국군의 날 기념사)
JTBC, 고영태 인용 "최서원이 대통령 연설문 손보는 것 즐겼다" 보도	10월 19일	
JTBC, '최순실 컴퓨터 파일' 보도	10월 24일	개헌 제안 (국회 예산안 시정 연설)

그러면서 여야 대립을 한껏 끌어올릴 목적으로 9월 24일 김재수 농림축산식품부 장관의 해임 건의안을 통과시키고, 이어 국정감사를 밀어붙였다.

9월 28일 국정감사에서 정유라의 이화여대 특혜 의혹이 제기되었다. 이후 매일같이 각종 신문 1면에 최서원이 등장했다.

상황이 최고조에 달했을 때 JTBC의 '최서원 태블릿PC' 보도가 나왔다. 더불어민주당이 JTBC의 보도에 관여했는지 여부는 밝혀지지 않았다.

'태블릿PC'의 실체는

2016년 10월 19일 JTBC는 "최서원이 대통령의 연설문을 손보는 것을 즐겼다"는 고영태의 진술을 단독 보도한 데 이어, 10월 24일에는 "최서원이 44개의 대통령 연설문 등 자료를 대통령이 발표하기 전 사적으로 받았다"고 단독 보도해 큰 파장을 일으켰다.

그런데 후에 '최순실 태블릿PC'로 알려지게 되는 물건의 실체가 의심스럽다. 10월 24일 JTBC는 "PC 파일", "컴퓨터 파일", "최순실 씨 사무실에 있던 PC에 저장된 파일들"을 입수했다고 발표했을 뿐, 이것이 '태블릿PC'라고 특정하지 않았다. 자료가 저장된 컴퓨터가 PC(데스크탑)나 노트북이 아니라 '태블릿PC'였다는 사실은 이튿날 타 언론사를 통해 먼저 보도되었고, JTBC는 하루 더

지나 10월 26일이 되어서야 비로소 '태블릿PC'라는 표현을 사용하기 시작했다.

첫 보도가 있던 10월 24일, 보도와 별도로 JTBC 모 기자가 당시 노승권 서울중앙지검 제1차장검사와 '태블릿PC'에 관한 문자를 주고받은 사실이 '태블릿PC 재판'에서 뒤늦게 드러났다. JTBC가 검찰에 태블릿PC를 전달했고, 노승권 차장이 JTBC 기자에게 문자로 "잘 받았습니다", "그리고 태블릿 존재 및 전달건은 절대 보안 부탁드립니다", "타사에서 알거나 확인 들어오면 곤란해질 것 같습니다"라고 했고, 기자는 노승권 차장에게 "예 알겠습니다 검사장님, 제가 할 수 있는만큼 하겠습니다! 신경 많이 써주셔서 감사합니다!"라고 답문자를 보냈다. 재판에서는 문자를 주고받은 JTBC 기자가 누구인지에 대해 기자들의 진술이 바뀌고 증언을 번복하는 일도 있어, '최순실 게이트'의 기폭제가 된 사안의 실체를 JTBC가 숨기려 한다는 인상을 주었다.

노승권 차장은 10월 26일 기자들에게 태블릿PC는 "최서원 독일 집 쓰레기통에서 확보한 것 같다"고 말해 태블릿PC 입수 경위에 대해 혼선을 불러일으켰다. 국회의 탄핵소추 의결 직후인 12월 11일에는 태블릿PC에서 정호성 비서관으로부터 "보냈습니다"라는 문자 수신 내역이 있고, 저장된 사진 등에 비추어 "태블릿PC의 사용자는 최서원"이라고 브리핑했다.

하지만 검찰의 2016년 10월 25자 '태블릿PC 분석보고서'와 국립과학수사연구소(국과수)의 2017년 11월 16일자 보고서에는 '정호성의 문자'에 관한 내용이 없다. 최서원과 정호성이 주고받은 문자는 태블릿PC가 아니라 정호성의 휴대폰에서 발견된 것이었다. 또 태블릿PC에서 발견된 사진은 대부분 게임 화면, 웹툰, 젊은 여성 옷, 액세서리 등에 대한 것이었고, 카카오톡 메시지들 역시 최서원과 무관한 것들이었다. 검찰보다 나중에 이 태블릿PC를 포렌식(증거물 분석)한 국과수는 사용자가 누구인지도 밝혀내지 못했다. 나중 대통령 형사재판에서도 태블릿PC가 최서원의 사용 전에 김한수 행정관과 이춘상 보좌관 등 최소 2인 이상을 거쳤다는 사실이 인정되었다. 때문에 검찰이 태블릿PC 사용자로 최서원을 특정한 것은 정치적 의도를 의심하기에 충분했다. 최서원이 자신은 "카카오톡 앱을 사용한 적이 없으며, 카카오톡 대화 내용을 복구하면 진실을 알 수 있을 것"이라고 주장했지만 검찰은 카카오톡 채팅방을 복원하지 않았다.

특히 검찰의 태블릿PC 분석보고서에서 카카오톡 채팅방 수는 445개였던 데 비해, 1년여 뒤 작성된 국과수 보고서에서는 채팅방이 30개에 불과했다. 채팅방 415개가 사라진 것이었다. 채팅방이 대부분 사라진 외에도 위치 정보, 연락처, 데이터베이스, 이메일 기록 등이 수정되었다는 주장이 제기되어, 태블릿PC가 조작되었다는 의혹을 받고 있다.

2017년 1월 5일 최서원의 조카 장시호가 특검에 제출한 '장시호 태블릿'를 둘러싸고도 유사한 논란이 일었다. 특검은 '장시호 태블릿'은 최서원이 2015년 7월부터 11월까지 사용한 것이고, 이 태블릿PC에서 삼성의 뇌물 혐의를 입증할 지원금 수수와 관련된 증거가 다수 발견되었다고 밝혔다. 하지만 '장시호 태블릿'은 출시 시점이 2015년 8월이어서, 특검이 주장한 '7월부터'라는 사용 시점과 일치하지 않았다. 기존 '최순실 태블릿PC'에 대해 각종 의혹이 제기되자 이를 덮기 위해 특검이 새로운 태블릿PC를 들고 나왔는데, 또 다른 의혹이 제기되자 '아니면 말고' 식으로 덮어 버린 것이 아니냐는 의심을 샀다.

이런 일련의 의혹과 관련, 홍석현 전 중앙미디어그룹 회장은 2017년 4월 16일 'JTBC 외압의 실체, 이제는 말할 수 있다, 홍석현'이라는 제목의 유튜브 방송을 통해, JTBC의 태블릿PC 입수 과정과 관련된 모든 의혹을 부인했다.

그러나 노승일은 2018년 3월 10일 한 언론사와의 인터뷰에서 태블릿PC에 대해 아래와 같이 밝혔다.

"JTBC 태블릿PC는 어디에서 떨어진 것인지 모르겠어요. 10월 27일 영태가 귀국하자마자 오산에 주차한 영태 차에 있는 짐에서 검찰에 제출할 자료를 영태더러 챙기라 했어요. 짐에 검은색 삼성 태블릿PC가 있는데 빼놓길래, 뭐냐고 했더니, '최순실에게 받은 건데 한 번도 사용한 적 없다'고 했어요. 저는 '24일 JTBC에서 최순실의 태블릿PC가 더블루K의 네 책상 속에서 나왔다고 보도했으니 넣으라'고 했죠. 영태는 자기는 그 책상을 8월에 이미 정리했고, 거기에 두고 나온 것은 디지털카메라 하나밖에 없었다며 펄쩍 뛰었어요. 영태는 '나도 증거를 모은다고 모으던 놈인데 왜 책상에 태블릿PC처럼 중요한 것을 남겨 놓고 오겠냐'고도 했어요."

문갑식 월간조선 부국장은 2019년 5월 21일 '문갑식의 진짜뉴스' 유튜브 방송에서 "태블릿PC 원본을 홍석현 회장이 가져왔으며, 이를 입증할 중앙일보 간부의 녹음 테이프를 보유하고 있다"고 밝혔다.

태블릿PC의 입수·전달 경위 및 조작 여부 등에 대하여는 특검 등을 통해 진상을 규명할 필요가 있다.

개헌 제안과 제1차 대국민 담화

2016년 10월 24일 '최서원 태블릿PC' 보도가 처음 나오기 전인 이날 오전, 대통령은 국회의 예산안 시정 연설에서 헌법 개정을 제안했다.

개헌은 대통령이 오랜 기간 고민해 오던 사항이었고, 새로운 국정 동력 확보를 위해서도 필요했다. 대통령은 "우리 정치는 대통령 선거를 치른 다음날부터 다시 차기 대선이 시작되는 정치 체제로 인해 극단적인 정쟁과 대결 구도가 일상이 되어 버렸고, 민생보다는 정권 창출을 목적으로 투쟁하는 악순환이 반복되고 있습니다. 대한민국의 발전을 가로막는 구조적 문제를 해결하고 국가적 정책 현안을 함께 토론하고 책임지는 정치는 실종되었습니다"라고 했다. 또, "대립과 분열로 한 걸음도 나가지 못하는 지금

'최순실 게이트'부터 탄핵소추까지(2016. 10. 24~12. 9)

주요 사건	시기	대통령 대응
JTBC, '최순실 컴퓨터 파일' 보도	**2016년** 10월 24일	개헌 제안 (국회 예산안 시정 연설)
	10월 25일	제1차 대국민 담화
검찰 특별수사본부 구성	10월 27일	
	10월 28일	수석비서관 일괄 사표 지시
최서원, 독일에서 귀국 (10월 31일 긴급체포)	10월 30일	
	11월 2일	김병준 총리 지명 (11월 7일 철회)
한국갤럽, "대통령 지지율 5%" 발표	11월 4일	제2차 대국민 담화
	11월 8일	책임총리 추천 국회에 요청
특검법 통과 국정조사특별위원회 활동 시작	11월 17일	
검찰, 중간 수사 결과 발표 최서원·안종범·정호성 구속 기소	11월 20일	
야 3당, '탄핵 추진' 공식 당론 확정	11월 21일	
	11월 23일	한·일 지소미아 체결
	11월 29일	제3차 대국민 담화 (조기 퇴진, 조기 대선 제안)
새누리당, 탄핵소추안 표결 참여 결정	12월 4일	
새누리당, 탄핵소추안 자유 투표 당론 확정	12월 6일	
국회 탄핵소추안 가결	12월 9일	(대통령 직무 정지)

의 정치 체제로는 대한민국의 밝은 미래를 기대하기 어렵습니다. 이제는 '1987년 체제'를 극복하고 대한민국을 새롭게 도약시킬 '2017년 체제'를 구상하고 만들어야 할 때입니다"라고 했다.

하지만 공교롭게도 당일 저녁 JTBC의 태블릿PC 관련 보도로 대통령의 개헌 제안은 완전히 묻혀 버렸다.

다음날 10월 25일 대통령의 제1차 대국민 담화는 결과적으로 '최서원 국정 농단' 루머에 기름을 부은 셈이 되었었다. 대통령은 "최순실 씨는 과거 제가 어려움을 겪을 때 도와준 인연으로 지난 대선 때 주로 연설이나 홍보 등의 분야에서 저의 선거 운동이 국민들에게 어떻게 전달됐는지에 대해 개인적인 의견이나 소감을 전달해 주는 역할을 했습니다. 일부 연설문이나 홍보물도 같은 맥락에서 표현 등에서 도움을 받은 적이 있습니다. 취임 후에도 일정 기간 동안은 일부 자료들에 대해 의견을 들은 적이 있으나 청와대 보좌 체계가 완비된 이후에는 그만뒀습니다"라고 솔직하게 밝혔다.

제1차 대국민 담화는 내용의 진위와 무관하게 '최서원의 존재'를 대통령이 처음으로 직접 확인해 준 것이 되었고, 대통령이 의혹 앞에 '백기 투항'한 것으로 인식되었다. 이후 언론의 무차별적 허위·과장 보도가 시작되었다.

최서원과 관련해 대통령에게 쏟아진 의혹들은 대통령이 '여성이면서 독신'이라는 점과 떼어 생각할 수 없다. 여성에 대한 한국 사회의 뿌리 깊은 편견과 호기심은 탄핵 정국에서 여과 없이 표출되었다. 세월호 사고 당일 미용 시술을 받거나 프로포폴 주사를 맞았다는 루머, 세월호 당일 정윤회 씨(정유라 생부)를 만났다는 루머, 세월호 사고 당일 굿을 했다는 루머, 청와대 침대 중 하나가 최서원의 것이라거나 '통일 대박'이 최서원의 아이디어라는 루머, 최서원의 숨겨진 재산이 300조 원이라는 루머, 대통령이 최서원의 아바타라는 루머, 최태민 목사(최서원 아버지)가 대통령의 심신을 완전히 지배했다는 루머, 섹스 테이프가 존재한다는 루머 등, 셀 수 없을 만큼 많은 루머들이 언론을 통해 확대 재생산되었다. 루머나 언론 보도는 모두 대통령이 무능하고 문란하다는 점에 초점이 맞춰져 있었으나, 사실은 모두가 여성에 대한 차별적인 인식에 기초한 것이었다. 그렇기에 쉽게 전파되고 파괴력을 가질 수 있었다.

대통령도 '정규재 TV'와의 인터뷰에서 여성 누드화에 대통령 얼굴을 합성한 〈더러운 잠〉이 국회에 전시된 사건에 대해 "사람이 살아가는 데 있어서 그… 아무리 심하게 하려고 해도 넘어서는 안 되는 도가 (그리고) 선이 있다고 생각한다. 그걸 아무런 거리낌 없이 죄의식 없이 쉽게 넘을 수 있다는 것. 그것이 현재 한국 정치의 현주소가 아닌가 하는 생각 들었다"고 했다. 또, 세월호 루머를 포함한 각종 여성 비하적 루머들에 대해 "여성 대통령이 아니면 또 여성 아니면 그런 비하 받을 일이 없겠죠. 여성 비하라고 생각을 한다. 우리나라에 남아 있는"이라고 밝혔다.

당시 이런 마녀 사냥식 루머에 대해 정홍원 전 국무총리도 안타까움을 드러냈다.

"(…) 실체와 증거보다는, 추측과 확인되지 않은 의혹들에 힘이 실리고 있는 상황입니다. 진상이 드러나기도 전에 보도를 통해 모든 내용이 기정사실화되고 있는 느낌입니다. 바로 이것이 우리가 그렇게도 금기시하는 마녀 사냥이 아니고 무엇이겠습니까. 참으로 안타깝습니다. (…) 진실 규명도 되기 전에 대통령에게 무한 책임을 지라는 요구와 주장, 그 또한 '외부의 조력이 없이는 판단도 제대로 못하는 대통령'이라는 인식을 심어 주고 있는 일부의 주장은 저로서는 도저히 납득할 수 없습니다. 결코 법 앞의 평등이 아닙니다. 그것은 일시적 분풀이에 불과할 뿐입니다."

천영식 비서관에 따르면 대통령도 당시 상황에 대해 "그때는 광풍이었습니다. 누구도 말을 들으려 하지 않았습니다. 단두대가 나오고, 모두 흥분 상태였습니다. 태블릿PC 보도가 나온 다음 언론 보도를 모두 사실로 알고 흥분하는데, 무슨 얘기를 한들 의미가 있었겠습니까. 어떤 얘기도 통할 수 없었습니다"라고 회고했다.

그런 어려운 시절이었지만 대통령은 정부 정책이 제대로 홍보되지 않고 사장되어 가는 점에 대해서도 많이 안타까워했다고 천 비서관은 증언한다.

많은 이들이, 대통령이 왜 제1차 대국민 담화에서 최서원의 존재를 '순순히' 인정했는지 궁금해 한다. 타이밍 상 결국 '최서원 태블릿PC'와 기밀 누설을 인정한 꼴이 되었기 때문이다.

그러나 당시 대통령은 최서원이 어떤 일을 했는지 전혀 모르고 있었다. 대통령이 이 일로 최서원과 통화를 하였는데, 최서원이 "저는 아무것도 모른다. 다 언론에서 하는 거짓말이다"라는 식으로 이야기했고, 대통령은 이 말을 믿고 대국민 담화를 했다고 한다. 그래서 대통령은 최서원에게 "별 문제가 아니면 귀국해서 조사를 받으라"고 했을 것이다.

천영식 비서관에 따르면 대통령은 제1차 대국민 담화에 대해 "그때 사과를 한 것은 연설문 표현, 홍보적 관점에서 받아들인 게 다인데, 저렇게 어마어마한 것이냐? 그것은 바로잡아야 한다고 생각했습니다"라고 했다.

대통령은 '정규재 TV'와의 인터뷰에서도 "그 사과에 대해 이런 충고를 하는 사람들이 있어요. 우리 사회에서는 사과를 하면 안 된다, 그냥 잘못해도 버텨야 한다, 오히려 그렇게 말하는 사람까지 있는데 저는 그렇게 생각하지는 않고요, 그렇게 사과한 것은 (…) 국민에 그런 심려 끼쳐 드린 데 대해 사과드려야겠다 그런 생각을 했던 거다"라며 "이번에 알게 된, 그 비로소 알게 된 일들을 보면서, 아, 그런 일도 있었구나, 그것은 내가 살피지 못했다면 내 불찰이고 잘못이라는 생각을 했다. 그전에는 전혀 몰랐다"라고 솔직하게 밝혔다.

역설적으로 제1차 대국민 담화는 대통령이 소위 '최서원 국정 농단'에 관여되지 않았다는 사실을 보여 준다. 하지만 이미 사태는 수습 불가능한 국면으로 치닫고 있었다.

당시 청와대 참모들은 최서원의 존재에 대해 거의 모르고 있었다. 때문에 제대로 된 대응책을 마련하기가 어려웠다. 그나마 최서원에 대해 알고 있던 '3인방' 중에서도 정호성 비서관을 제외하고는 최서원을 모른다고 부인하거나 소극적 태도로 일관했다.

검찰은 2016년 10월 27일 특별수사본부를 구성했고, 이영렬 서울중앙지검장이 본부장을 맡았다. 10월 28일 대통령을 가까이서 보좌했던 3인방과 청와대 수석비서관들이 일괄 사표를 제출했다. 10월 29일, 검찰은 정호성 비서관의 휴대전화를 압수했다.

최서원은 10월 30일 독일에서 귀국해 이튿날 31일 오후 3시부터 검찰 조사를 받았고, 당일 밤늦게 긴급체포되었다. 안종범 수석은 11월 2일 긴급체포되었다.

이 무렵부터 검찰의 태도는 완전히 달라졌다. 검찰부터 살아야겠다고 마음을 먹었던 것 같다.

제2차 담화와 책임총리 제안

제1차 대국민 담화 이후에도 민심은 계속 악화되고 있었다. 민심을 추스를 필요가 있었다. 제2차 대국민 담화 날짜가 11월 4일로 잡혔다.

제2차 대국민 담화를 준비하면서 대통령은 최서원의 비리에 대한 언론 보도를 보고 놀라고 있다고 말했다. 훗날 대통령은 "저도 몰랐던 이야기, 최순실이 사익을 취했다는 등의 내용은 제 불찰이라고 생각해서 국민께 심려를 끼쳐 드려 사과하기로 한 것입니다"라고 했다.

천영식 비서관이 밝히는 당시 대통령의 발언은 이렇다.

> 선거 때마다 "믿고 있어요"라고 말하던 국민들을 마음속에 담고 살아왔습니다. 부응하고 답해야지 생각해 왔습니다. 이번에 무너지면서 국민의 신뢰가 깨진 게 제일 마음이 아픕니다. 권력형 비리는 내가 제일 증오했던 일입니다. 허탈합니다. 국민들 마음 아프지 않게 하려 했는데 의도하지 않게 반대 결과를 가져왔습니다.
>
> 굿이나 사이비 종교를 믿는다니 가슴이 찢어집니다. 이조차 저의 불찰입니다. 모든 게 최순실로 귀결되고 있습니다. 하지만 최순실과 연결 부분은 극히 일부분입니다. 모든 공무원의 노력이 비리와 연결되고 있습니다.
>
> 헌법 가치가 망가지지 않도록, 나는 사명감으로 일해 왔습니다. 국민 마음 아프게 하려고 대통령이 된 게 아닙니다. 차라리 대통령을 하지 않았더라면 하는 자괴감이 듭니다. 각오는 매일 매일 다졌습니다. 지금 저는 언론 보도 보고 같이 놀라고 있는 상황입니다.

11월 4일 대국민 담화에서 대통령은 "저는 이번 일의 진상과 책

- 헌법 개정 제안
- 3차례 대국민 담화 통해 해명, 사과
- 검찰 조사, 특검 수사 수용 의지
- '김병준 카드' 무산되자 국회에 '책임총리' 추천 요청
- 조기 퇴진, 조기 대선 등 '질서 있는 퇴진' 약속

임을 규명하는 데 있어서 최대한 협조하겠습니다. 이미 청와대 비서실과 경호실에도 검찰의 수사에 적극 협조하도록 지시하였습니다. 필요하다면 저 역시 검찰의 조사에 성실하게 임할 각오이며 특별검사에 의한 수사까지도 수용하겠습니다"라고 했다. 또한, "다시 한 번 저의 잘못을 솔직히 인정하고, 국민 여러분께 용서를 구합니다. 이미 마음으로 모든 인연을 끊었지만, 앞으로 사사로운 인연을 완전히 끊고 살겠습니다", "대통령의 임기는 유한하지만, 대한민국은 영원히 계속되어야 합니다"라고 했다.

하지만 당일 한국갤럽은 대통령 지지율이 5퍼센트라고 발표했고, 이번에도 담화는 묻혔다. 대통령의 개헌 제안이 JTBC의 태블릿PC 보도로 무산된 것처럼 이번에도 타이밍이 절묘했다.

대통령은 제2차 대국민 담화와 함께 '김병준 카드'를 준비했다.

대국민 담화를 이틀 앞둔 11월 2일, 청와대는 김병준 교수를 총리로 내정했다고 발표했다. 야당과의 타협을 고려한 인선이었다.

김병준 교수는 노무현 정부에서 청와대 정책실장을 지냈고, 안철수 국민의당 의원으로부터 비상대책위원장으로 영입 제안을 받고 있었다.

하지만 야당은 발표 당일 김병준 내정자에 대한 인사 청문회를 전면 거부하겠다고 밝혔다. "야당과 협의가 없었다"는 명분을 내세웠지만, 당시 상황에 비추어 '김병준 카드'를 받는 정도로 끝낼 이유가 없다고 생각했었던 것 같다.

결국 대통령은 11월 7일 '김병준 카드'를 철회하고 8일 정세균 국회의장을 찾아가 "국회에서 여야 합의로 총리에 좋은 분을 추천해 주신다면 그분을 총리로 임명해서 실질적으로 내각을 통할해 나가도록 하겠습니다"라고 요청했다. 하지만 국회는 끝내 총리를 추천하지 않았다.

당시 상황을 우상호 전 원내대표는 이렇게 밝혔다.

"그때(10월)는 계속 청와대를 만났다. 대통령이 직접 약속하는 2선 후퇴라면 우리도 받는다고 했다. 그러자 대통령이 국회에 와서 '국회 추천 총리가 내각을 통할하도록 하겠다'라고 하나 마나 한 말을 했다(11월 8일). 정진석 원내대표를 만나서 '이런 말로는 절대 안 되니 전권을 넘긴다는 확실한 말을 해야 한다'고 했다. 청와대가 그게 그 뜻이라고 한다고 했다. 말이 되나(웃음). 이건 결국 탄핵으로 간다는 생각에 그 시점부터 비박계와 접촉했다."

이후 더불어민주당은 탄핵을 위한 3단계 전략을 수립했다고 우상호 의원은 밝힌다.

"촛불집회가 시작되면서 당의 노선을 정할 필요가 있었다. 전략을 총 3단계로 짰다. 1단계, 대통령 2선 후퇴를 요구한다. 바로 탄핵으로 내달릴 수는 없었다. 진보-보수 진영 대결로 가면 '50 대 50' 싸움이다. 결국 탄핵소추안을 통과시키려면 새누리당에서 40석이 넘어와야 하는데, 처음부터 진영 대결이었으면 비박계가 오겠나. 진영 대결 인상을 주지 않도록 대선 주자인 문재인 전 대표 측에도 물러서 있는 게 좋겠다고 전했고, 당시 문 전 대표 쪽도 납득했다. 보수도 우리 주장에 동조할 절충안으로 접근하는 게 핵심 기조였다."

11월 10일, 국민의당이 '대통령 퇴진 요구'를 당론으로 확정했다.

11월 14일, 더불어민주당도 기존의 '대통령의 2선 후퇴 및 거국 내각'을 요구하기로 했던 당론을 폐기하고 '대통령 퇴진'을 요구하는 당론을 확정했다. 정해진 수순이었다. 이날 여·야 4당 원내 지도부는 야당이 추천하는 특별검사를 임명하기로 합의했다.

11월 17일, '박근혜 정부의 최순실 등 민간인에 의한 국정 농단 의혹 사건을 규명하기 위한 특별검사의 임명 등에 관한 법률', 이른바 '최순실 특검' 법안을 통과시켰다. 이날 국회 차원의 '박근혜 정부의 최순실 등 민간인에 의한 국정 농단 의혹 사건 진상 규명을 위한 국정조사특별위원회'도 2017년 1월 15일까지를 기한으로 60일간의 활동에 들어갔다.

검찰 중간 수사 결과 발표

2016년 11월 20일, 검찰 특별수사본부는 이른바 '국정 농단'과 관련, "박근혜 대통령이 최서원, 안종범 등과 상당 부분 공모 관계가 인정된다. 다만, 현직 대통령은 불소추 특권으로 인해 기소할 수 없다"는 입장을 언론에 발표하고, 최서원, 안종범 수석, 정호성 비서관을 구속 기소했다. 여론은 극도로 악화되었고 촛불시위도 격화되었다. 다음날 김현웅 법무부 장관이 사의를 표명했다.

대통령을 최서원 등과 공범으로 적시한 검찰의 공소장은 탄핵 정국에서 결정적인 역할을 하게 된다. 국회가 검찰의 공소장에 기초하여 탄핵소추안을 의결했기 때문이다.

앞서 2004년 노무현 대통령에 대한 국회의 탄핵소추 의결서의 경우, 검찰이 노무현 대통령과 측근들의 공범 관계를 인지하고 확인했음을 공개적으로 밝혔으나, 대통령의 불소추 특권, 직무 수행의 계속성, 헌법 정신 등에 비추어 그 내용을 공개하는 것은 적절치 않다고 판단하고 대통령에 대한 직접 수사와 기소를 유보한 내용이 들어 있었다. 하지만 이번에는 달랐다. 검찰은 헌정사상 처음으로 현직 대통령을 피의자로 입건했다. 대통령에 대한 직접 수사도 서슴지 않았다. 검찰은 지속적으로 대통령 대면 조사를 요구했다.

당시 검찰을 움직인 두 사람은 김수남 검찰총장과 이영렬 특별

수사본부장(서울중앙지검장)이었다. 탄핵 정국에서 이들의 역할은 컸다.

하지만 김수남 검찰총장은 문재인 대통령 취임 이튿날인 2017년 5월 11일, 임기를 채우지 못하고 사의를 표명했다. '토사구팽'이라는 이야기가 나왔다.

이영렬 서울중앙지검장은 '돈봉투 만찬 사건'에 연루되었다. 파면된 박근혜 대통령을 기소하고 나흘 뒤인 2017년 4월 21일, 이영렬 검사장과 안태근 법무부 검찰국장이 한 음식점에서 특별수사본부 검사 등에게 격려금을 건네고 밥값을 냈다. 이 사실은 문재인 대통령 취임 직후인 2017년 5월 15일에 언론에 처음 보도되었고, 문재인 대통령은 이틀 뒤 이영렬 검사장과 안태근 검찰국장 등에 대한 감찰을 지시했다. 이영렬 검사장은 김영란법 위반으로 기소되고 면직되었으나 형사재판에서 2018년 10월 무죄가 확정되었고, 행정소송을 통해 2019년 1월 면직 처분이 취소되었다. 그는 복직 다음날 사직했다.

이영렬 검사장의 후임으로 윤석열 대전고검 검사가 서울중앙지검장에 임명되었다. 이런 일련의 사태를 문재인 정권은 검찰 장악의 계기로 삼았다.

제3차 담화: '질서 있는 퇴진' 약속

다시 탄핵 정국으로 돌아가서, 여세를 몰아 2016년 11월 21일 야 3당은 대통령의 탄핵을 추진하기로 공식 당론을 확정하고, 11월 24일 탄핵소추안을 공동으로 마련하여 정기국회 기간 내에 처리하도록 새누리당 의원들의 참여를 호소하기로 합의했다.

이즈음 내각제 개헌론이 급부상한다. 김무성 전 새누리당 대표는 2016년 11월 23일 긴급 기자회견을 열고 대선 불출마를 선언하면서, "대통령제 폐지를 위한 개헌 추진에 남은 인생을 걸겠다"고 밝혔다. 당대표에서 물러난 뒤 자신의 지지세가 급격히 떨어지자 내각제 개헌을 통해 국면을 전환하려 한다는 분석이 나왔다. 그는 이후 더불어민주당 추미애 대표에게 "대통령의 4월 퇴진이 결정되면 굳이 탄핵에 동참하지 않겠다"는 의사도 피력했다.

새누리당이 야권으로부터 개헌 동의를 받아 내는 것을 조건으로 탄핵에 찬성한다는 구상이 12월 초에 언론을 통해 흘러나왔다. 대통령 탄핵에 동조하는 새누리당 의원 40여 명이, 탄핵에 찬성하되 탄핵심판이 이루어지는 2~6월 사이에 개헌을 관철시킨다는 구상이었다.

이런 상황에서 11월 23일 한일군사정보보호협정(지소미아)이 체결되었다. 의원들이 일신의 안녕을 위해 정략적으로 움직이는 와중에도 대통령은 대한민국의 미래를 걱정했다.

그리고 대통령은 11월 29일 제3차 대국민 담화에 나섰다. 대통령은 그 자리에서 "저는 1998년 처음 정치를 시작했을 때부터 대통령에 취임하여 오늘 이 순간에 이르기까지 오로지 국가와 국민을 위하는 마음으로 모든 노력을 다해 왔습니다. 단 한순간도 저의 사익을 추구하지 않았고 작은 사심도 품지 않고 살아왔습니다. 지금 벌어진 여러 문제들 역시 저로서는 국가를 위한 공적인 사업이라고 믿고 추진했던 일들이었고 그 과정에서 어떠한 개인적 이익도 취하지 않았습니다. 하지만 주변을 제대로 관리하지 못한 것은 결국 저의 큰 잘못입니다"라고 했다. 이어 "이제 저는 이 자리에서 저의 결심을 밝히고자 합니다. 저는 제 대통령직 임기 단축을 포함한 진퇴 문제를 국회의 결정에 맡기겠습니다. 여야 정치권이 논의하여 국정의 혼란과 공백을 최소화하고 안정되게 정권을 이양할 수 있는 방안을 만들어 주시면 그 일정과 법절차에 따라 대통령직에서 물러나겠습니다"라고 했다. 공식적으로 퇴진을 약속한 것이다.

우상호 의원은 대통령이 진퇴를 국회에 맡기겠다고 했을 때의 상황을 이렇게 소개했다.

"(비박계가) 꽤 흔들렸다. 하루에도 몇 명씩 나갔다 들어갔다 나갔다 들어갔다… 우리가 매일 표를 세 보는데 아무리 해도 안정적인 숫자가 안 나왔다. 비박계 모임이 40명에서 25명까지 왔다 갔다하는데, 피가 바짝바짝 말랐다. 그 고비에서 촛불집회가 아주 큰 힘이 되었다."

대국민 담화 이튿날인 11월 30일, 대구 서문시장에서 대형 화재가 발생했다. 대통령은 그다음 날 화재 현장을 방문했다. 대통령으로서 마지막 현장 행보였다. 대통령은 "서문시장 상인 여러분들은 제가 힘들 때마다 늘 힘을 주셨는데 너무 미안하다", "현재 상황에서 여기 오는 것에 대해 많은 고민을 했지만, 도움을 주신 여러분들이 불의의 화재로 큰 아픔을 겪고 계시는데 찾아뵙는 것이 인간적인 도리가 아닌가 생각해서 오게 됐다"고 말했다. 대통령은 청와대로 돌아오는 차 안에서 눈물을 참지 못했다. 만감이 교차했을 것이다.

12월 1일, 새누리당은 대통령이 2017년 4월 말 퇴진하고 6월 말 대선을 치르자는 안을 당론으로 확정했다. 그러나 야 3당이 주도하는 국회는 대통령과 여당의 제안을 무시하고 12월 3일 대통령 탄핵소추안을 국회의원 171명의 찬성으로 발의했다.

마지막 일주일

12월 2일, 새누리당 비박계가 중심이 된 비상시국위원회는 국회에서 브리핑을 통해 대통령에게 12월 7일 오후 6시까지 '4월 퇴진, 6월 대선' 안에 대한 확답을 요구했다. 그러나 야 3당 주도로 탄핵소추안이 발의되자 12월 4일에는 말을 바꾸어, 대통령 입장 표명과 무관하게 여야 합의 불발 시 탄핵소추안 표결에 참여하기로 했다.

그럼에도 허원제 정무수석비서관은 12월 5일 국회 국정조사특별위원회에 출석하여 "대통령이 '4월 퇴진, 6월 대선' 당론의 수용 의사를 분명히 했다"고 밝혔다. 하지만 정진석 새누리당 원내대표는 "더불어민주당과 국민의당이 협상 거부를 발표했기 때문에 사실상 4월 퇴진, 6월 대선 문제를 논의하기 어려운 상황"이라고 응답했고, 다음날 새누리당은 탄핵소추안에 대해 자유 투표를 하는 것으로 당론을 채택했다.

천영식 비서관에 따르면 대통령은 새누리당이 자유 투표로 당론을 정한 12월 6일 새누리당 지도부를 만나 "계속해서 밀리고, 더 이상 믿을 수가 없습니다. 당론(4월 퇴진)을 따르려 했지만 당론이 파기된 상황입니다"라고 했다. 이어 "어려운 시기마다 일이 꼬였습니다. 총리 수용은 야당이 차 버렸고, 4월 퇴진도 마찬가지입니다. 진심을 알아주지 않고 엇나갔습니다. 국가 장래를 위해 물러나라고 하지만, 이런 식이면 더 큰 혼란이 일어납니다. 차라리 탄핵 표결을 수용하겠습니다. 세월호 7시간에 '딴짓' 안 했습니다. 최순실 사건은 인간관계이지 재산 문제가 아닙니다. 지지율이 낮다고 헌법에 맞지 않게 하고 싶지 않습니다"라고 담담하게 심경을 밝혔다.

대통령은 세 차례에 걸친 대국민 담화를 통해 국민들께 사죄의 뜻을 표했다. 국회가 추천하는 인물을 총리로 임명해 내각을 통할하게 하겠다는 입장을 밝혔고, 대통령의 임기 단축과 진퇴까지를 국회에 맡기겠다는 정권 이양 입장을 밝혔으며, '4월 퇴진, 6월 대선' 안까지 수용했다.

하지만 돌이켜보면 더불어민주당은 처음부터 탄핵을 목표로 정치 공작을 하고 있었다. 국회가 계속 말을 바꾸어 가며 대통령에게 한 온갖 제안들은 '기획된 탄핵'의 명분 쌓기용 퍼포먼스에 불과했다. 국가의 혼란을 조기 수습하려는 의지는 없었고 오로지 정치적 이해타산만이 존재했다. 새누리당은 거기에 부화뇌동했다. 우상호 의원도 "일단 탄핵소추안에 찬성한 새누리당 의원들은 우리보다 더 열심히 탄핵 운동을 한다. 탄핵소추안이 부결되는 날에는 박 대통령이 반드시 보복할 테니, 이 사람들은 돌아서려야 돌아설 수가 없다", "비박계 탄핵파들은 탄핵에 실패하면 자기들은 죽는다고 생각해서 우리보다 더 열심히 만나고 다녔다"고 했다.

'박지원 인터뷰'는 "(탄핵 정국 당시 새누리당) 김무성 전 대표를 접촉해서 40명을 확보해 달라고 했다. 그래야 우리가 (탄핵이) 될 수 있다. 20명이 빠지니 튼튼하게 해야 했다. 그랬더니 김 전 대표가 40명이 됐다고 해서 제가 중간 발표로 40명이 확보돼 있다 이렇게 얘기했는데, 박 전 대통령이 제3차 담화를 발표했다. 국회에서 모든 것을 정해 주면 그 일정대로 따르겠다고 하니까, 사실 비박들은 어떻게 됐든 박 전 대통령과의 정치적 인연이 있으니 12월 7일까지 요구 조건을 내세웠다"고 회상했다. 2019년 5월에도 한 라디오 방송에서 "(2016년 국정 농단 사태가 불거졌을 당시) 민주당 우상호, 정의당 고故노회찬, 그리고 국민의당 나, 세 사람이 뭉쳐서 새누리당 격파 작전을 만들자고 했다"고 밝혔다. 그래서 "(새누리당) 김무성 전 대표를 만나 '(탄핵 가결을 위해) 20표가 필요하다. 그래서 안전하게 40표를 달라'고 했더니 (김 전 대표가) '형님, 40표가 됐다'고 해서 (탄핵소추 표결 추진을) 시작했다"는 것이다. 그 결과 "나중에 분위기가 좋아져서 (탄핵 찬성이) 60표 이상 확보가 됐고 (결국) 62표 차로 탄핵이 가결되지 않았나"라고 밝혔다. 김무성·박지원 의원 모두 당시 내각제 개헌을 주장해 왔다는 사실까지 더하여 보면, 더불어민주당의 '탄핵 기획'과 별도로 김무성 의원과 박지원 의원 사이에 내각제 개헌에 대한 밀약이 있었을 가능성을 시사하는 대목이다. 언론 보도에 따르면 이후 탄핵심판이 한창이던 2017년 1월 말 반기문 전 유엔 사무총장은 김무성·박지원 의원과 차례로 회동하고 개헌에 대해 공감대를 형성했다고 한다.

박지원 의원은 탄핵소추안 문안을 가지고 권성동 당시 국회 법제사법위원장과 조율한 과정도 소개했다.

"권성동 당시 법사위원장이 그걸(탄핵소추안) 읽어 보고, 검사 아니었나, 권 위원장이 당시 잘했다, 비박으로 나갔던 사람이니 그걸 보고 나한테 와서 국민의당 안이 굉장히 잘 썼고 이걸로 해야지 민주당 것으로 해서는 심리가 오래 걸려서 안 된다고 했다. 그래서 그렇게 써서 된 것이다"라고 했다.

2016년 12월 8일, 더불어민주당과 국민의당 소속 의원 전원은 탄핵안 부결 시 의원직을 사퇴하겠다고 결의하며 전열을 가다듬었다.

12월 9일 오전 9시, 국회 의원회관에서 '국가변혁을 위한 개헌 추진회의' 창립 모임이 열렸다. 김무성 의원을 비롯한 친박·비박 의원 27명이 참석했다. 탄핵 이후에도 개헌을 추진하고자 했던 것으로 보인다. 이날 오후, 대통령 탄핵소추안이 국회에서 의결되었다.

'천영식 증언록'에 따르면 국회에서 탄핵소추안이 가결된 12월 9일 오후 청와대에서 국무위원 간담회가 소집되었다. 그 자리에서 대통령은 감정을 억누르며 떨리는 목소리로 입을 열었다.

"내 부덕이고 불찰입니다. 국가적 혼란에 송구합니다. 국회와 국민의 목소리를 들어 혼란을 차분히 잘 수습해 주기 바랍니다. 헌법과 법률의 절차에 따라 헌재 심판과 특검 조사를 차분하고 담담하게 가겠습니다. 불확실성의 시대입니다. 헌재 결정 때까지 합심해서 국정 공백을 최소화시켜 주십시오. 취약 계층의 삶을 잘 살피고 민생의 사각지대가 없도록 해 주십시오. 미래 성장 동력도 잘 키워 주십시오. 국민은 공직자를 믿고 의지합니다."

황교안 국무총리는 "결과가 송구스럽습니다. 저부터 응당 책임을 지는 게 도리입니다. 하지만 국정의 공백이 있어선 안 된다는 생각으로 최선을 다해 노력하겠습니다"라고 말했다.

총리와 장관들의 인사를 들은 뒤 대통령은 "제 일은 여기서 멈추지만 총리가 직무대행으로 난국을 맡아 처리하게 된 게 마음이 놓입니다. 저를 도와주셨듯이 대행을 중심으로 책임감 갖고 잘해 주시길 바랍니다"라고 했다. 그러다 감정이 격해졌고 갑자기 흐느끼며 말했다.

"마음 아플 줄 알았지만 마음속 피눈물이 이런 것이구나… 한 분 한 분 (열정을) 알고 있습니다. 대통령으로서 국정 과제를 못 하게 되고, 힘이 못 돼 주는구나… 이게 마음속 피눈물이 납니다… 이제 대통령 몫까지 나라 위해 최선을 다해 주십시오. 떠날 수 있어 감사합니다. 내가 가야 할 길은 멈춰섰지만 여러분은 그렇지 않습니다. 흔들림 없이 해 주십시오. 감사합니다."

05

국회 탄핵소추와 검찰·특검 수사의 위법성

날림으로 가결된 '정치 탄핵'

1972년 미국 닉슨 대통령 탄핵안은 하원의 탄핵 발의 전에 상원 특별조사위원의 1년에 걸친 사실 조사와 하원 법사위원회의 6개월에 걸친 소추 사유 확인 절차를 거쳤다. 닉슨 대통령은 하원의 탄핵 발의안 의결 직전 사임해 탄핵은 이루어지지 않았다.

2017년 5월 출범한 트럼프 대통령 '러시아 게이트'의 로버트 뮬러 특검은 2019년 3월 24일 보고서를 발표하기까지 1년 10개월의 조사 기간을 거쳤다. 보고서 내용은 2016년 미국 대통령 선거에서 러시아와 트럼프 후보 캠프 사이의 선거 개입 공모 의혹에 대하여는 혐의가 없고, 거짓 진술, 허위 자료 제출 등 사법 방해 의혹에 대하여는 판단을 유보한다는 내용이었다.

러시아 게이트 특검 조사 결과 발표 전인 2019년 3월 11일, 반대당인 민주당 소속의 낸시 펠로시 하원의장은 워싱턴포스트와의 인터뷰에서 트럼프가 "모든 면에서 대통령에 걸맞지 않다"면서도, "탄핵은 국론을 분열시키는 일로, 매우 강력하고 압도적인 사유와 초당적인 지지가 없는 한 가서는 안 되는 길"이라고 말했다. 또 "트럼프를 상대로 그러한 일을 할 가치가 없다"고 했다.

펠로시의 의견에 반발하는 강경파 민주당 의원도 상당수 있지만, 미국 사회 내에서는 '명백한 증거' 없이 탄핵을 추진하는 것이 위험하다는 데 공감대가 형성되어 있었다. 이 책을 준비하는 도중에 이번에는 '우크라이나 스캔들'과 관련하여 트럼프 대통령 탄핵 절차가 개시되었다는 소식을 접했으나, 이 역시 하원의 탄핵 발의 여부 판단의 전제가 되는 '공개 조사' 절차를 개시한다는 결의안이 통과한 것에 불과하다.

미국은 최소한 별도의 조사위원회나 특검을 통해 확정된 사실에 기초하여서만 탄핵 절차를 진행하고, 탄핵은 국론을 분열시키는 일이므로 '명백하고 중대한 사유'가 없이는 정치적 이해타산에 따라 진행해서는 안 된다는 점에 대한 인식을 공유하고 있다.

하지만 부끄럽게도 우리는 그러지 못했다. 박근혜 대통령에 대한 국회의 탄핵소추는 정략적으로 기획되었고 탄핵소추안은 정치적 일정에 따라 급박하게 작성되었다. 소추안을 의결할 때까지 사건을 제대로 조사할 기회조차 없었다. '최순실 국정 농단 국정조사'가 2016년 11월 17일부터 시작되었고, 1차 청문회는 같은

- 사실 확인 없이 '의혹'만으로 소추
- 소추 여부 판단 근거 자료 부실
- 위법 행위 구체적으로 적시 못 함
- 조사 없이 6일 만에 날림 의결
- 첨부자료 중 공소장은 불소추 특권과 충돌 여지

해 12월 6일 처음 열렸다. '최순실 특검'이 본격 수사에 착수하기도 전이었다. 이런 상황에서, 발의된 지 불과 6일 만인 12월 9일에 탄핵소추안이 가결되었으니, 사건의 본질도 모르는 채 '해석'부터 해 버린 격이었다.

국회 소추위원단의 황정근 변호사도 한 언론 인터뷰에서 "노무현 대통령 탄핵소추 때 조사 절차를 거치지 않은 것을 당시 헌재가 용인했고, 박근혜 대통령 탄핵 때도 국회 조사 과정이 생략됐다. 원론적으로 옳지 않은 일이다. 조사가 먼저 이뤄지도록 법을 고칠 필요가 있다"고 했다.

탄핵소추의결서에는 소추 사유가 명확하지 않거나, 기재된 내용만으로는 탄핵 사유가 된다고 보기 어려운 내용들이 다수 포함되어 있었다. 너무 급하게 작성된 탓이었다. 게다가 사실관계도 불분명한 경우가 많았다.

헌법 제65조 1항은 "헌법이나 법률을 위배한 때"에 한하여 국회는 탄핵의 소추를 의결할 수 있다고 규정하고 있다. 따라서 탄핵

1. **헌법 위배 행위(5)**

   가. 국민주권주의, 대의민주주의, 국무회의에 관한 규정, 대통령의 헌법 수호 및 헌법 준수 의무

   나. 직업공무원 제도, 대통령의 공무원 임면권, 평등 원칙

   다. 재산권 보장, 직업 선택의 자유, 기본적 인권 보장, 시장경제 질서, 대통령의 헌법 수호 및 헌법 준수 의무

   라. 언론의 자유, 직업 선택의 자유

   마. 생명권

2. **법률 위배 행위(8)**

   가. 재단법인 미르, 케이스포츠 설립 모금 관련(뇌물, 직권남용권리행사방해, 강요)

   나. 롯데그룹 추가 출연금 관련(뇌물, 직권남용권리행사방해, 강요)

   다. 최순실 등에 대한 특혜 제공 관련

   - KD코퍼레이션 관련(뇌물, 직권남용권리행사방해, 강요)

   - 플레이그라운드 관련(직권남용권리행사방해, 강요)

   - 포스코 관련(직권남용권리행사방해, 강요)

   - 그랜드코리아레저 관련(직권남용권리행사방해, 강요)

   - KT관련(직권남용권리행사방해, 강요)

   라. 문서 유출 및 공무상 취득한 비밀 누설(공무상비밀누설죄)

소추안의 의결은 객관적 '사실'이 확인된 이후에 이루어져야지, '의혹'만으로 의결하는 것은 위헌이다. 하지만 국회의 탄핵소추안 의결은 확인된 '사실'에 기초하고 있다고 보기 어려웠다. 제대로

조사도 하지 않고 언론 보도에 기초하여 의결했기 때문이다.

탄핵소추의결서에는 21개의 참고 자료가 첨부되었는데 언론 기사가 15개, 검찰 공소장이 2개였고, 나머지는 과거 대법원 판결문이나 박근혜 대통령 대국민담화문(2차, 2016. 11. 4) 등이었다. 탄핵소추의 판단 근거는 사실상 언론 기사와 검찰의 공소장이 전부였던 것이다. 여러 사안들에 대하여 의혹을 제기하는 수준에 불과한 언론 기사가 탄핵 여부의 판단 근거가 될 수 없다는 것은 더 이상 부연할 필요가 없을 것 같다. 또 다른 판단 근거가 된 공소장역시 만만치 않다. 최서원의 공소장에는 "대통령과 공모하여"라는 문구가 있을 뿐 대통령이 구체적으로 어떤 위법 행위를 했다는 것인지 적시되지 않았다.

국회의 탄핵소추는 정치적으로 이루어졌고, 당시 누구도 이 점에 대하여 문제 삼지 않았다. 국회의원들은 탄핵소추안의 구체적 내용이나 증거 조사에는 대하여는 관심이 없었다. 헌법재판소 공보관으로 있다가 탄핵심판 선고 직후 퇴임한 배보윤 변호사는 "이런 상황이라면 헌재가 내용을 심리하기 전에 형식적 요건 불비를 이유로 '각하' 결정을 내리고 사건을 국회로 돌려보냈어야 한다"고 주장한다.

검찰이 최서원의 공소장에 "대통령과 공모하여"라고 기재한 것은 헌법 위반 소지도 있다. 헌법 제84조는 "대통령은 내란 또는 외환의 죄를 범한 경우를 제외하고는 재직 중 형사상의 소추를 받지 아니한다"고 규정하고 있는데, 위 공소장 기재로 헌법 규정이 무시되고 대통령이 사실상 형사소추를 당한 것으로도 볼 수 있기 때문이다. 이 점과 관련하여 배보윤 변호사는 2019년 5월 9일 '펜앤드마이크'와의 인터뷰에서 "검찰이 탄핵에 협조한 것으로 볼 수 있다"고 했다.

탄핵심판과 형사재판·수사가 뒤죽박죽

지나간 탄핵 사태 때는 한쪽에서는 헌법재판소가 탄핵심판 절차를 진행하고, 사실상 동일한 사안에 대해 다른 한쪽에서는 검찰과 특검이 수사를 진행하면서 수사 결과를 헌법재판소로 송부하는 기이한 일이 벌어졌다. 동일한 사안에 대해 한쪽에서는 형사재판이, 다른 한쪽에서는 탄핵심판 절차가 진행되는 일도 동시에 벌어졌다. 검찰과 특검의 수사, 형사재판, 탄핵심판이 뒤죽박죽인 상황이었다.

원래는 검찰과 특검의 수사를 마친 뒤, 탄핵심판이나 형사재판이 선택적으로 이루어졌어야 한다. 헌법재판소법 제51조는 "탄핵심판 청구와 동일한 사유로 형사소송이 진행되고 있는 경우에는 재판부는 심판 절차를 정지할 수 있다"고 규정하고 있다. 대통령 탄핵심판과 동시에 진행된 최서원 형사재판의 공소장에는 "대통령과 공모하여"라고 적시되어 있으므로, 이는 '동일한 사유로' 진행되는 형사소송에 해당하여 심판 절차가 정지되었어야 한다.

또한 헌법재판소법 제32조 단서는 "재판, 소추 또는 범죄 수사가 진행 중인 사건의 기록에 대하여는 송부를 요구할 수 없다"고 규정하고 있다. 따라서 헌법재판소가 검찰이나 특검에 최서원 사건 등의 수사 기록 제출을 요구하는 것은 위법이다. 하지만 헌법재판소는 2016년 12월 15일 특검과 검찰에 최서원 사건 등에 대한 수사 기록 제출을 요구했다.

2016년 12월 16일 대통령 대리인단은 검찰과 특검의 기록 송부가 헌법재판소법 제32조 단서에 위배된다는 취지의 이의신청서를 제출했으나, 이 이의신청은 12월 22일 기각되었다. 당시까지 검찰과 특검은 유보적 태도를 취하며 수사 기록을 제출하지 않았다. 법 위반 소지가 있다고 판단했던 것 같다. 그러자 헌법재판소는 12월 23일 국회 소추위원단의 요청에 따라 수사 기록을 송부해 달라며 검찰과 특검에 재차 공문을 보냈다. 이에 검찰은 12월 26일 3만~4만 페이지 분량의 수사 기록을 헌법재판소에 제출했다.

헌재의 탄핵심판과 거의 동시에 시작된 박영수 특검의 수사는 탄핵심판에 직·간접적인, 또한 결정적인 영향을 미쳤다. 특검은 수사가 진행되는 동안 거의 매일 정례 브리핑을 열어 수사 상황을 설명했다. 특검의 브리핑은 여과 없이 언론에 보도되었고, 대통령에 대한 부정적 여론 형성에 결정적인 영향을 미쳤다. 대통령에 대한 부정적 수사 내용이 매일 언론에 보도되면서 여론은 계속 악화되었다. 특검의 일방적인 수사 브리핑을 국민들은 사실로 받아들였다. 대부분의 언론이 등을 돌린 상태에서 대통령 측의 반론 기회는 사실상 차단되어 있었다.

특검의 무리한 수사는 2017년 2월 3일 청와대 압수수색을 시도함으로써 절정으로 치달았다. 압수수색영장에는 대통령이 '뇌물죄'의 피의자로 적시되어 있었다.

특검은 2월 28일 공식 수사를 종료하면서, 최서원과 공모하여 삼성으로부터 430억 원대 뇌물을 받았다는 혐의로 대통령을 피의자로 입건했다. 그런데 특검의 수사 결과 발표는 수사 종료 후 6일이나 지난 3월 6일에야 이루어졌다. 헌재의 탄핵심판 선고가 3월 10일로 예정돼 있었기 때문이다. 가급적 선고일에 임박해 수사 결과를 발표함으로써 탄핵심판에 영향을 미치고자 하는 의도가 있었던 것 같다.

특검의 수사 결과 발표는 4일 뒤에 이루어진 대통령 파면 결정에 결정적 영향을 미쳤다. 수사 결과 발표 중에는 미르재단과 케이스포츠재단이 대통령과 최서원의 이익을 위해 설립되었다는 내용 등, 핵심적인 탄핵소추 사유를 뒷받침하는 부분이 대거 포함되어 있었다. 특검 공소장과 수사 결과 자료는 헌법재판소에 참고 자료로 제출되었다. 대통령 측은 특검의 수사 결과 발표 다음날 특검의 수사 결과를 반박하는 입장문을 냈고, 헌법재판소에 별도 서면을 통해 특검의 수사 결과 발표는 공식 문서가 아니며 적법하게 채택된 증거가 아니므로 사실 인정 자료로 사용해서는 안 된다는 취지의 서면을 제출했다. 하지만 이미 탄핵심판의 향방과 대세는 넘어가 있었다.

06

헌법재판소 탄핵심판의 위법과 불공정

이 장에서는 헌법재판소 탄핵심판의 절차상 위법과 불공정성을 주제별로 정리해 보기로 한다. 전편 『탄핵 인사이드 아웃』에서 시간순으로 서술한 것을 이하에서 쟁점별로 간추리며 새로 밝혀진 내용들을 추가했다.

정치권의 헌재 압박

배보윤 변호사는 2018년 1월 조선일보와의 인터뷰에서, 재판부가 신속한 재판의 압박을 받아 왔다고 밝혔다.

어떤 압박이었는지 배 변호사는 구체적으로 밝히지 않았지만, 2016년 12월 9일 국회에서 탄핵소추안이 가결된 이후 더불어민

2016년

12월 9일 — 국회 탄핵소추안 가결

탄핵소추의결서 헌법재판소 접수, 대통령 직무 권한 정지

12월 22일 — 헌재 1차 변론준비기일(이후 총 3차례)

강일원 주심재판관, 소추 사유를 5개로 정리 요구

12월 26일 — 검찰 수사 기록 헌재에 제출

2017년

1월 3일 — 헌재 1차 변론기일(이후 총 17차례)

1월 25일 — 박한철 헌법재판소장, "3월 13일까지 선고되어야" 발언

강일원 주심재판관, 소추 사유 4개로 정리 재차 요구

1월 31일 — 박한철 헌재소장 퇴임(이후 이정미 재판관이 소장 직무 대행)

2월 3일 — 특검, 청와대 압수수색 무산

2월 17일 — 이재용 삼성전자 부회장 구속

2월 27일 — 헌재 최종변론기일(17차)

'대통령 의견서' 대독, 대통령 대리인단 최후변론

2월 28일 — 특검 종료, 대통령을 피의자로 입건

3월 6일 — 특검 수사 결과 발표

3월 10일 — 대통령 탄핵심판 선고, 대통령 파면

주당을 비롯한 야당이 헌법재판소에 대하여 지속적으로 압박의 메시지를 보냈다는 점은 공지의 사실이다. 예를 들어 추미애 더불어민주당 전 대표는 2016년 12월 11일 "헌법재판소가 내년 1월 말까지 심판을 내리는 것이 촛불 민심에 부응하는 길"이라고 압박했다. 야 3당 또한 2월 8일 "헌법재판소는 이정미 재판관의 퇴

- 추미애, "1월까지 심판해야"
- 문재인, "탄핵이 기각되면 혁명밖에 없다"
- 이재명, "헌재도 탄핵해야"
- 더불어민주당, 촛불집회 총동원령
- 야 3당, "3월 13일 이전에 인용 결정 해야"

임일인 3월 13일 이전에 탄핵소추를 인용해야 한다"는 입장을 공동으로 내놓았다.

야권은 신속한 재판뿐만 아니라 심판의 결과에 대하여도 헌법 재판소를 압박하는 발언을 수시로 쏟아냈다. 11월 28일 문재인 전 대표는 JTBC와의 인터뷰에서 "헌법재판소가 감히 다른 결정을 할 수 없을 것"이라고 했다. 12월 16일에는 또 다른 언론과의 인터뷰에서 "탄핵이 기각되면 혁명밖에 없다"는 발언을 해 논란을 일으켰고, 이후에도 "헌재의 결정에 승복하겠지만, 민심과 동떨어진 결정이 나오면 국민들이 용납하지 못할 것"이라고 했다. 이재명 성남시장은 2017년 2월 12일 "국민에 반하는 탄핵 기각 결론을 따라야 한다는 것은 모순이다. 헌재도 탄핵해야 한다. 탄핵이 기각될 경우 다시 퇴진 운동을 펼치겠다"고 했다. 더불어민주당은 탄핵심판이 기각될 수 있다는 가능성이 제기되자 당 차원에서 2017년 2월 10일 촛불집회 총동원령을 내리고 소속 의원들에게 주말 촛불집회 참여를 독려하기도 했다. 이런 행동들은 헌법재판소에 큰 압박으로 작용할 수밖에 없었다.

편파적 재판 진행

재판관이 소추 사유 재정리 유도

헌법재판소는 국회의 동의 없이 탄핵소추 사유를 변경하는 무리수까지 두었다. 탄핵심판 주심인 강일원 재판관은 2016년 12월 22일 제1차 준비기일에서 탄핵소추 사유를 5가지로 다시 정리해 줄 것을 요청하며, 5개 유형을 구체적으로 불러 주기까지 했다. 이에 국회 소추위원단은 12월 27일자 준비서면을 통해, 기존 소추 사유를 강일원 재판관이 불러 준 그대로 5개 항목으로 재정리했다. 그러나 소추 사유가 부적법하면 청구를 기각해야 하는 것이다. 그리고 소추 사유는 국회의 의결을 거친 사안이므로 소추위원단이 임의로 바꿀 수 있는 것이 아니다.

강일원 재판관은 이에 그치지 않고 2017년 1월 25일, 다시 한번 소추 사유를 정리해 달라고 국회 소추위원단에 요청했다. 앞서 정리해 준 5개 유형 중 다섯 번째 '뇌물수수 등 각종 형사법 위반' 부분이 소추 사유에서 빠지기를 원한 것이다. 이 시점에 이미, 탄핵 인용 사유로 삼기 어려운 형사법 위반 부분을 판단의 대상에서 아예 제외하기로 한 듯하다. 이에 따라 국회 소추위원단은 2월 1일 '소추 사유의 유형별 구체화'라는 서면을 제출하여 탄핵소추 사유를 전면적으로 수정했다. '뇌물수수 등 형사법 위반 부분'을 제외하고 소추 사유를 4개 항목으로 재정리한 것이다. 대리인단이 이의를 제기했지만 받아들여지지 않았다.

국회의 탄핵소추의결서는 탄핵소추 사유를 '헌법 위배 행위'와 '법률 위배 행위'로 구분하였고, 법률 위배 행위의 경우 각각의 행위가 뇌물죄, 직권남용 및 권리행사방해죄, 강요죄 등 어떠한 범죄에 해당되는지 특정되어 있었다. 그중 법률 위배 행위 부분은 분량으로만 따지더라도 탄핵소추의결서 본문 44페이지 중 28페이지에 이르는 가장 중요한 부분이었다. 결국 헌법재판소는 '뇌물수수 등 각종 형사법 위반' 부분에 대해 판단하지 않았다. 이러한 소추 사유 변경이 없었더라면 최소한 '전원 일치' 결정은 나오기 힘들었을 것이다.

이렇게 소추 사유를 변경하는 과정에서 일부 사유들이 추가되었다. 헌재는 추가된 사유들은 판단 대상에서 제외하겠다고 했지만, 추가된 사유들 중 '케이스포츠클럽 관련 이권 개입' 등 일부 사실을 인정하여 파면 사유로 삼았다. 실수든 의도한 것이든, 이것은 위법이다. 이와 관련하여 대통령 대리인단의 이중환 변호사는 한 언론과의 인터뷰에서 다음과 같이 언급했다.

> 헌재 결정문에 "2월 1일자 준비서면에서 주장한 소추 사유 중 소추의결서에 기재되지 아니한 소추 사유를 추가하거나 변경한 것으로 볼 여지가 있는 부분은 이 사건 판단 범위에서 제외한다"고

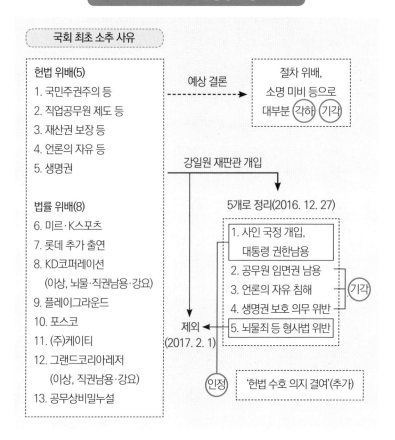

헌법재판소의 불공정 진행

국회 최초 소추 사유

헌법 위배(5)
1. 국민주권주의 등
2. 직업공무원 제도 등
3. 재산권 보장 등
4. 언론의 자유 등
5. 생명권

법률 위배(8)
6. 미르·K스포츠
7. 롯데 추가 출연
8. KD코퍼레이션
   (이상, 뇌물·직권남용·강요)
9. 플레이그라운드
10. 포스코
11. (주)케이티
12. 그랜드코리아레저
    (이상, 직권남용·강요)
13. 공무상비밀누설

예상 결론 ┄➤ 절차 위배, 소명 미비 등으로 대부분 각하 기각

강일원 재판관 개입

5개로 정리(2016. 12. 27)

1. 사인 국정 개입, 대통령 권한남용
2. 공무원 임면권 남용
3. 언론의 자유 침해 ── 기각
4. 생명권 보호 의무 위반
5. 뇌물죄 등 형사법 위반

제외 (2017. 2. 1)

인정 '헌법 수호 의지 결여'(추가)

적었으나, 박 전 대통령에 대한 탄핵소추를 인용한 사실에는 소추의결서에 기재되지 않은 것들이 많이 포함되어 있습니다. 탄핵결정문의 '6. 사인의 국정 개입 허용과 대통령 권한 남용 여부' 중 '가. 사건의 배경'이 대표적입니다.

소추 사유에 이 내용이 전혀 없고, 소추 사유는 대통령 재임 기간 중의 행위에 대해서만 책임을 지는 것임에도 불구하고 헌재의 결정문에는 피청구인과 최태민의 관계, 대통령 취임 전 비서실 운영 형태까지 기재하였습니다. 미르·K스포츠 재단 설립과 운영에 대한 부분도 탄핵소추의결서에 없는 내용입니다. 노무현 전 대통령 탄핵심판 결정문과 달리 박 전 대통령 탄핵심판 결정문에는 국회의 탄핵소추의결서가 첨부되어 있지 않습니다. 저는 헌재가 소추 사유와 실제로 파면을 결정한 사유의 차이가 크다는 점을 감추기 위해 일부러 누락시켰다고 의심하고 있습니다.

거부된 증인·증거, 부당 채택된 증거

2017년 1월 31일 퇴임 예정인 박한철 헌법재판소장은 임기가 일주일도 남지 않은 2017년 1월 25일 제9차 변론기일에서 "늦어도 (이정미 재판관의 퇴임 예정일인) 3월 13일까지 선고되어야 한다"는 폭탄 발언을 했다. 이후 절차는 일사천리로 진행되었다. 무수히 많은 증인들에 대한 신청이 기각되거나 취소되었다. 2월 14일부터 20일까지 사이에 김홍탁 플레이그라운드 대표, 김형수 전 미르재단 이사장, 이진동 TV조선 부장, 최철 전 문화체육관광부 정책보좌관, 김영수 전 포레카 대표, 이성한 전 미르재단 사무총장, 김수현 전 고원기획 대표, 최상목 기획재정부 1차관, 김기춘 전 청와대 비서실장의 증인 채택이 불발되었다. 대통령 대리인단은 고영태만이라도 재차 증인으로 채택해 줄 것을 요청하는 증인신청서를 절박한 심정으로 헌법재판소에 제출했으나 이마저 기각되었다. 검찰 수사 기록이 모두 헌법재판소로 넘어온 상태에서, 증인을 통해 이를 제대로 반박할 수 있는 기회는 보장되지 않았다.

헌법재판소는 한 술 더 떠, 진술 과정을 영상 녹화한 조서나, 진술 과정에 변호인이 입회하여 조사 과정에 아무런 문제가 없다고 확인한 조서는 대통령 대리인단이 부동의하더라도 증거로 채택하겠다고 선언했다. 조사 과정이 적법했다는 이유로 대통령 측의 반대신문권을 배제하여, 반박할 기회를 전혀 주지 않은 채 이러한 조서들을 증거로 채택했다. 명백히 법리에 어긋나는 일이었지만 헌법재판소는 개의치 않았다.

신속한 진행을 핑계로 재판 진행은 편파적으로 이루어졌다. 강일원 재판관은 대리인들의 증인 신문에 관여하여 "불필요한 질문"이라는 등의 이유로 신문 자체를 제한하는 경우가 잦았고, 재판 초기부터 "본인도 3만~4만 페이지나 되는 검찰 수사 기록을 다 봤는데 대리인들은 아직 기록을 다 검토하지 못했냐"며 절차 진행을 촉구하기도 했다.

헌법재판소는 태블릿PC를 쟁점화하기를 꺼렸다. 강일원 재판관은 2017년 1월 10일 '태블릿PC 분석보고서'에 대한 문서송부촉탁 신청을 기각했다. 결국 2016년 10월 25일 작성된 태블릿PC 분석보고서는 헌법재판소에 끝내 제출되지 않았고, 거의 1년이 지난 2017년 9월 11일 대통령 형사사건에서 처음으로 법원에 제출됐다. 탄핵의 결정적 계기 중 하나였던 태블릿PC가 정작 탄핵심판에서는 증거로 채택되지 않고, 추후 형사재판에만 이용된 것이다. 만약 탄핵심판 과정에서 '태블릿PC 분석보고서'가 본격적으로 논의되었다면 진실 발견이 보다 용이해지고 사태가 다른 국면으로 전개되었을 수도 있다. 그러나 태블릿PC 자체가 증거로 채택되지 않는 바람에 대통령 대리인단이 태블릿PC 분석보고서를 볼 기회조차 사라지고 말았다.

'안종범 수첩'의 경우, 헌법재판소는 수첩은 따로 증거로 채택하지 않고 안 수석의 증언과 검찰 조서들만 증거로 채택했다. 안종범 수첩은 '위법하게 압수한 증거물'에 해당된다는 논란이 있었다. 그러나 안 수석이 증언할 때 안종범 수첩의 주요한 부분이 제시되고 증인 신문 조서에 포함된 상태였으므로, 헌법재판소로서는 수첩 압수의 위법성 논란에 휘말리지 않으면서 필요한 증거는 모두 채택한 셈이다.

고영태 녹음 파일도 마찬가지다. 2017년 1월 말 대통령 대리인단은 검찰 수사 기록 속에서 고영태 녹음 파일 2천여 개가 존재한다는 사실을 발견했다. 검찰은 녹음 파일을 압수해서 신문訊問에 활용하기까지 하고도 헌법재판소에는 따로 제출하지 않았다. 우리도 하마터면 그냥 지나칠 뻔했으나, 분명 우리에게 유리한 증거일 거라는 확신이 들어, 내부 회의을 거치고 헌법재판소를 통해 녹음 파일을 확보했다.

대리인단이 확인한 녹음 파일의 내용은 충격적이었다. 고영태 등이 최서원과의 관계를 이용해 문체부 사업 등에서 이권을 챙기려고 사전에 모의한 내용, 케이스포츠재단 사무총장을 내쫓고 재단을 장악하기로 모의한 내용, 케이스포츠재단의 자금을 빼돌리기 위해 (주)예상이라는 별도 법인을 설립한 내용, 고영태가 최서원을 이용해 재단 등을 이용한 사업 계획을 관철하여 하였으나 번번이 최서원에게 거절당한 내용, 현직 검사를 매수해 방패막이로 삼으려 한 내용, 대통령을 통해서는 받을 수 있는 게 없으니 죽이고 다른 쪽하고 이야기하자는 내용, 컴퓨터 한 방이면 터뜨릴 수 있다며 국정 농단 게이트를 기획한 내용 등이 담겨 있었다.

검찰은 이미 2016년 11월경 이런 내용을 파악하고 있었지만, 이 부분에 대해 수사를 진행하지 않았다. 녹음 파일도 헌법재판소에 제출하지 않아 진실은 영원히 묻힐 뻔했다. 녹음 파일을 하나하나 확인하면서, 어느 시점인가부터 검찰이 '딴곳'을 바라보며 편파적으로 행동하고 있다는 심증을 갖게 됐다.

고영태 녹음 파일 내용에 따르면, 고영태 등은 최서원을 이용하여 '한탕'을 칠 계획이었으나, 최서원이 생각보다 별다른 힘이 없고 자신들보다 차은택 감독이나 김종 전 문체부차관 등을 챙겨주고 있다고 판단한다. 그들은 케이스포츠재단을 장악하고 별도 법인을 통해 재단 용역을 수주하여 이익을 취하고자 하였으나 실제 별다른 이득을 얻지 못하게 된다. 그러자 박근혜 대통령과 최서원의 관계를 이용해 이익을 취하기로 방향을 튼다. '한방'을 터뜨릴 수 있는 컴퓨터와 CCTV 영상을 협박용으로 준비하고 소위 '최순실 게이트'를 기획한다. 이것이 박 대통령 탄핵 사태의 실질적 발단이었다. 이런 내용은 당시 언론에 보도되며 큰 반향을 일으켰다. 하지만 특검은 고영태 녹음 파일을 수사 대상에서 제외하고 고영태 등을 최종 기소자 명단에 포함시키지 않았다.

대통령 대리인단은 2017년 2월 16일 고영태 녹음 파일에 대한 검증을 신청했으나, 헌법재판소는 2월 20일 이를 기각했다. 형사소송법상 녹음 파일에 대한 증거 조사는 재생하는 방법으로 검증하게 되어 있으므로, 검증을 하지 않는 것은 형사소송법 위반이다. 하지만 헌법재판소는 녹음 파일을 증거로 채택하지 않기로 했으므로 검증이 필요치 않다고 했다. 그러나 고영태 녹음 파일은 이번 사태의 진실을 알릴 수 있는 중요한 증거였다. 헌법재판소는 녹음 파일이 탄핵 사건의 핵심이 아니라고 했지만, 고영태 녹음 파일은 미르재단과 케이스포츠재단이 어떤 식으로 운영되었는지, 대통령과 최서원의 관계가 어떠하였는지 등 탄핵 사건의 핵심에 대한 중요한 내용을 담고 있었다. 하지만 헌법재판소는 이를 무시했다.

그리고 헌법재판소는 대통령 파면 결정을 내리면서, 어떤 증거에 기초해서 어떤 사실을 인정했는지조차 결정문에 밝히지 않았다. 헌법재판소에서 진행된 증거 조사 절차는 구색 맞추기에 지나지 않은 것이다.

대통령 헌재 출석 무산 아쉬움

대통령이 헌재에 출석하여 최후변론을 하지 못한 것도 일정에

쫓긴 것과 무관하지 않다. 헌법재판소 심판규칙 제63조 2항은 "재판장은 피청구인에게 최종의견을 진술할 기회를 주어야 한다"고 명시하고 있다. 따라서 대통령이 출석하여 최후변론을 하는 방안이 유력하게 검토되었으나, 대통령이 출석하지 않는 것으로 최후변론인 전날 최종 결정되었다. 대신 대통령이 작성한 의견서를 재판정에서 이동흡 변호사가 대독했다.

사실 대통령 대리인단은 대통령 출석 시 신문 없이 최후진술을 하겠다는 입장을 밝혀 왔으나, 헌법재판소는 대통령이 출석하면 재판관들과 국회 소추위원단의 신문을 받아야 한다는 입장을 고수했다. 헌법재판소법 제49조에는 소추위원이 피청구인을 신문할 수 있도록 규정하고 있어 헌법재판소의 결정이 법리적으로는 타당할 수 있다. 하지만 그동안 절차 진행의 불공정성에 의해 피해를 입은 대통령 측에서는 악의적 질문에 의한 '공개적 망신 주기'를 우려하지 않을 수 없었다.

헌법재판소는 내심 대통령의 출석을 바라지 않았던 것 같다. 대통령이 출석할 경우 절차가 지연될 수 있고, 경호 문제 등 신경 써야 될 일이 많았다. 그리고 재판 막판에 어떤 돌발 변수가 생길지 알 수 없으므로, 대통령의 출석이 탐탁지 않았을 것이다.

그렇다 하더라도 헌법재판소가 좀 더 열린 자세로 별도의 신문 없이 대통령이 최후진술을 하도록 허용했으면 어땠을까 하는 아쉬움이 있다. 이런 역사적 사건에서 대통령이 본인의 소회를 직접 밝히고 국민들도 대통령의 진술을 직접 듣고 판단할 수 있는 기회를 갖도록 하는 일은 큰 의미가 있었을 것이다.

배보윤 전 헌재 공보관의 양심고백

배보윤 변호사는 탄핵심판 당시 헌법재판소 공보관 겸 총괄연구부장을 맡고 있었다. 그는 대통령 파면 결정 한 달 뒤 헌법재판소를 떠났다. 그 직후 당시 형사재판 중이던 대통령을 변호하고자 의사를 타진해 왔으나, 아쉽게도 그의 의지와 무관한 이유로 변호인단에 합류하지 못했다.

그는 2019년 4월 25일 자유 우파 변호사 단체들의 연합체인 '자유와 법치를 위한 변호사연대' 출범식을 겸하여 열린 '법치 수호의 날' 기념식에서 양심고백을 했다.

"제 자신에 대한 참회와 반성의 말씀을 드리고자 합니다. (…) (탄핵심판 당시 헌법재판소에 근무하면서) 공직자로서 제 역할을 다하지 못한 부분에 대해 깊이 반성합니다."

그는 이어 지난 탄핵심판의 근본적인 3가지 문제에 대해 말을 이어 나갔다.

그는 최서원의 공소장과 언론 기사에만 기초한 탄핵소추를 비판하며, 헌재가 (기각도 아닌) '각하' 결정을 내리고 국회로 돌려보냈어야 한다고 했다. 또 최서원에 대한 재판이 진행 중인 상황에서 헌법재판소는 탄핵심판 절차를 정지했어야 하고, 절차 진행은 형사재판과 마찬가지로 엄격한 절차에 따라 진행되었어야 한다며 아쉬움을 토로했다.

당시 나는 사회를 보면서 배보윤 변호사의 예상 못한 양심고백에 많이 놀랐고 가슴 뭉클했다.

10분 남짓 발언의 마지막에 배 변호사는 일어서서 세 번에 걸쳐 고개를 숙이며 사죄와 참회를 했다. 그의 목소리는 떨렸고 눈시울이 붉어졌다.

먼저 박근혜 대통령께 죄송합니다.

국민 여러분, 송구합니다.

단군 이래 우리 대한민국의 종묘 사직과 대한민국 건국을 이룩하신 건국의 영웅들, 6·25 전쟁을 통해 피땀 흘려 지켜 온 자유민주 체제 수호 영령들께 송구한 말씀을 올립니다.

불과 몇 시간 뒤, 대통령에 대한 형집행정지 신청에 대해 불허 결정이 내려졌다.

배보윤 변호사의 발언 영상은 유튜브를 통해 시청이 가능하니 이 글을 읽는 독자들은 꼭 시청해 보시기를 권한다.

07

대통령 파면 결정의 실상

이 장에서는 헌법재판소의 대통령 파면 사유들을 역시 전편 『탄핵 인사이드 아웃』을 중심으로 간추리고 새로운 내용들을 추가하여 검토하기로 한다.

탄핵소추를 당한 공무원(피청구인)에 대하여 헌법재판소가 탄핵 인용, 즉 파면 결정을 내리기 위해서는, 국회가 소추한 사유가 사실로 인정되어야 하며, 그러한 사유가 대통령을 파면하기에 충분할 정도로 중대한 사유여야 한다.

그런데 헌법재판소는 국회에서 넘어온 13가지 소추 사유에서 주심재판관의 위법한 개입에 의하여 임의로 최종 정리된 4가지 소추 사유 중에서조차 3가지는 인정하지 않았다. '공무원 임면권 남용', '언론의 자유 침해', '생명권 보호 의무 등 위반'이 그것이다. '사인私人의 국정 개입 허용과 대통령 권한 남용' 사유 하나

소추 사유별 인정 여부

소추 사유	헌재 판단
사인의 국정 개입 허용과 대통령 권한 남용 → 인용	■ 정호성을 통한 국정에 관한 문건 유출 지시·묵인 ■ 최서원의 추천에 따라 공직자 임명하고, 이들 중 일부가 최서원의 이권 추구를 돕는 역할을 함 ■ 미르재단 등 설립을 통해 최서원 지원 ■ 기업에 특정인 채용을 요구하는 등 사기업 경영에 관여
공무원 임면권 남용 여부 → 기각	■ 정유라·최서원을 위해 문체부 소속 공무원들에게 문책성 인사를 했다는 주장은 받아들이지 아니함
언론의 자유 침해 → 기각	■ 대통령이 세계일보 사장 해임에 관여했다고 보기 어려움
생명권 보호 의무 등 위반 → 기각	■ 세월호 사고와 관련, 대통령이 생명권 보호 의무를 위반했다는 등 주장은 받아들이지 아니함

대통령 파면 사유

- 국정에 관한 문건 유출이 지속적으로 이루어졌고, 최서원이 국정에 개입
- 대통령의 권한을 남용하여 최서원의 사익 추구를 도와줌. 미르재단과 케이스포츠 재단은 최서원의 사익 추구에 이용
- 2014년 11월 '정윤회 문건' 보도를 비난하는 등 사실을 은폐하고 관련자 단속
- 2016년 10월 25일 1차 대국민 담화를 발표하고 국민에게 사과하였으나 진정성 부족
- 검찰이나 특검 조사에 응하지 않았고, 청와대 압수수색 거부

만을 인정하였고, 거기에 추가로 파면 사유들을 거론하며 사안이 중대하다고 판단하고 최종 파면 결정을 내렸다.

하지만 이하에서 보듯 헌법재판소가 인정한 파면 사유들이 사실인지, 설령 사실이라 하더라도 대통령을 파면할 정도로 중대하다고 볼 수 있을지는 두고두고 논란이 될 것이다.

최종 소추 사유 4개 중 3개 기각

연설문 47건 유출

헌법재판소는 47건의 문건 유출을 파면 사유로 삼았다. 문건 전달을 통해 기밀을 유출하고, 최서원의 의견을 비밀리에 국정에 반영하였다는 것이다.

하지만 47건의 문건 유출만으로 파면 사유에 해당된다고 보기는 어렵다. 게다가 최서원을 비롯한 외부 인사로부터 정책에 대한 의견을 청취했다는 것 역시 헌법 위반으로 보기 어렵다. 대통령이 다양한 경로를 통해 의견을 청취하고 정책에 반영하는 것은 역대 모든 정부에서 소통의 일환으로 해 오던 일이었다.

문건 유출을 탄핵 사유로 삼은 것은 대통령이 '최서원의 꼭두각시'라는 프레임에 기인한 측면이 큰 듯하다. 최서원은 대통령과 오랜 친분이 있었고, 18대 대통령 선거 당시 박근혜 후보가 여성이라 남자 보좌관들이 하기 힘든 의상 준비 등 역할을 했다. 연설

'탄핵 기획'부터 헌정사상 초유의 현직 대통령 탄핵 파면에 이르기까지의 과정은 날림·위법·불공정과, 두고두고 논란이 될 그릇된 판단으로 얼룩졌다.

문에 관하여도 일반 국민의 관점이나 감성적인 표현을 살리는 부분에서 도움을 주었다. 이때의 경험이 바탕이 되어 최서원은 대통령이 선호하는 의상 스타일이나 연설문 문구에 대하여 잘 알고 있었던 것으로 보인다.

당선 직후 대통령은 연설기록비서관실을 거친 말씀자료나 연설문을 정호성 비서관을 통해 전달받았는데, 대통령의 연설 스타일과 맞지 않아 일일이 수정을 하는 경우가 많았다. 대통령은 평소 감성적이거나 호소력 있는 표현, 구어체 표현을 선호했는데, 청와대 연설기록비서관실이나 정호성 비서관은 이런 부분에 취약했다. 때문에 정 비서관은 어느 순간부터 최서원의 도움을 받기 시작하였고, 대통령 역시 본인의 스타일을 잘 알고 있는 최서원의 의견을 들어 보라고 한 경우도 있었다.

그런데 실제 최서원이 의견을 준 부분은 세부적인 문구나 미묘한 어휘 사용에 관한 것이었을 뿐, 자료에 포함된 내용에 대한 의견을 준 경우는 없었다. 최서원은 연설문이나 말씀자료의 구체적인 내용을 수정할 능력은 없었고, 때문에 정호성 비서관도 최서원에게 복잡하고 전문적인 내용이 담긴 말씀자료는 애초에 보내지 않았다. 또한 최서원이 제안한 내용이라도 정 비서관이 검토하여 타당하다고 생각하면 반영하였을 뿐이고, 대통령이 연설문을 추가로 수정하거나 현장에서 즉흥적으로 수정하여 연설하는 경우가 많아 실제 반영되는 내용은 많지 않았다. 때문에 최서원도 정 비서관으로부터 문건을 받고도 회신을 따로 주지 않은 경우도 많았다.

그리고 집권 초기 보좌진이 정비되기 전에는 최서원의 의견을 듣는 횟수가 잦았으나, 보좌진이 어느 정도 정비된 이후에는 최서원의 의견을 듣는 횟수가 현저히 줄어들었다. 문건 47건 중 37건이 대통령 취임 전인 2013년 1월부터 취임 초기인 그해 10월 사이에 전달된 점을 보아도 이러한 점을 확인할 수 있다.

이러한 과정에서 정호성 비서관은 연설문이나 말씀자료와 관계없는 대통령 해외 순방 일정이나 정부 인선에 관한 자료도 일부 전달하기도 하였으나, 이는 대통령의 뜻이 아니었다. 정호성 비서관은 최서원이 대통령의 의상을 준비하는 입장이었으므로 참조할 수 있게 전달한 것으로 보인다. 이 점에 대해 정 비서관은 "대통령이 일일이 지시를 하지 않았는데 본인이 대통령의 뜻으로 추단하고 지나치게 행동했다"는 점을 여러 차례 인정했다. 최서원이 관심을 가질 것 같아 보냈다는 것이다. 아마 최서원과 정 비서관의 개인적 친분도 어느 정도 작용하였을 것이다.

정리하면, 문건 중 일부는 대통령의 허락 하에 연설문 작성시 도움을 받기 위해 전달된 것이었지만 나머지 대부분의 문건들은 정호성 비서관이 대통령의 허락 없이 최서원에게 참조용으로 보낸 것이었다. 국정 농단이라고 부르기 어려운 사안이었지만 태블릿PC 및 각종 루머들과 결합되면서 최서원이 국정을 좌지우지한 것처럼 부풀려졌고 헌법재판소도 그렇게 판단했다.

정상적인 공직자 인선이 국정 농단?

헌법재판소는 대통령이 "최서원이 추천하는 인사를 다수 공직에 임명하였다"면서, 결정문에 김종 문체부 2차관, 차은택 문화융성위원회 위원, 김종덕 문체부 장관, 김상률 교육문화수석비서관을 일일이 거론했다. 그리고 이들 중 일부는 최서원의 이권 추구를 도왔다고 했다.

하지만 4명을 '다수'로 볼 수 있을까? 대통령이 임명할 수 있는 공직자가 수천, 수만 명인데 최서원이 추천한 인사 중 4명을 임명했다고 해서 어떻게 '다수'의 인사를 공직에 임명했다고 판단할 수 있는지 의문이다. 또 이들은 최서원의 추천이 있었다고는 해도, 임명 과정에서 정상적인 검증 절차와 경쟁을 거쳤다. 대통령은 여러 경로를 통해 위 인사들을 추천받고 인사 검증과 국회 청문회 등을 거쳐 임명하였을 뿐이다. 이들은 모두 자기 분야에서 그 능력을 충분히 인정받고 인사 검증을 거쳐 임명되었다. 게다가 이들은 모두 문화·체육 분야의 인사들로 역할과 권한도 제한적이다.

공무원 인사 외에 문제가 된 미르재단, 케이스포츠재단 역시 문화·체육 분야 조직들이고, 나중에 뇌물죄와 관련해서 문제가 되는 롯데, SK, 영재센터도 모두 문화·체육 분야와 관련이 있다. 정호성 전 비서관의 진술처럼 최서원은 애초에 국정을 논할 수 있는 전문성이 없었고, 본인도 그 사실을 잘 알고 있었기 때문에 다른 분야는 일절 관심을 두지 않았다. 따라서 최서원이 '국정 전반'에 관여했다는 주장은 사실과 다르다.

차은택은 2017년 9월 28일 대통령 형사사건에 증인으로 출석하여, "최서원에게 문체부 장관 후보자로 두 사람을 추천했으나 검증 결과 부적절한 것 같다고 하여 김종덕 당시 홍익대 영상대학원장을 다른 인물들과 함께 추천하였으며, 당시 김종덕 후보자 외에 여러 인사들이 문체부 장관 후보자로 경쟁하고 있었다"는 취지로 증언했다. 김종덕 장관은 2017년 2월 7일 헌법재판소에서, 차은택이 자신을 추천한 사실을 나중에 알게 되었고, 최서원은 본인을 추천한 사실이 전혀 없다고 했다.

차은택은 김상률 당시 숙명여대 영문학과 교수를 청와대 교육 문화수석으로 추천하기도 했는데, 그 당시 김상률 교수 외에도 많은 인물을 추천했고 최종적으로 3명이 최종 후보였다고 알고 있다고 증언했다.

김종 전 차관은 2017년 1월 23일 헌법재판소에서, 최서원이 아니라 본인의 다른 지인이 본인을 추천한 것으로 알고 있었다고 증언했다.

이런 점을 보면 최서원은 본인이 문화예술계에 문외한이었기 때문에 차은택을 통해 다수의 후보자를 추천받았고, 이를 대통령에게 전달할 것으로 보인다. 최서원이 추천한 후보자는 다른 경로로 추천된 여러 후보자들과 함께 정상적인 검증 절차와 인사청문회 등을 거쳐 최종적으로 임명된 것이다. 대통령으로서는 어차피 검증 절차를 거치게 되므로 후보 대상을 넓히는 것 자체를 마다할 이유가 없다. 이러한 추천 절차는 지극히 정상적인 것이며, 최서원이 위 인사들을 대통령에게 추천했더라도 그 자체로 죄가 된다고 볼 수는 없다.

대통령은 '최서원을 위해' 위 인사들을 임명하지 않았고, 위 인사들에게 "임명해 줄 테니 최서원을 도우라"고 한 것도 아니다. 이권으로 말하자면, 오히려 최서원이 대통령을 팔아 이들을 움직이고 이권을 챙기려고 한 것으로 보인다.

그럼에도 헌법재판소는 김종 전 차관이나 차은택 문화융성위원회 위원이 최서원을 도운 행위에 대하여 대통령의 책임을 물었다. 이는 분명 대통령이 공모하지 않은 부분이므로, '자기 책임의 원칙'을 위반해 책임을 물은 것이다. 이는 최서원에 대한 국민 감정을 이유로 '최서원에게 놀아난 대통령'이라는 프레임을 만들어 씌운 것에 불과하다.

재단 설립은 정당한 대통령 직무

헌법재판소는 대통령이 사기업으로부터 재원을 마련하여 미르재단과 케이스포츠재단을 설립하도록 지시하고 출연을 요구하였고, 최서원이 추천하는 인사가 재단 임원진이 되도록 하여 최서원이 재단을 장악하고 이권 창출의 수단으로 활용할 수 있도록 도와주었다고 판단하였다. 탄핵 결정 후 검찰은 미르재단, 케이스포츠재단 관련 모금을 뇌물죄, 강요죄 및 직권남용죄로 기소했다.

하지만 대통령이 뇌물을 받거나 최서원을 챙겨 주려 했다면 뒤로 은밀히 받지, 재단을 설립하는 방식으로 공개적으로 뇌물을 받을 이유가 있을까? 실제로 뇌물죄 부분은 형사재판에서 1, 2, 3심 모두 무죄가 선고되었다. 강요죄는 1심에서 유죄가 선고되었고 대통령은 항소하지 아니하였으나, 최서원에 대한 상고심에서 대법원은 강요죄의 요건인 '협박'을 인정하기 어렵다고 보고 무죄를 선고했다. 따라서 대통령의 강요죄 부분도 사실상 무죄가 된다. 결국 재단과 관련해서는 논란이 되고 있는 '직권남용죄' 부분만이 인정된 것으로 볼 수 있다.

헌법재판소의 판단과 달리, 최서원은 재단을 장악해 이권 창출의 수단으로 활용하기는커녕 재단을 통해 사실상 어떠한 이권도 챙기지 못했다. 오히려 최서원은 재단 직원을 이용해 더블루케이 명의의 연구용역 제안서를 케이스포츠재단에 제출하고 약 7억 원을 편취하려고 했다가, 재단 사무총장 등의 반대로 연구용역 제안서가 채택되지 못하고 '사기 미수'로 기소되기도 했다. 케이스포츠재단을 최서원이 좌지우지할 수 있었다면 일어날 수 없는 일이다.

탄핵 사태 발생 당시까지 미르재단과 케이스포츠재단의 총 모금액 774억 원 중 96퍼센트가량인 750억 원가량이 남아 있었고, 쓰인 돈도 재단 사업과 관련하여 사용되었음이 확인되었다. 또한 최서원이 설립한 것으로 의심되는 회사들에 대한 금융거래 내역 조회까지 하였으나 대통령이나 최서원에게 흘러들어 간 자금은 전혀 없었다. 누구도 자금을 유용한 사실이 없는 것이다.

사실 청와대 주도로 기업들의 후원금을 모금하거나 공익재단을 설립하는 등의 활동은 역대 정부도 해 왔고, 현 문재인 정부 내에서도 어쩌면 더 노골적으로 진행되고 있는 통상적인 일이다.

김대중 정부는 '대북 비료 보내기 사업'을 위해 적십자를 통해 기업들로부터 100억 원을 모금했다. 노무현 정부는 2005년 5월경 전국경제인연합회(전경련) 내부에 '중소기업 협력센터'를 설치하기로 하고 삼성·현대 등 5대 기업으로부터 215억 원을 모금했다. 이명박 정부는 기업들로부터 2,659억 원을 모아 '미소금융재단'을 설립하도록 유도했다. 모두 정책적 차원에서 이루어진 조치였다.

문재인 정부 2년차인 2018년 11월 15일, 국회 농림축산식품해양수산위원회는 국회 귀빈식당에서 '농어촌과 민간 기업의 상생 발전을 위한 간담회'를 열어 주요 대기업 및 전경련, 대한상공회의소(상의) 등 경제단체 관계자들을 초대해 '농어촌 상생협력기금' 출연을 독려했다. 애초에 1년에 1천억 원씩 10년간 1조 원을 모을 계획이었는데 당시 475억 원밖에 모으지 못했으니 추가로 출연을 해 달라는 것이었다. 그 자리에서 여야 의원들뿐만 아니라 농림축산식품부 장관, 해양수산부 장관도 기금 조성을 독려했다고 한다. 심지어 모 의원은 "기금 출연을 하더라도 정권이 바뀌어도 재판정에 세우지 않겠다"는 이야기까지 했다고 한다. 이런 형태의 출연 독려가 미르재단이나 케이스포츠재단의 경우와 어떻게 다른지 궁금하다.

미르재단의 설립도 같은 종류다. 미르재단은 전경련의 도움과 대기업들의 출연에 의해 설립되었다. 전경련은 "삼성, 현대차 등 국내 주요 16개 그룹이 재단법인 미르를 설립하고 코리아 프리미엄을 위한 문화강국 허브 구축에 나선다"는 내용의 보도자료를 배포하고 재단 설립 취지와 출연 기업을 홍보했다. 대부분의 기업들은 출연 취지에 공감했고, 그 이전에 청년희망펀드, 워싱턴 베트남 참전용사 기념관 건립 사업, 세월호 피해 지원 성금 등과 같은 전경련 차원의 모금 행사에 참여했던 적도 있어 같은 차원의 출연으로 이해했다. 전경련에서 요청한 금액은 각 기업의 매출액과 영업이익 등을 고려하여 협의로 결정된 것으로, 각 기업

별로 이미 매년 사회 공헌에 사용할 기금을 책정해 두고 있었던 상황이었다. 출연 요청을 받은 기업들 중 일부는 이미 문화예술 분야의 다양한 사회활동을 하고 있다는 등의 이유로 출연을 거절했고, 일부 기업은 출연 조건 등에 대해 이견을 나타내며 '역제안'을 하기도 했다. 대통령의 강요나 지시가 있었다면 불가능한 일들이다. 출연을 거절한 기업들이 그로 인해 세무조사 등 피해를 입은 사실도 당연히 전혀 없다. 후에 대법원도 재단 설립 과정에서 강요가 없었음을 인정했다.

사기업 경영 관여 없었다

헌재는 대통령이 기업에 특정인을 채용하도록 요구하고 특정 회사와 계약을 체결하도록 요청하는 등 대통령의 지위와 권한을 이용하여 사기업 경영에 관여하였다고 판단하였다. 이 점은 대통령으로서 잘해 보고자, 순수하게 도와주고자 한 일이 어이없이 엮인 것에 해당한다.

대통령은 평소 각종 행사·회의나 사석에서, 중소기업이나 서민들이 어려움을 겪는다는 말을 들으면 관계 수석에게 상황을 알아보고 도와줄 수 있으면 도와주라는 지시를 해 왔다. 평소 우수한 기술을 보유한 중소기업이 어려움을 겪는 것을 안타까워하였고, 중소기업 활성화와 규제 개혁을 중요한 국정 과제로 삼아 실행해 왔다. 모친인 고 육영수 여사로부터 "청와대에 들어오는 민원은 온갖 곳을 거쳐도 해결되지 않아 마지막으로 들어오는 민원이니 잘 살펴야 한다"는 가르침을 받았고, 항상 중소기업이나 서민들의 민원을 챙겨 왔다. 당대표나 국회의원 시절에도 민원을 들으면 꼭 메모했다가 지시하고 결과를 확인해 왔고 청와대에서도 동일한 자세로 민원을 대했다.

케이디코퍼레이션은 최순실의 부탁이기에 도와준 것이 아니라 중소기업의 애로 사항을 해결해 주기 위해 노력하는 차원에서 지시를 한 것이다. 안종범 수석에게 지시한 것도 무조건 특정 기업에 특혜를 주라는 것이 아니라 합법적 범위 내에서 중소기업의 애로 사항을 정부가 해결해 주라는 의미였다. 때문에 실제 비슷한 민원을 안종범 전 수석에게 지시했으나 성사되지 못한 사례도 많다.

그러나 최서원의 개입으로 인해 이런 선의가 왜곡되고 대통령의 발목을 잡았다. 최서원이 대통령을 내세워 청탁을 받고 대가를 취득했다고 하여, 이를 알지 못하는 대통령과 공범이라고 단정하는 것은 논리 비약이다. 오히려 대통령은 최순실과 어떤 관련이라도 있다는 사실을 알았다면 부탁을 절대 들어주지 않았을 것이다.

국정의 최고 책임자인 대통령이 정형화된 보고 체계에 의존하지 않고 다양한 경로를 통해 국민과 기업의 애로 사항을 청취하는 것은 권장되어야 할 일이다. 다만, 그 과정에서 대통령의 일가, 친인척이나 지인 들이 호가호위하여 사익을 취하는 행위는 차단해야 하지만 그렇지 못했던 사례가 역사적으로 많았다. 예컨

대 '봉하대군'이라고 불리던 노무현 전 대통령의 형 노건평은 대우조선 남상국 사장으로부터 연임 청탁과 함께 3천만 원을 받은 혐의로 법정에 섰고, '만사형㤼통'이라 불리던 이명박 전 대통령의 형 이상득, 김대중 전 대통령의 두 아들과 김영삼 전 대통령의 아들도 마찬가지였다. 하지만 그들은 누구도 일가의 비리로 인해 탄핵되거나 구속되지 않았다.

박근혜 대통령은 다른 전직 대통령들과 달리 자신이 직접 최서원과 공모했다는 주장이 있으나, 대통령은 최서원과 공모하거나 최서원을 통해 사익을 취한 사실이 없다. 대통령이 단돈 1원도 받은 사실이 없다는 것은 검찰과 특검의 수사, 탄핵심판과 형사재판을 통해서도 드러났다. 이런 대통령을 최서원과 공모했다거나 '경제 공동체'라는 논리로 처벌해야 한다면, 형제·자녀·배우자 등의 비리야말로 더더욱 공모 관계나 경제 공동체 논리를 적용해야 한다.

이 점과 관련, 최서원도 2019년 10월 17일 옥중 편지에서 다음과 같이 대통령에 대한 죄송한 마음을 표현했다.

"(…) 지금 생각하면, 대통령 취임 전에 제가 일찍 곁을 떠났더라면 이런 일도 없었을 것이고 훌륭한 대통령으로 국민들 마음에 남았을 텐데… 죄스럽고 한탄스럽습니다. (…) 주변에 나쁜 악연들을 만나 대통령님에게까지 죄를 씌워 드리게 되어 하루하루가 고통과 괴로움뿐입니다. (…) 애당초 대통령님은 무죄이고 죄가 없었습니다. 대통령 곁에 머물렀던 죄로 저만 죄를 지고 갔으면 되었을 문제였습니다. 언젠가 꼭 이 말씀을 살아생전에 대통령님과 국민들께 드리고 싶었습니다. (…) 다음 생이 있다면 절대 같은 인연으로 나타나지 않겠습니다. 이생이 끝나는 날까지 가슴 깊이 내내 사죄드립니다."

세월호 관련 쟁점들은 기각

세월호 사고와 관련, "대통령이 생명권을 침해했다"는 논리는 애초에 성립되기 어려웠고, 헌법재판소는 당연히 이 부분 소추 사유에 대해 기각 결정을 내렸다.

하지만 세월호 문제는 '세월호 7시간'의 각종 루머들과 결합되면서 여론을 악화시켰다.

탄핵 정국 당시 세간에는 "대통령이 세월호 때문에 탄핵될 것"이라는 이야기가 돌았다. 헌법재판소도 세월호 문제에 관심이 많았다. 탄핵심판 중 이진성 헌법재판관은 세월호 사고 당일 대통령의 행적을 시각별로 밝혀 달라고 요청했다. 이에 대통령 대리인단이 세월호 당시 행적을 상세히 밝혔으나, '보고·지시 외의 행적'을 사실상 분 단위까지 밝혀 달라고 재차 요구했다. 대통령이 세월호 관련 보고를 받고 지시하는 일 외에 '다른 일'을 하고 있었다는 루머에 편승한 것이었다.

천영식 비서관의 인터뷰에 따르면, 대통령은 '세월호 7시간 의혹'에 대해 "여성이 아니면 그런 비하를 받을 이유가 없다고 생각한다"고 말했다고 한다. "사생활만 5개월 보도되면 이상한 사람되는 거지요. 정책은 온데간데없고 가십이 5개월 이상 지속되고 있어요. 어휴…"라며 안타까움을 토로하기도 했다.

탄핵소추로 직무 정지 중이던 2017년 신년 기자 간담회에서 대통령은 세월호 문제를 직접 언급했다.

"그날 참 안타까웠던 일 중의 하나가, '전원이 구조됐다' 하는 오보가 있었어요. 그래 갖고 막 걱정하면서 해경한테 챙기고 이렇게 하다가, 그러면서도 저는 여러 수석실로부터 보고도 받고 일 볼 것은 보고 했는데, 전원이 구조됐다 그래 갖고 너무 기뻐서, 아주 그냥 마음이 아주 안심이 되고, 이렇게 잘될 수가 있나, 너무 걱정을 했는데, 그러고 있었는데 또 조금 시간이 흐르니까 그게 오보였다 그래 갖고 너무 놀랐어요. 내가 중대본에라도 빨리 가서 현장에서 어떻게 하는지 그걸 해야 되겠다 해 가지고 가려고 그러니까 경호실에서는 제가 어디 간다고 그러면 확 가는 것이 아니고, 적어도 경호하는 데는 요만 한 필수 시간이 필요합니다. 그래서 제가 마음대로 움직이지를 못합니다. 그런 시간이 필요하다, 그리고 또 중대본에도 조금 무슨 사고가 있었는지, 하여튼 그쪽도 무슨 상황이 생겨서 그렇게 해서 확 떠나지를 못했어요. 그 시간 준비가 다 됐다 할 때 그대로 그냥 달려갔는데…."

밀회, 굿, 수술 등 루머들에 대한 안타까움도 담담하게 토로했다.

"세월호 참사가 발생하고 대통령이 밀회를 했다는 이야기가 돌았고, 그다음에는 그 시간 동안 굿을 했다는 이야기가 기정사실로 받아들여졌는데 너무 어이가 없었다. 그다음에는 수술을 했다는 이야기도 나와서 참 안타까웠다. 당시에도 의혹들에 대해 설명했고 법원 판결도 났는데 똑같은 얘기가 버전을 달리해서 나왔다. 한번 얘기가 나오면 사실 아닌 게 더 힘을 가지고 사실같이 나가고 그에 대한 해명은 귓등으로 돼 버리고 말았다."

김영삼 정부 시절 철도청장과 청와대 경제수석비서관 등을 지낸 김인호 (재)시장경제연구원 이사장은 세월호 사고 같은 대형재난 때 대통령이 현실적으로 할 수 있는 일의 한계와 관련, 자신의 철도청장 경험에 비추어 언론 인터뷰와 자서전(『명과 암 50년』) 등에서 이런 말을 한 적이 있다.

(1995년 충북선 열차 사고 현장에서) 솔직히 (철도)청장이 할 수 있는 일은 하나도 없었다. 이런 대형 사고가 나면 매뉴얼에 따라 관할 지방청장이 현장의 수습 책임자가 된다. (…) 내가 할 수 있는 일이라고는 현장을 한번 둘러보고 수고하는 직원들에게 "수고합니다, 잘해 주세요"라고 격려하는 게 전부였다. 그리고 빨리 현장을 떠나야 한다. 청장이 오래 머물면 청장 시중드느라고 작업이 지연되기 때문이다. 이렇게 사고 수습은 시스템으로 하는 것이다. 책임자는 이 시스템을 만들고 발전시키는 일을 하는 사람이다. (…)

대통령이 (세월호 사고) 현장에 조금 빨리 가지 않은 것이 무슨 문제의 본질이며 핵심인가? 대통령이 현장에서 도대체 무엇을 할 수 있다는 말인가? 이런 사고는 시스템적으로 미연에 방지하는 게 최선이다. 하지만 도리 없이 사고가 났다면 이 역시 시스템적으로 수습돼야 한다. 시스템에 무슨 큰 문제가 있었기에 구조에 실패했는지를 따지고 앞으로의 개선책을 찾는 것이 문명 국가의 정치 지도자와 공무원, 나아가 국민 전체의 할 일 아닌가."

파면 결정의 부당성: '중대성 원칙'

탄핵소추 사유인 법 위반이 일부 인정되더라도, 탄핵이 인용되려면 그 위반이 "공직자의 파면을 정당화할 정도로 중대"한 것이라야 한다. 헌법재판소는 ▲국정에 관한 문건 유출이 지속적으로 이루어졌고, ▲최서원이 국정에 개입한 점, ▲대통령의 권한을 남용하여 최서원의 사익 추구를 도와준 점 등을 대통령 파면 사유로 들었으나, 위에서 설명한 것처럼 이 판단은 전체적으로 사실관계와 어긋난다. 일부 인정되는 사실도 대통령을 파면하지 않으면 안 될 만큼 '중대한 법 위반'이라고 하기 어렵다.

헌법재판소는 또 대통령이 2014년 11월 '정윤회 문건' 보도를 비난하는 등 "사실을 은폐하고 관련자를 단속했다"고 판단했다. '정윤회 문건'이란 정윤회가 '문고리 3인방' 등과 정기적으로 만남을 가지며 국정에 개입했다는 주장인데, 이 사안은 최서원과 직접적인 관계가 없음은 물론 문건의 진위조차 제대로 판명되지 않은 사안인데도 헌재는 대통령 파면의 논거로 이를 언급한 잘못이 있다.

쟁점조차 아니었던 '헌법 수호 의지'

가장 논란이 되는 것은 '헌법 수호 의지'에 관한 부분이다. 헌법재판소는 박 대통령이 2016년 10월 25일 제1차 대국민 담화를 발표하면서 국민에게 사과하였으나 진정성이 부족했고, 같은 해 11월 4일 제2차 대국민 담화에서 진상 규명에 최대한 협조하겠다고 하였으나 검찰이나 특별검사의 조사에 응하지 않았고 청와대의 압수수색도 거부하였다면서 "헌법 수호 의지가 드러나지 않는다"고 판단하고 이를 대통령 파면의 주된 이유 중 하나로 강조했다.

그런데 '헌법 수호 의지'는 탄핵소추부터 탄핵심판까지의 전 과정에 걸쳐 애당초 쟁점도 아니었다. 헌법재판소는 '헌법 수호 의지' 유무를 판단한 근거로 결정문에 적시한 내용들을 심판 과정에서는 언급한 적이 없고, '헌법 수호 의지'를 확인하기 위해 대통령 대리인단에 묻는 등 시도조차 한 적이 없다.

'특검의 대면 조사'가 무산된 것은 녹음·녹화에 대한 이견 때문이었다. 특별검사는 현직 대통령에 대한 소추 권한 자체가 없었음에도 대통령은 참고인 형식으로 조사를 받는 데 동의하고, 구체적인 조사 절차에 대해서도 특검과 성실히 협의했다. 그런데 특검은 조사 시 녹음·녹화를 할 것을 주장했다. 형사소송법상 녹음·녹화는 당사자의 동의가 있을 때만 가능한데, 당사자인 대통령이 동의하지 않았는데도 특검이 녹음·녹화를 강행하려고 하는 바람에 대통령에 대한 참고인 조사가 결렬되었다. 따라서 조사 결렬의 책임은 특검에 있고, 이 점을 이유로 대통령에게 '헌법 수호 의지'가 없다고 할 수는 없다.

'청와대 압수수색 거부'는 당시 직무 정지 중이었던 대통령의 권한 밖의 일이었다. 대통령은 청와대가 압수수색을 거부하는 결정에 관여할 수 없었다. 설령 압수수색 거부에 대통령의 의중이 반영됐다 해도, 당시 청와대의 행위는 '적법한 절차에 따른 거부'에 해당하여 탄핵 사유가 될 수 없다.

대통령은 세 차례에 걸친 대국민 담화를 통해 국민들에게 사과하고, 정치적 해결을 위해 국회에 '책임총리' 추천권을 이양하고, 자신의 '질서 있는 퇴진'까지 제안하였다. 이런 선의를 악용해 대통령을 벼랑 끝으로 몰고, 국정 혼란을 부추기고, 정권을 무너뜨리려 한 것은 야당이 주도하는 국회였다. 이것을 "대통령에게 헌법 수호 의지가 없었다"는 근거로 삼은 것은 무리다.

그 밖의 의문들

이상과 같은 탄핵심판의 절차적 문제, 대통령 파면 사유의 부당함 외에, 돌이켜보면 여전히 남는 의문들이 있다.

박한철 헌법재판소장은 왜 느닷없이 "(2017년) 3월 13일까지 선고되어야 한다"라는 '폭탄 발언'을 했을까? 누가 봐도 무리한 파면 결정에서 '전원일치'는 어떻게 가능했을까? 강일원 주심재판관은 왜 '기피 신청'을 당할 정도로 무리한 재판 진행을 했을까?

헌재와 국회 소추위원단의 은밀한 교감?

2017년 1월 24일, 국회 소추위원단 대표인 권성동 법제사법위원장이 한 TV 프로그램에 출연해 "2월 7일 이후에는 2~3명 증인 신문 후 심리가 종결될 것이고, 3월 9일 이전에 선고가 예상된다"고 했다. 다음날인 1월 25일 제9차 변론기일에서 박한철 헌법재판소장은 "늦어도 3월 13일까지 이 사건 최종 결정이 선고되어야 한다"고 했다. 박한철 소장이 1월 31일 임기 만료로 퇴임 예정이고, 3월 13일에는 이정미 재판관도 퇴임 예정이었다. 탄핵심판은 헌법재판관 6명 이상이 찬성해야 청구를 인용(대통령 파면)할 수 있는데, 결원되는 2명의 재판관이 충원될 전망이 없는 상태에서 7명의 재판관만으로 심판을 하면 '결론이 왜곡될 우려'가 있다는 이유였다. 이는 탄핵에 찬성할 개연성이 높은 재판관이 한 명이라도 더 퇴임하기 전에 결론을 내겠다는 말밖에 되지 않는다. 당시 황교안 대통령권한대행이 헌법재판소장 후보자를 지명하려 했으나 야당이 "권한대행의 권한이 아니다"라며 극력 반대한 것 역시 마찬가지 고려에서였을 것으로 추측된다.

이후 헌법재판소는 증인 채택을 무더기로 취소해 가며 절차를 신속하게 진행하기 시작했다. 그 결과 권성동 법사위원장이 말한 '3월 9일'보다 하루 늦은 3월 10일에 대통령 파면 결정이 내려졌다. 이는 헌법재판소와 국회 소추위원(단) 간의 모종의 '의사 연락'을 의심할 수밖에 없는 정황이어서 당시 이중환 변호사도 항의했으나, 속시원한 해명을 듣지 못하였다.

이례적인 '8 대 0'

파면 결정이 8 대 0 전원일치(당시 박한철 헌재소장 퇴임 후로 재판관 정원 9명 중 1명 결원)로 나온 것도 놀랍다.

선고 직후 한 언론의 보도에 따르면, 재판관들은 '뇌물죄'를 놓고 이견이 팽팽했다고 한다. 논의를 거듭한 끝에 '뇌물죄 등 형사법 위반' 부분을 제외하기로 합의하고, 결정문 작성을 돕는 연구관들에게 "형사적 표현은 최대한 자제하고 헌법 위반 부분을 중점적으로 다루라"고 지시를 했다고 한다. 그리고 이후에도 "전원일치 결정을 위해 막판까지 설득"하는 작업을 했다고 한다. 사실 확인이 필요한 부분이지만, 당시 반대의견(기각)까지 작성한 재판관도 있었지만 다른 재판관들의 설득에 의해 반대의견이 결정문에 포함되지 못했다는 이야기도 돌았다.

이 보도가 사실이라면, 헌법재판소는 두 가지 중대한 잘못을 저지른 것이다.

첫째, 앞서 지적했듯 '뇌물죄 등 형사법 위반'을 제외한 것은 탄핵소추를 제기한 국회의 동의 없이 탄핵소추 사유를 변경한 것에 해당한다. 형사법 위반 부분을 제외하지 말고, 해당 사유에 대해 '기각' 결정을 내렸어야 한다.

둘째, 탄핵심판 과정에서 재판관들은 쟁점을 놓고 토론하는 '평의評議'라는 절차를 여러 번 갖는데, '전원일치 결정을 위해' 막판까지 '설득'했다는 것은 정상적인 평의의 성격을 벗어난 것이다.

이상의 점들에 대해서는 나중에라도 냉정하고 객관적인 평가가 필요하다.

강일원 주심재판관은 배제했어야

탄핵심판의 주심을 맡은 강일원 재판관의 편파 진행에 그의 개인사가 관련되어 있다는 주장이 있다.

이중환 변호사는 한 언론사와의 인터뷰에서 "탄핵심판이 진행 중이던 2017년 1월 말께 '박근혜 대통령 선친인 박정희 전 대통령이 집권한 후 강일원 주심재판관의 부친이 정치적 변동에 따라 큰 어려움을 겪었는데, 주심재판관은 그것이 부당한 일이었다고 생각하는 것으로 안다'는 내용의 정보를 충분히 믿을 만한 과정을 거쳐 전달받았다"고 밝혔다.

재판의 공정성이 의심될 때, 재판관이 스스로 '회피' 신청을 하거나 당사자가 '기피' 신청을 해 그 재판관을 재판에서 배제하게 할 수 있다. 강일원 주심재판관은 "선친이 장면 전 총리와 개인적인 친분이 있었다. 그것 때문에 나온 이야기로 짐작되는데, 선친은 사업을 했다. 정치 활동을 한 적이 없다. 설사 무엇인가 불이익이 있었다고 해도 그것이 내가 주심 회피 신청을 해야 하는 이유가 될 수는 없다. 내가 객관성을 의심받을 수 있다고 생각하는 일이 전혀 없었다. 과도한 주장이라고 생각한다"고 했다. 이중환 변호사는 그때 "(재판관) 기피 신청의 시기를 놓친 것으로 판단했습니다. 저는 지금도 주심재판관에게 그런 사유가 있었다면 스스로 주심 자리에서 물러나고, 헌재 재판부가 주심재판관을 변경하는 절차를 진행하는 것이 옳다고 생각합니다"라고 했다.

'촛불에 굴복' 자인한 헌재

"사상 첫 현직 대통령 파면이라는 헌재의 선고는 국정 농단 사건에 대한 분노로 촉발된 촛불시위가 헌법적으로 승화된 결과물이었다. 살아 있는 최고 권력을 민주적으로 퇴진시키는 역사의 도도한 물결에 법적 인증 도장을 꾹 눌러 준 것이다."

믿기 어렵지만 헌법재판소가 출간한 책의 한 부분이다.

헌법재판소는 2018년 1월 22일 창립 30주년을 기념하여 『헌법재판소 결정과 대한민국의 변화』라는 책을 배포하였다. 그 책에는 지난 30년간 대한민국의 변화를 이끈 30개의 헌재 결정에 대한 평가가 수록되어 있다. 박근혜 대통령 파면 결정 역시 그 가운데 포함되어 있다. 그 부분을 찾아 읽으면 할 말을 잃게 된다.

대통령 파면 결정 부분은 촛불집회에 참여했던 '중고생연대' 대표의 인터뷰로 시작한다.

"그동안 '헬조선'이라 불리는 끔찍한 사회 속에서 언제나 패배와 좌절만 경험하며 살았죠. 학교에서 친구란 밟고 올라서야 하는 경쟁자였지만 촛불집회가 열리는 광장에서는 함께 손을 잡고 살아야 하는 동반자였던 거죠. 서로 힘을 합쳐 세상을 바꿔 낼 수 있는 존재라는 '시대적 자신감'을 얻게 된 겁니다. 세상이 바뀌는 것을 함께 지켜봤으니까요."

헌법재판소에서 출간한 책이라고 믿기 어려울 정도로 반反헌법적이고 선동적이다.

책은 촛불집회를 "촛불혁명은 동아시아 최초의 명예 혁명이다"라는 인터뷰를 끌어와 미화하고, 반면 태극기집회에 대해서는 "헌재 선고 직전과 직후 헌재 앞에서 성난 태극기 진영의 군중이 모여들어 파면 결정의 부당성을 외쳤다. 하지만 그 같은 저항은 오래가지 않았다"라며 폄하했다. 이는 사실과도 다르다. 태극기집회는 헌재 결정 전후뿐만 아니라 3년 가까이 지난 현재까지도 끊임없이 이어지고 있다. 그 원동력은 대한민국의 자유민주주의와 법치주의를 수호하고자 하는 국민들의 열망이다. 이들은 집회 신고를 접수하기 위해 남대문경찰서에서 불침번을 서는 것도 마다하지 않았다. 저녁 8시부터 다음날 아침 9시까지 난방도 되지 않는 경찰서 로비에서 밤을 지새우는 것은 쉬운 일이 아니다. 탄핵심판이 진행 중이던 한겨울에는 더더욱 그랬다. 그들은 그런 고생을 마다하지 않고 지금까지 광화문 광장을 지켜 오고 있는 것이다.

탄핵 정국 당시 대통령도 이 점을 잘 알고 있었다. 대통령은 2017년 1월 25일 '정규재 TV'와의 인터뷰에서 "그분들이 왜 눈도 날리고 날씨도 추운데 계속 나오시게 됐는가를 생각한다. 그것은 '자유민주주의 체제를 수호해야 한다', '법치를 지켜야 한다'는 것 때문에 고생도 무릅쓰고 나오신다고 생각한다. 가슴이 좀 미어지는 심정이다"라고 밝혔다. 대통령은 이후에도 태극기 시민들에 대해 감사하는 마음을 잊지 않았다.

책은 박근혜 대통령에 대한 비판도 빼놓지 않는다. 파면 결정 후 "제게 주어졌던 대통령으로서의 소명을 끝까지 마무리하지 못해 죄송하게 생각한다. 이 모든 결과에 대해서는 제가 안고 가겠다. 시간이 걸리겠지만 진실은 반드시 밝혀진다고 믿고 있다"고 한 대통령의 첫 메시지에 대해, 이것은 2004년 헌재의 수도 이전(신행정수도법) 위헌 결정에 대해 비판적이었던 노무현 대통령을 향해 박근혜 당시 한나라당 부총재가 "헌재의 결정을 존중하지 않는 건 헌법에 대한 도전이자 체제에 대한 부정"이라며 비판했던 것과 극명히 대비된다며 비판했다.

반면, 헌재의 날림 재판에 대해서는 "국정의 위기 상황을 극복하기 위한 속도전"이라 자화자찬했다. 대통령 대리인단이 무더기 증인 신청을 하며 "재판 지연 전략"을 썼지만, 민변이 탄핵심판 결론을 신속하게 내려 달라는 취지의 의견서를 헌재에 제출했고 재판이 잘 마무리됐다는 취지로 기술되어 있다.

그러면서 여론 조사 결과를 인용하고 있다. 2016년 12월경 탄핵에 대한 여론 조사 결과와 2017년 3월경 대통령 구속에 대한 여론 조사까지 인용했다. 글의 말미에는 촛불집회에 참여한 유권자들을 대상으로 한 인식 조사에서 '촛불집회가 헌재 결정에 영향을 미쳤다'고 생각하는 응답자가 97퍼센트에 달한다는 인터뷰 내용을 실었다. 여론에 굴복한 탄핵이었음을 헌재 스스로 인정한 꼴이었다.

이시윤 전 헌법재판관은 조선일보와의 인터뷰에서 이 책에 대해 "국민 정서에 초연해 중립성을 지켜야 하는 것이 사법권 독립의 취지인데, 마치 촛불 세력에 휘둘려 여론재판 하듯 탄핵심판을 한 것처럼 평가한 것에 대해선 재판관들부터가 불쾌해 할 것"이라고 했다.

08

대통령 형사재판

대통령 구속

2017년 3월 10일 헌법재판소는 대통령 파면 결정을 내렸다. 당시 대통령은 관저에서 홀로 TV로 이 장면을 지켜보고 있었다. 대통령은 오후 2시에 한광옥 청와대 비서실장과 수석들을 관저로 불러 작별 인사를 하며 위로했다. 그리고 하루 종일 묵묵히 이삿짐을 쌌다.

대통령의 삼성동 사저는 과거에도 비가 샐 정도로 낡았고 오랜 기간 비워 둔 상태였다. 겨울이 끝나지 않은 날씨라 보일러 공사도 필요했다. 때문에 대통령은 당일 청와대를 나올 수 없었다. 이 점에 대해 비난이 쏟아졌다.

대통령은 파면 결정 이틀 후인 3월 12일 저녁 무렵 청와대를 떠

대통령 형사재판 일지(2017. 3. 10 ~ 2019. 10. 30)

2017년

3월 10일   박근혜 대통령 탄핵 파면

3월 12일   박근혜 전 대통령(이하, '대통령'), 삼성동 사저 복귀

3월 21일   대통령, 서울중앙지검 피의자 출석

3월 31일   대통령 구속, 서울구치소 수감

4월 17일   대통령 구속 기소(뇌물죄 등)

5월 9일   제19대 대통령 선거(5월 10일 문재인 대통령 취임)

7월 14일   청와대, 문화계 블랙리스트 등 관련 '캐비닛 문건' 공개

8월 25일   이재용 삼성전자 부회장 1심 선고(징역 5년)

10월 12일   청와대, '세월호 사고 일지 조작' 브리핑

10월 13일   대통령 추가 구속영장 발부

10월 16일   변호인단 총사퇴. 대통령, 재판 거부

2018년

1월 4일   국정원 특활비 건 추가 기소

2월 1일   총선 개입 건 추가 기소

2월 5일   이재용 부회장 항소심 선고(징역 2년 6월, 집행유예 4년)

4월 6일   대통령 뇌물죄 등 건 1심 선고(징역 24년, 벌금 180억 원)

7월 20일   대통령 특활비·총선 개입 건 1심 선고

              (특활비 건 징역 6년, 추징금 33억 원. 총선 개입 건 징역 2년)

8월 24일   대통령 항소심 선고(징역 25년, 벌금 200억 원)

11월 21일   대통령 총선 개입 건 항소심 선고(징역 2년 유지)

2019년

4월 16일   대통령 구속 기간 연장

7월 25일   대통령 특활비 건 항소심 선고(징역 5년, 추징금 27억 원)

7월 29일   검찰, 특활비 건 상고

8월 29일   대통령·이재용·최서원에 대한 대법원 선고(파기환송)

10월   이재용(25일)·최서원(30일) 파기환송심 개시

나 사저로 복귀했다. 민경욱 청와대 대변인을 통해 "제게 주어졌던 대통령으로서의 소명을 끝까지 마무리하지 못해 죄송하게 생각합니다. 저를 믿고 성원해 주신 국민 여러분께 감사드립니다. 이 모든 결과에 대해서는 제가 안고 가겠습니다. 시간이 걸리겠지만 진실은 반드시 밝혀진다고 믿고 있습니다"라는 메시지를 남겼다.

대통령이 사저로 돌아간 당일 10여 명의 국회의원들이 함께했다. 조원진 의원의 언론 인터뷰에 따르면 당시 대통령은 "국민 앞에 부끄러운 일 한 적이 없다"고 했다. 그리고 "옳은 일이고 진실이라 생각하고 깃발을 들었을 때 국민이 옳다고 생각하면 지지해 줄 것"이라며, "눈사람 만들려면 누군가는 돌멩이 역할을 해야 하지 않겠느냐"라고 했다고 한다.

사인으로 돌아간 대통령에 대해 검찰은 3월 15일 소환 일정을 공식 통보했다. 사저 복귀 9일 만인 3월 21일, 대통령은 형사피의자 신분으로 서울중앙지검에 출석하여 조사를 받았다. '포토라인'에 서서 "국민 여러분께 송구스럽게 생각합니다. 성실하게 조사에 임하겠습니다"라고 했다.

'삼성 뇌물' 혐의에 대해 조사를 받던 도중 대통령은 격한 감정이 일어나 "제가 대가 관계로 돈을 받았다고 하다니 어이가 없습니다. 그런 일을 하려고 제가 대통령을 했겠습니까? 제가 나라를 위해 밤잠을 설쳐 가면서 기업들이 밖에서 나가 활발하게 활동할 수 있게 하고 국내에서는 어떻게 일자리를 만들 수 있을까 그렇게 고민을 하고 3년 반을 고생을 고생인 줄 모르고 살았는데, 제가 그 더러운 돈 받겠다고…. 사람을 어떻게 그렇게 더럽게 만듭니까!"라고 했다. 사고가 날 것 같아 조사가 일시 중단되었다.

검찰은 2017년 3월 27일 대통령에 대해 구속영장을 청구했다. 3월 30일 오전부터 서울중앙지방법원에서 영장실질심사가 진행되었고, 대통령은 다음날 새벽 3시 30분경 구속 수감되었다.

2016년 10월 이후 대통령은 촛불시위, 언론의 오보, 검찰 특별수사본부의 수사, 국회 국정조사, 특검 수사, 국회의 탄핵소추, 헌법재판소의 탄핵심판, 그리고 다시 이어진 검찰 수사 등으로 엄청난 시련을 겪어 온 상태였다. 구속의 주요 요건인 '도주나 증거 인멸의 우려'는 원천적으로 없었다. 차분히 법리를 따지고 스스로를 방어할 여유가 없었고, 마땅한 변호사를 구하는 것도 어려웠다. 최소한의 방어권 행사를 위해서도 불구속 수사의 원칙에 충실했어야 했다. 하지만 법원은 그러지 않았다.

최인석 전 울산지방법원장은 2019년 2월 퇴임하면서 퇴임사에서 불구속 원칙과 관련, "우리 사회가 양쪽으로 갈라져서 싸우고 있는 문제를 해결할 방법은 불구속 재판이라고 생각한다"고 했다. 그는 "헌법에서 정한 신체의 자유를 보장하는 차원에서 불구속 재판의 원칙은 지켜져야 한다"면서 "판사는 헌법을 보고 나아갈 길을 정해야지 콜로세움에 모인 관중의 함성을 듣고 길을 정해서는 안 된다"고 했다. 하지만 당시 법원은 여론과 정치권의 압력에 너무 무력했다. 2019년 가을 조국 당시 법무부 장관 가족 수사와 관련해 '인권 수사', '비공개 수사', '검찰의 피의사실 공표 금지' 등이 거론된 것과 극명하게 대비된다.

무리한 재판 진행과 대통령의 재판 거부

주 4회 재판 강행

2차례의 공판준비기일을 거쳐 2017년 5월 23일 1심 첫 공판기일이 열린 이후 2018년 2월 27일까지 약 9개월 동안 총 100차례의 재판이 열렸다. 검찰이 제출한 수사 기록은 12만 페이지에 달했고, 연인원 138명의 증인이 법정에서 증언했다.

수사 기록은 하루에 500쪽씩 검토해도 8개월이 걸리는 방대한 분량이었다. 그런데도 재판부는 주4회 재판을 강행했다. 7명의 변호인으로는 제대로 재판 준비를 하기도 힘들었다. 무리한 재판 일정에 변호인들이 여러 차례 이의를 제기했지만 받아들여지지 않았다. 변론권 침해에 해당할뿐더러, 재판이 요식행위가 될 수밖에 없었다.

문재인 정권 출범 후 '사법행정권 남용' 혐의로 재판을 받게 된 임종헌 전 법원행정처 차장도 법원의 주 4회 결정에 대해 "주 4회 재판을 하면 수만 쪽의 수사·재판 기록을 읽어 볼 시간도 없다"고 비판했고, 변호인들이 사임하기도 했다. 임종헌 전 차장은 자신의 공소장이 지나치게 자의적이라며 루벤스의 그림 〈시몬과 페로〉

에 비유하기도 했다. 아사餓死형을 받은 노인(시몬)을 위해 젊은 딸(페로)이 젖을 빨리는 모습을 "어떤 사람은 포르노라고 하고, 어떤 사람은 성화聖畵라고 한다"며, "피상적으로 보이는 것만이 진실은 아니고, 자기 생각과 다르다고 틀린 것은 아니다"라고 했다.

마찬가지로 '사법행정권 남용' 혐의로 재판을 받는 양승태 전 대법원장도 자신의 공소장에 대해 "법률가가 쓴 법률 문서라기보다는 제가 보기에는 소설가가 미숙한 법률 자문을 받아서 한 편의 소설을 쓴 것이라고 생각될 정도"라며 "이 사건 공소장 맨 첫 머리에 흡사 피고인들이 엄청난 반역죄나 행한 듯이 아주 거창한 거대담론으로 시작한다. 그래서 재판으로 온갖 거래 행위를 하고, 있을 수 없는 재판 거래를 한 것으로 이야기를 엮어 나가며 모든 것을 왜곡하고 견강부회하고 상상력과 창의력을 발휘해서 줄거리를 만들어 내다가 제일 마지막 결론 부분, 공소사실을 축약해야 하는 부분에 이르러서는 재판 거래는 어디 갔는지 온데간데 없고 겨우 휘하 심의관들한테 몇 가지 문건과 보고서를 작성했다는 것이 직권 남용이라는 것으로 끝을 낸다"고 비판했다.

대통령의 공소장이 꼭 그랬다. 공소장에는 최서원과 관련자들의 범죄사실이 장황하게 기재되어 있을 뿐 정작 대통령이 무엇을 하였는지는 제대로 밝히지 않은 채 온갖 추측들을 사실인 양 기재해 놓았다. 예를 들어 특검은 2016년 2월 15일 이재용 부회장과의 독대 자리에서 "대통령이 '정유라를 잘 지원해 주어 고맙다. 앞으로도 계속 잘 지원해 달라'고 말했다"고 공소장에 기재했다가, 이재용 부회장 형사사건의 2017년 8월 4일 공판기일에서 재판부가 "대통령이 위와 같은 말을 했다는 증거가 무엇인가?" 하고 묻자, "정확한 워딩이 그렇다는 것이 아니라 전체적인 취지가 그렇다는 것"이라고 둘러댔다.

양승태 전 대법원장은 검찰 조서에 대해 "우선 여러 사람들의 진술 조서나 서면 조사를 보면, 직접 경험하지 않은 사실에 대해 추측성의 진술로 온 조서가 뒤덮여 있습니다. 진술한 사람이 자진해 진술한 것이 아닙니다. 그 사람이 직접 경험자가 아닌 걸 알면서도 의견을 제시하라는 검사의 독촉이나 재촉에 못 이겨서 교묘한 유도신문에 영합하는 그런 진술이 대부분인 것을 우리가 행간으로 충분히 느낄 수가 있습니다"라고 했다. 또, "검찰 신문을 받아보지 못한 사람은 잘 모르겠지만, 제가 처음으로 받아 보니 정말 검사의 조서를 조심해서 읽어야겠다고 하는 생각을 하고 있습니다. 교묘한 질문을 통해서 전혀 답변과는 다른 내용으로 기재되는 경우가 너무나 많습니다. 저는 이번에 이런 수사가 정말 불행하다고 생각하지만, 여러 법관들이 검찰에서 조사를 당하면서 검찰의 조서가 얼마나 경계해야 할 것인가 하는 것을 직접 체감할 수 있게 됐습니다"라고 했다. 대통령과 변호인들도 그런 조서들로 가득 찬 12만 페이지의 기록과 씨름했다.

청와대, 캐비닛 문건·세월호 일지로 재판 개입

청와대는 2017년 7월 14일 "약 300종의 (박근혜 청와대) 캐비닛 문건을 발견했다"고 발표했다. 문건 대부분은 '박근혜 정부 블랙리스트 사건'과 관련된 것이라고 했다. 형사재판에 영향력을 행사하려는 명백한 재판 개입에 해당한다.

그날은 김상조 당시 공정거래위원장이 이재용 부회장 형사사건에 증인으로 출석하여 특검을 지원 사격한 날이기도 하다. 그이틀 전인 7월 12일 정유라가 이재용 부회장 재판에 증인으로 출석하여 이재용 부회장에게 불리한 진술을 쏟아냈는데, 정유라가 당일 새벽 2시경 특검 관계자와 함께 승합차에 올라타는 장면이 공개되면서 '보쌈 증인' 논란이 일고 있었다. 정유라에 대한 두 번째 구속영장이 기각되고 세 번째 구속영장 청구가 논의되는 상황에서 정유라는 일방적으로 변호인과 연락을 끊고 법정에서 증언했고 검찰은 더 이상 구속영장을 청구하지 않아, 검찰과 정유라 사이의 '증언 거래' 의혹도 일었다.

당시 특검은 이재용 부회장 형사사건에서 공소장에 기재한 대통령과 이재용 부회장 간의 대화 내용을 입증하지 못하였고, 핵심 증인들의 진술이 법정에서 달라져 어려운 상황에 처해 있었다. 설상가상으로 특검이 제출한 핵심 증거인 '안종범 수첩'에 대해 7월 6일 재판부가 "진술 증거가 아닌 정황 증거로만 인정한다"고 하여 특검의 발등에 불이 떨어졌다. 특검이 수세에 몰리고, 재판 결과를 예측할 수 없다는 이야기가 나오는 가운데 특검은 '반전 카드'를 모색하던 상황이었고, 이에 청와대가 지원 사격을 한 것이 '캐비닛 문건'이다.

'캐비닛 문건'에 대해, 2016년 12월부터 2017년 5월까지 청와대 민정수석비서관으로 재직했던 조대환 변호사는 한 언론과의 인터뷰에서 "그런 문서를 캐비닛에 무더기로 넣어 놓고 떠나는 일이 가능할 것 같나? 누군가가 넘긴 거라 봐야 한다. 그 문서들이 생산된 시기에 청와대 주요 부서에서 근무한 인사일 가능성이 있다"고 말했다.

대통령에 대한 추가 구속영장 발부 여부가 결정되기 하루 전날인 10월 12일에도 청와대는 재판에 영향을 미칠 수 있는 발표를 했다. 이날 임종석 청와대 비서실장은 "세월호 사고 일지가 조작됐다"는 브리핑을 했다. 구속영장을 발부하라는 무언의 압박이었다. 과연 이튿날인 10월 13일에 재판부는 추가 구속영장을 발부했다. 롯데와 SK 뇌물 관련 범죄사실을 표면적인 이유로 들었지만, 해당 건은 이미 사실 심리가 마무리된 상태였다.

"법치를 빙자한 정치 보복"

위법한 추가 구속영장 발부에 항의해 10월 16일 대통령 변호인단이 총사퇴했고, 대통령은 법정에서의 마지막 진술을 끝으로 일체의 재판을 거부했다.

(…) 향후 재판은 재판부의 뜻에 맡기겠습니다. 더 어렵고 힘든 과정을 겪어야 할지도 모르겠습니다. 하지만 포기하지 않겠습니다.

저를 믿고 지지해 주시는 분들이 있고, 언젠가 반드시 진실이 밝혀질 것이라고 믿기 때문입니다. (…)

법치의 이름을 빌린 정치 보복은 저에게서 마침표가 찍어졌으면 합니다. 이 사건의 역사적 멍에와 책임은 제가 지고 가겠습니다. 모든 책임을 저에게 묻고, 저로 인해 법정에 선 공직자들과 기업인들에게는 관용이 있길 바랍니다.

추가 기소

대통령이 "법치의 이름을 빌린 정치 보복은 멈춰 달라"고 했지만 검찰은 멈추지 않았다. 검찰은 2018년 1월 4일 국정원으로부터 특수활동비를 상납 받았다는 혐의로 대통령을 추가 기소했다. 1월 8일에는 대통령의 내곡동 자택과 수표 등에 대하여 '추징보전명령'을 청구했고 법원은 1월 12일 이를 인용했다. 검찰은 2월 1일 20대 총선에 관여했다는 혐의로 대통령을 추가 기소했다. 구속 기간 만료로 대통령이 석방되는 것을 막기 위한 꼼수라는 비판이 일었다. 대통령은 재판을 거부하고 출석하지 않았다.

2018년 4월 6일 대통령에 대한 뇌물 등 사건 1심 판결이 선고되었다. 징역 24년, 벌금 180억 원이었다. 7월 20일에는 추가 기소 건에 대하여 1심 판결이 선고되었다. 국정원 특활비 건은 징역 6년에 추징금 33억 원, 총선(공천) 개입 건은 징역 2년이 선고되었

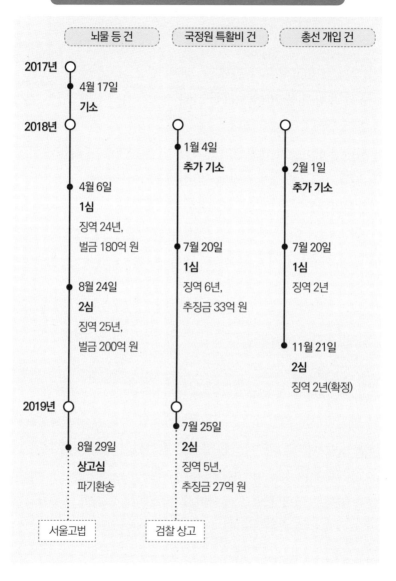

대통령 혐의별 형사재판 진행

뇌물 등 건 | 국정원 특활비 건 | 총선 개입 건

2017년

4월 17일
기소

2018년

1월 4일
추가 기소

2월 1일
추가 기소

4월 6일
1심
징역 24년,
벌금 180억 원

7월 20일
1심
징역 6년,
추징금 33억 원

7월 20일
1심
징역 2년

8월 24일
2심
징역 25년,
벌금 200억 원

11월 21일
2심
징역 2년(확정)

2019년

7월 25일
2심
징역 5년,
추징금 27억 원

8월 29일
상고심
파기환송

서울고법 | 검찰 상고

다. 세 사건 모두 검찰은 항소했다. 대통령은 항소하지 않았고 일절 재판에 참여하지 않았다.

2018년 8월 24일 뇌물등 사건 항소심 재판부는 대통령에 대해 1심보다 늘어난 징역 25년, 벌금 200억 원을 선고했다.

총선 개입 건은 2018년 11월 21일 항소심에서 징역 2년이 유지되었고, 그대로 확정되었다.

2019년 4월 16일 대통령 구속 기간이 연장되었다. 다음날 유영하 변호사가 서울중앙지검에 형 집행정지 신청서를 제출했으나 기각되었다.

7월 25일 국정원 특활비 건 항소심에서 징역 5년, 추징금 27억 원이 선고되고, 검찰이 상고하여 대법원 계류 중이다.

대법원 파기환송 판결

2019년 8월 29일 대통령, 이재용 부회장 및 최서원에 대한 대법원 판결이 선고되었다. 이날은 정부가 8월 22일 한일군사정보보호협정(지소미아)을 파기한 지 일주일 만이었고, 조국 법무부 장관 후보자의 비리 의혹이 잇따라 터져 나오던 시점이었다. 대법원 선고 일정은 예정에 없던 것이어서, 지소미아 파기와 마찬가지로 조 후보자를 둘러싼 논란을 희석하려는 청와대와 법원의 '교감' 의혹과 함께 비난이 일었다.

선고 결과, 우선 대통령의 뇌물죄 부분은 원심(항소심 징역 25년, 벌금 200억 원)이 그대로 유지되었다. 뇌물죄 부분은 대통령 탄핵의 핵심 요소였으므로 파기하기 어려웠을 것이다.

반면 '뇌물 공여자'에 해당하는 이재용 부회장의 뇌물 및 횡령 액수는 약 50억 원이 증가해 86억 원이 되었다. 이재용 부회장은 1심에서 징역 5년의 실형이 선고되었다가 항소심에서 징역 2년 6월, 집행유예 4년을 선고받은 상태였다. 횡령 금액이 50억 원 이상인 경우는 '특정경제범죄가중처벌법' 상 법정형이 '무기 또는 5년 이상의 징역'인데, 집행유예는 '3년 이하의 징역 또는 금고'에만 가능해서 원칙적으로 집행유예가 어렵다. 다만, 재판장이 재량으로 형을 감경('작량酌量' 감경)하면 집행유예가 가능하다. 결국 이재용 부회장의 집행유예 여부는 법원의 손에 남게 되었다. 향후 정권의 입맛에 따라 이재용 부회장을 다시 구속할 수 있고, 삼성은 계속 정권의 눈치를 볼 수밖에 없게 되었다는 비판이 있다.

대통령·이재용 뇌물죄 형량

심급	대통령	이재용
1심	징역 24년, 벌금 180억 원	징역 5년
2심	징역 25년, 벌금 200억 원	징역 2년 6월, 집행유예 4년
3심	파기환송(뇌물액 유지)	파기환송 (뇌물 및 횡령액 36억에서 86억으로 50억 원 증가)

이재용 부회장의 뇌물 및 횡령액 50억 원 증가의 이유가 된 '말 3마리'와 '영재센터'에 대해 차례로 살펴보자.

'말 3마리'가 뇌물인가

우선 '말 3마리'가 뇌물이 되기 위해서는 '말 3마리'의 소유권이 최서원에게 이전되어야 하고, 최서원이 받은 것을 대통령이 받은 것으로 볼 수 있어야 한다.

'말 3마리'의 소유권이 삼성에서 최서원에게로 이전되었는지에 대하여 이재용 부회장 항소심에서는 최서원에게 소유권이 이전되지 않은 것으로 판단했으나, 대법원은 달리 판단했다. 대법원은

▲ 대통령이 이재용 부회장과의 단독 면담에서 (정유라에게) 좋은 말을 사 주라"는 요구를 하였고, 이후 이재용 부회장이 신속히 승마 지원을 한 점,

▲ 최서원이 "마필 위탁관리 계약서를 작성해 달라"는 삼성 측의 요구를 받고 화를 낸 점

등을 이유로 "말 3마리의 소유권을 최서원에게 이전하기로 하는 의사의 합치가 있었다"고 판단했다.

이에 대해 대법관 3인은

▲ 최서원이 계약서 작성 요구에 화를 냈다는 등의 막연한 사정

들만으로 소유권을 이전하기로 하는 의사의 합치가 있었다고 보기 어렵고,

▲ 이후에 최서원이 마필 소유권을 요구한 사실이 없는 점,

▲ 최서원 측이 이용하던 삼성 소유 차량 2대를 얼마 뒤 최서원 측이 매수하고 대금을 송금하였는데, 삼성이 제공한 고가의 말들이 뇌물이라면 더 싼 차량을 돈을 받고 매도한 것을 설명하기 어려운 점

등을 이유로 '말 3마리'는 뇌물이 아니라는 반대의견을 냈다.

정유라는 2016년 1월경 최서원에게 "'살시도'(말 이름)를 우리가 삼성전자에서 구입하면 안 되냐"고 물어보았는데, 최서원이 "그럴 필요 없이 내 것처럼 타면 된다. 굳이 돈 주고 살 필요가 없다"고 했다고 증언했다. 정유라가 말을 구입하면 안 되는지 물어본 것은, 마필 소유권을 넘겨받지 않았기 때문이다. "내 것처럼 타면 된다"는 최서원의 대답도 말의 소유권이 삼성에 있다는 것을 전제로 한다. 만약 이미 삼성으로부터 마필 소유권을 이전받았다면 '내 것처럼'이 아니라 '우리 것이니' 그냥 타라는 취지로 대답했을 것이다. 이 점을 지적한 반대의견이 타당해 보인다.

그리고 최서원이 받은 것을 대통령이 받은 것으로 볼 수 있는지에 대하여 대법원은, "공무원인 대통령과 비공무원인 최서원이 공모하였다면 공동정범이 되므로, 최서원이 받은 것을 대통령이 받은 것으로 볼 수 있다"고 판단했다. 이에 대하여도 대법관 3인

은, "공무원과 비공무원이 뇌물을 비공무원에게 귀속시키기로 미리 모의하거나, 뇌물의 성질 상 비공무원이 사용 또는 소비할 것이 명백할 경우에는, 제3자뇌물수수죄의 성립은 별론으로 하고 뇌물수수죄의 공동정범은 성립될 수 없다"는 반대의견을 냈다.

"'독일에 있는 정유라에 대한 승마 지원'이라는 뇌물은 그 성질 상 전 대통령이 필요로 하거나 사용 또는 향유할 수 있는 이익이 전혀 아니다. 전 대통령은 피고인 이재용에게 최서원 또는 정유라에 대한 '정유라 승마 지원'이라는 뇌물을 제공하도록 요구하였을 뿐이고 자신에 대한 어떠한 뇌물도 요구하지 않았다. 실제로 뇌물을 수수한 것은 최서원 또는 정유라이고 전 대통령이 이익을 취했다는 것은 드러난 것이 없다. 전 대통령과 최서원 사이에 최서원 또는 정유라가 뇌물을 수수한 것을 사회 통념 상 공무원인 전 대통령이 받은 것과 같이 평가할 수 있는 관계에 있다고 보기도 어렵다."

요컨대 '승마 지원'이 뇌물에 해당한다 해도, 그 뇌물이 대통령이 필요로 하거나 사용 또는 향유할 수 있는 이익이 전혀 아니므로 '대통령에 대한 뇌물'이 될 수 없다는 것이다. '승마 지원'을 대통령이 요구했다는 직접적인 증거도 없고, 당사자들도 모두 부인하고 있다. 그럼에도 막연히 대통령이 '승마 지원'을 요구했다고 판단한 것은 무리이다.

'영재센터 지원금'이 뇌물인가

다음, '영재센터 지원금' 16억 원이 뇌물에 해당하는가 문제다.

영재센터는 '제3자'이므로 '제3자뇌물공여죄'가 성립하는지 문제인데, 제3자뇌물죄가 성립하려면 '부정한 청탁'이 있어야 한다. 이재용 부회장 항소심에서는 "'부정한 청탁'의 전제가 되는 삼성의 '승계 작업'을 인정할 수 없고, '부정한 청탁' 역시 인정되지 않는다"고 판단했다. 반면 대법원은 "'부정한 청탁'에 대한 인식은 미필적인 것(부정한 청탁이 '있었을 수도 있다')으로 충분하고 확정적(부정한 청탁이 '있었다')일 필요가 없다"고 판단했다. 또한 '부정한 청탁'은 묵시적 의사표시로도 가능하고 '부정한 청탁'의 내용도 대통령의 포괄적 권한에 비추어 직무 행위의 내용이 구체적일 필요가 없다는 전제 하에 "사안에서 '부정한 청탁'이 인정된다"고 판단했다. 청탁이 묵시적으로 이루어져도, 청탁의 내용이 추상적이어도, 청탁에 대한 막연한 인식만 있어도 제3자뇌물죄가 성립한다는 논리다.

이에 대하여 대법관 3인은 "특별검사가 사실심(1, 2심) 법원에 제출한 모든 증거를 살펴보아도 '부정한 청탁'의 대상이 되는 '승계 작업'이 있었다거나 이에 관한 '부정한 청탁'이 있었음을 인정할 구체적인 증거가 없다"는 의견을 냈다. 또한 "'부정한 청탁'의 내용이 구체적이지는 않다고 하더라도 공소사실에서 그 내용이 명확해야 하고 관련 증거에 의하여 합리적 의심이 없이 증명되어야 하는 것은 당연하다"고 했다. 이 3인은 특히, 다수의견에 의하면

'부정한 청탁'의 개념 자체가 유명무실해진다는 의견도 밝혔다.

"다수의견에 의하면, 대통령의 직무는 포괄적이므로 부정한 청탁의 내용인 대통령의 직무가 특정될 필요도 없게 되고, 대부분의 경우에 대가 관계를 인정할 수 있게 되어, 쉽사리 제3자뇌물수수죄의 성립을 인정할 수 있게 된다. 이는 공소사실에 부정한 청탁의 내용은 아예 특정될 필요가 없다는 것과 다르지 않다."

이 반대의견이 법리상 훨씬 더 설득력 있음을 뒷받침하는 결정적인 사실 하나는, 재판에서 밝혀진 대로 대통령 자신은 1원도 받지 않았다는 점이다. 또 범죄에는 '동기'가 있어야 하는데, 대통령은 뇌물을 받을 이유도, '부정한 청탁'을 해 가며 최서원을 챙겨줄 이유도 없었다. 만약 뇌물을 받거나 최서원에게 이익을 줄 의도가 있었다면, 일국의 대통령이나 되어 그렇게 허술하게 일 처리를 하지 않았을 것이다. '묵시적 청탁'이란, 청탁이 없었다는 말과 마찬가지다. '이심전심으로' 청탁이 있었고 대통령은 이를 '막연히' 인식했을 것이니 뇌물이 된다는 대법원의 논리는 법규와 상식과 법감정에 반한다.

형사소송법 제307조 제1항은 "사실의 인정은 증거에 의하여야 한다", 2항은 "범죄사실의 인정은 합리적인 의심이 없는 정도의 증명에 이르러야 한다"고 명시하고 있다. 대법원 판결이 '증거에 의한', '합리적이 의심이 없는 정도의 증명'에 기초한 판결이라 할 수 있을지 의문이다.

역대 대통령 중에서 재물과 가장 거리가 먼 분이 뇌물죄로 구속되고 유죄판결을 받은 역설이 대통령 형사재판의 실체다.

때늦은 후회

양승태 전 대법원장은 사법행정권 남용 관련 재판에서 본인의 혐의에 대해 "취임 첫날부터 퇴임한 마지막 날까지 샅샅이 뒤졌다. 수사가 아니라 사찰"이라고 했다. "증오하는 권력에 대한 공포심 때문에 복종하는 것만큼 비참한 나라가 없다"(앙드레 모루아, 『영국사』)라는 구절을 인용하며 "대한민국이 정말 법의 지배가 이뤄지고, 법이 모든 사람을 간절하게 보호해서 그 아래 평화와 번영을 누리는 자유민주주의로 유지될 것이냐? 아니면 무소불위로 흐르는 검찰의 칼날에 숨을 죽이고 혹시 그 칼날이 자기한테 향해 있다 전전긍긍하며 떨며 살아야 할 검찰 공화국이 될 것인가? 최근에 이루어지는 몇 건의 재판이 바로 이런 앞날을 결정하게 되리라고 저는 생각을 합니다"라고 했다.

대통령 재판에도 그대로 적용되는 이야기다. 양승태 전 대법원장과 법관들이 탄핵 정국과 이후 재판 과정에서 이런 사실을 깨닫고 행동했다면 많은 것들이 달라졌을 것이다.

하지만 당시에는 법관들도 이런 데 무관심했다. 사법행정권 남용 혐의로 기소된 한 전직 법관은 "판사들이 무덤덤하다가 자기 일이 되니 인권과 절차적 권리를 따진다는 비판을 뼈아프게 받아들인다"고 했다. 본인의 혐의에 대해서는 "때로는 삶이 죽음보다 구차하고 고통스러울 수 있음을 깨달았다"고 했다. 대통령의 심

정도 그랬을 것이다.

　나치에 저항한 마르틴 니묄러(Martin Niemöller, 1892~1982) 목사의 '그들이 처음 왔을 때'라는 시는 70여 년이 지난 오늘날 우리에게 많은 것을 생각케 한다.

　　나치가 공산주의자들을 덮쳤을 때, 나는 침묵했다
　　나는 공산주의자가 아니었기에

　　그다음 그들이 사회민주당원들을 가두었을 때, 나는 침묵했다
　　나는 사회민주당원이 아니었기에

　　그다음 그들이 노동조합원들을 덮쳤을 때, 나는 아무 말도 하지 않았다
　　나는 노동조합원이 아니었기에

　　그다음 그들이 유대인들에게 왔을 때, 나는 아무 말도 하지 않았다
　　나는 유대인이 아니었기에

　　그리고 그들이 나에게 닥쳤을 때
　　나를 위해 말해 줄 이들이 아무도 남아 있지 않았다.

제3부

문재인 대통령을 탄핵한다

갈라진 대한민국

2019년 10월, 조국 법무부 장관 임명 강행으로 서초동 누에다리 인근의
경찰 펜스를 사이에 두고 대치한 '검찰 개혁, 조국 수호' 대 '문재인 퇴진,
조국 구속' 집회 참가자들.

09

문재인 대통령은 공산주의자인가

　헌법재판소의 박근혜 대통령 파면 결정 후 헌법에 따라 2019년 5월 9일에 치러진 대통령 선거에서 더불어민주당 문재인 후보가 41.1퍼센트의 득표율로 당선, 5월 10일 취임식을 갖고 제19대 대통령 임기를 시작했다. 문 대통령은 노무현 전 대통령 시절 청와대 민정수석, 시민사회수석과 비서실장을 지냈다.

　문재인 대통령은 당선 전부터 이념 성향이 문제가 되었다. 고영주 변호사는 2013년에 "저는 문재인 후보도 이거는 공산주의자이고, 이 사람이 대통령이 되면 우리나라가 적화되는 것은 그야말로 시간문제다라고 확신을 하고 있기 때문에…"라고 발언했다는 이유로 문 대통령 당선 후인 2017년 7월 20일 명예훼손 혐의로 불구속 기소되었다. 이에 대해 1심 재판부는 고영주 변호사의 발언은 "사실의 적시가 아닌 사회적 평가로서 표현의 자유의 한계를 일탈하지 않았다"고 판단하고 무죄를 선고했다. 이에 검찰이 항소하여 2019년 현재 항소심 진행 중이다. 형사 기소와 별도로 문재인 대통령이 고영주 변호사를 상대로 제기한 손해배상청구소송에서는 1심 3천만 원, 항소심에서는 1천만 원 배상 판결이 내려졌고 현재 상고심 계류 중이다.

'조국 사태'가 한창이던 2019년 9월에는 한 프랜차이즈 분식점 대표가 "문재인은 공산주의자"라는 해시태그를 단 비판을 SNS에서 연이어 쏟아내 인터넷에서 찬반 논란이 거세게 일기도 했다.

문재인 대통령은 대통령이 되기 전부터 국가보안법 폐지, 미·북 평화협정 체결과 연방제 통일을 일관되게 주장해 왔다. 남북이 첨예하게 대립하는 상황 속에서 국가 안보의 핵심 쟁점 사항에 대하여 북한의 주장을 답습하고 있는 것이다. 그는 국가정보원 해체를 주장했고, 통합진보당과 한총련을 옹호했다. 탄핵 정국에서는 "탄핵이 기각되면 혁명밖에 없다"며 민중 혁명에 의한 국가 전복을 부추기는 발언을 하기도 했다. 대통령이 된 이후에도 전대협을 비롯한 운동권 출신 인사들을 청와대 요직에 집중 배치했고, 친중국 노선을 추구하고 있으며, 국가보안법과 국정원의 대공 수사 기능을 무력화시켰다. 문재인 정부와 여당 인사들은 한미동맹 파기, 과격한 토지공개념을 주장하고 있고, '자유'를 삭제하는 개헌을 시도하기도 했다. 이러한 내용들을 조금 더 구체적으로 살펴보자.

대통령 당선 전의 친북 행보

문재인 대통령은 2003년 노무현 정부 당시 청와대 민정수석으로 있으면서 송영근 기무사령관에게 "보안법 폐지에 총대를 매달라"고 말했다. 2011년 노무현재단 이사장으로 있으면서 펴낸 자서전『문재인의 운명』에서, "민정수석 두 번 하면서 국가보안법을 폐지하지 못한 것은 뼈아픈 일이었다"라고 했다. 2013년 천주교정의구현사제단 주최로 열린 '국정원 해체와 민주주의 회복을 위한 전국 시국 기도회'에 참석하여 '국정원 해체, 민주주의 회복'이라 적힌 피켓을 들었다.

2011년 한국일보와의 인터뷰에서는 "김대중, 노무현 정부를 거치면서 국가연합 혹은 낮은 단계의 연방제에 이를 수 있다는 희망을 품을 정도가 됐다"고 하여 북한이 주장하는 통일 방식에 동조했다. 2012년 고 김대중 대통령 3주기 추도식에서도 "김 대통령께서 꿈꾸셨던 국가연합 또는 낮은 단계 연방제 정도는 다음 정부 때 정권 교체를 통해서 반드시 이루겠다"고 했다.

2012년 인터넷 신문 '통일뉴스'와의 서면 인터뷰에서 "주한 미군과 관련해서는 2000년 남북 정상회담 때 김정일 위원장도 주한 미군의 존재에 대해 양해하고 주한 미군이 동북아의 안정을 위해서 긍정적인 역할을 하는 점도 있다고 긍정적으로 평가를 내린 바 있다. 따라서 주한 미군의 철수 문제는 고려하고 있지 않다"라고 하여, 표면적으로는 북한이 양해한다는 전제 하에 주한 미군

주둔이 가능하다는 모호한 태도를 취하고 있다. 하지만 그가 주한 미군 철수로 이어지는 예비 단계인 '한미연합사 해체'와 '전시작전통제권(전작권) 환수'에 평소 적극적이었다는 점을 고려하면, 내심은 주한 미군 철수에 기울어져 있는 것으로 보인다.

위 '통일뉴스'와의 인터뷰에서는 또 "북핵 폐기 과정에서 한반도 냉전 구조를 해체하고 북미, 북일 관계를 정상화하며, 남북 대결 구도를 해소하고 정전협정을 평화협정으로 전환해야 한다"고 했다. 미·북 평화협정 체결은 주한 미군 철수와 연방제 통일로 귀결되는 것으로, 사실상 북한 정권이 끊임없이 주장해 온 내용과 일치하는 것이다.

2016년 10월 송민순 전 외교통상부 장관은 자서전 『빙하는 움직인다』에서, 2007년 유엔 총회의 북한인권결의안 표결에서 우리 정부가 기권 표를 던지기로 최종 결정하기 전에 북한의 의견을 물었고, 문재인 당시 청와대 비서실장이 이에 관여했다고 주장했다. 이에 더불어민주당은 송민순 전 장관을 명예훼손 등 혐의로 고발했다. 검찰은 "청와대가 북한의 의견을 물은 시점은 기권 표를 던지기로 결정하기 전이 아니라 후"라고 사실관계를 인정하면서도, 송 전 장관에게 법적 책임을 묻기는 어렵다고 보고 무혐의 처분을 내렸다. 하지만 중요한 것은 북한에 '언제' 의견을 물었느냐가 아니라, 유엔 결의안 표결에 '북한에' 의견을 물었다는 그 자체이며, 이는 매우 심각하고 충격적인 문제이다. 이 문제로 인해 당시 '잠룡' 문재인이 치명상을 입을 수 있는 상황이었지만, JTBC

가 '태블릿 PC'를 공개하고 탄핵 문제가 본격화되면서 위기를 넘길 수 있었다. 문재인 대통령은 북한과 함께 탄핵 사태의 가장 큰 수혜자였던 셈이다. 당시 '드루킹'도 경공모를 통해 관련 기사들에 대한 댓글 작업에 집중했고(제10장 참조), 이후 "문재인 후보가 치명타를 입을 수 있는 상황이었지만 경공모의 힘으로 논란을 막아 냈다"고 자평했다.

문재인 대통령은 탄핵 정국 초기인 2016년 12월 김용옥 전 교수와의 인터뷰에서, "대통령에 당선된 뒤 미국과 북한 중 어디를 먼저 갈 것이냐"는 김 전 교수의 질문에 "주저 없이 말한다. 나는 북한을 먼저 가겠다. 단지 사전에 그 당위성에 관해 미국, 일본, 중국에 충분히 설명을 할 것이다"라고 답했다. "헌재가 탄핵 기각 결정을 하면 어쩌나"라는 질문에 대하여는 "국민들의 헌법 의식이 곧 헌법이다. 상상하기 어렵지만 그런 판결을 내린다면 다음은 혁명밖에는 없다"고 했다. 그 직전 11월 '박근혜 대통령 퇴진 결의대회'에서는 "이 거대한 가짜 보수 정치 세력을 횃불로 모두 불태워 버리자"면서, "박 대통령이든 최순실 일가든 부정하게 모은 돈을 전부 몰수하자", "반칙과 특권, 부정부패를 일소하는 대청소를 하자"라고도 했다. 공산주의의 계급 혁명을 연상시키는 아슬아슬한 발언들이었다.

한편 2003년 한총련의 미군 장갑차 점거 사건 직후에는 "한총련의 합법화를 유보하거나 재검토한다는 것은 지나친 표현이며 어떻게든 한총련의 합법화는 필요하다"고 했다. 그가 민정수석으

문재인 대통령과 정권의 친북·반자유주의 행보	
대통령이 되기 전	**대통령이 된 이후**
■ 국가보안법 폐지 주장 ■ 연방제 통일 주장 ■ 주한 미군 철수에 대한 모호한 태도 ■ 미·북 평화협정 체결 주장 ■ 국정원 해체 주장 ■ 한총련 옹호 ■ 통합진보당 옹호 ■ "탄핵 기각 시 혁명" 주장 ■ 유엔 북한인권결의안 표결에 북한 　의견 물음(송민순 증언)	■ 전대협·운동권 출신 청와대 집중 배치 ■ 친중국 노선 추구 ■ 국가보안법 무력화 ■ 국정원 대공 수사 기능 무력화 ■ 기무사 해체 ■ 신영복 존경 의사 표명 ■ '자유' 삭제 개헌 시도(더불어민주당) ■ 토지공개념 주장(추미애 전 대표) ■ 한미동맹 파기 주장(문정인 특보)

로 있던 2003년, '민족민주혁명당 사건'으로 수감돼 있던 이석기는 2년 6개월 형 중 불과 5개월 복역 후 가석방되었고, 2005년에는 매우 이례적인 특별복권이 이루어졌다.

　문재인 대통령은 2011년경 야권 통합 정당 추진 기구였던 '혁신과 통합' 상임대표 자격으로, 헌법재판소 해산 결정으로 2014년 해산된 통합진보당의 전신 민주노동당과 민주당의 통합을 적극적으로 추진한 바 있다. 통합진보당에 대해 정당해산심판이 청구되자 "정치적 결사의 자유에 대한 중대한 제약"이라고 했고, 헌법재판소의 해산 결정이 나오자 "국가 기관이 개입해 매우 안타깝게 생각한다"고 했다.

대통령 취임 후의 친북 행보

취임 이후 문 대통령과 그의 주변 인사들의 행적들도 살펴보자. 문 대통령은 전대협과 운동권 출신들을 청와대 비서실에 집중 포진시켰다. 당선 직후 전대협 3기 의장 출신인 임종석을 비서실장으로 임명하고, 전대협 문화국장 출신인 신동호를 연설비서관으로, 전대협 2기 연대사업국장 출신인 백원우를 민정비서관으로, 전대협 3기 전북지역 조국통일위원장 출신인 한병도를 정무비서관으로, 전대협 3기 중앙위원 출신 유행렬을 자치분권비서관실 행정관으로 임명했다. 국민대 총학생회장 출신인 윤건영을 국정상황실장으로, 부산대 총학생회장 출신인 송인배를 제1부속실장으로, 남한사회주의노동자동맹(사노맹) 사건으로 형사 처벌을 받은 전력이 있는 조국을 민정수석으로 임명했다. 이에 대해 2018년 8월 8일자 조선일보는 "청와대 비서실과 정책실, 안보실의 비서관급 이상 참모 중 전국대학생대표자협의회(전대협)나 대학 총학생회장 등 운동권 출신이나 각종 시민단체 출신은 전체 64명 중 23명(36%)이었다. 임종석 비서실장이 관장하는 비서관급 이상 31명만 대상으로 좁히면 운동권·시민단체 출신은 전체의 61%(19명)에 달한다. 작년 연말(17명)보다 비중이 더 늘었다"고 분석했다.

문 대통령은 2018년 2월 북한 최고인민회의 상임위원회 위원장 김영남이 참석한 평창 동계 올림픽 개회식 사전 리셉션 환영사에서, 신영복 교수를 "존경하는 한국의 사상가"로 언급하며 신 교수의 글을 인용해 연설했다. 그 2년 전인 2016년 신영복 교수의 빈소에서 "신 선생님은 우리 당에 '더불어'라는 이름을 주고 가셨다"며 고인과의 추억을 떠올리고, "선생님의 '더불어' 정신, 공존과 연대의 정신을 늘 간직하면서 실천하겠다"고 말했다. 신영복 교수는 1968년 북한 노동당의 지령과 자금을 받아 움직이던 '통일혁명당' 사건에 연루돼 무기징역을 선고받은 인물이다. 북한은 1975년 신 교수의 북송을 요구하기도 했다. 1988년 전향서를 쓰고 가석방되었지만 그해 한 월간지 인터뷰를 통해 사상 전향을 부인했다.

2017년 9월 4일 국회 교섭단체 대표 연설에서 여당 더불어민주당의 추미애 대표가 보유세 도입 등을 통한 '지대 개혁'을 주장한 데 이어, 2018년 국회에 제출된 정부 개헌안에 '토지공개념'이 명시되었다. 더불어민주당은 2018년 2월 1일, 대한민국 헌법에서 '자유'를 삭제하기로 당론을 모았다고 발표했다가 불과 4시간 만에 이를 정정하기도 했다.

문정인 청와대 외교안보특보는 2017년 9월 27일 국회 헌정기념관에서 열린 동아시아미래재단 창립 11주년 기념 대토론회에서 "많은 분들이 한미동맹이 깨진다 하더라도 전쟁은 안 된다고 한다", "동맹 하는 목적이 전쟁 하지 말라는 건데, 동맹이 전쟁 하는 기제가 된다면 찬성하는 사람 별로 없을 것"이라고 했고, 다음날 문재인 대통령은 국군의 날 기념사를 통해 "우리가 전시작전권을 가져야 북한이 우리를 더 두려워하고 국민은 군을 더 신뢰하게 될 것"이라고 말했다. 문정인 특보는 2018년 2월 28일 민주평화통일자문회의 워싱턴협의회가 주관한 '평화 공감 포럼' 강연에서 "대한민국 대통령은 군사 주권을 갖고 있다. 대통령이 주한 미군에게 나가라고 하면 나가야 한다"고 주장했다.

2017년 10월 31일 발표된 '한·중 관계 개선 관련 양국 간 협의문'에는 "중국 측은 MD 구축, 사드 추가 배치, 한·미·일 군사 협력 등과 관련하여 중국 정부의 입장과 우려를 천명하였다. 한국 측은 그간 한국 정부가 공개적으로 밝혀 온 관련 입장을 다시 설명하였다"는 내용의 이른바 '3불不 원칙'이 포함되어 있다. 이에 대해 중국은 '약속'이라고 주장했다가, 강경화 외교통상부 장관이 항의하자 '입장 표명'으로 정정하는 일도 있었다. 사흘 뒤인 11월 3일 문 대통령은 싱가포르 채널뉴스아시아CAN와의 인터뷰에서 "한·미·일 공조가 3국의 군사 동맹 수준으로 발전하는 것은 바람직하지 않다"고 밝혀 논란을 빚었다.

문재인 정부의 서훈 국정원장이 대공 수사권 폐지 방침을 밝혀, 국정원의 대공 수사 기능은 사실상 무력화되었다. 국가보안법 역시 사실상 무력화되었다.

이쯤에서 헌법재판소의 통합진보당 해산결정문을 다시 보자. 앞서 소개한 문재인 대통령과 주변 인사들의 이력에 왜 우려할 수밖에 없는지 각자 판단해 보았으면 한다.

결정문에서 헌재는 우선 남북한의 대립이라는 우리나라의 특수성에 주목했다.

> 우리 민족은 20세기에 들어 식민통치라는 뼈아픈 시련을 겪었고,
> 30여년 만에 독립이 되었으나 미·소군의 주둔과 좌·우의 대립으로 인한 극심한 혼란이 있었으며, 일제로부터 해방된 지 5년 만에 6·25 전쟁이 발발하여 동족상잔이라는 민족적 비극을 경험했다. (…)
>
> 헌법 제3조는 대한민국의 영토가 한반도와 그 부속도서임을 규정함으로써 북한은 단지 미수복지구일뿐 대한민국의 주권이 미치는 영역임을 천명하고 있는 반면, 북한은 여전히 대한민국의 자유민주주의 헌정질서를 궁극적으로 타도 혹은 대체해야 할 대상으로 여기고 있다. 비록 1990년대 들어서서 냉전 체제의 붕괴로 시작된 변화의 분위기로 인하여 대한민국과 북한이 1991. 9. 동시에 국제연합에 가입하고, 대한민국 정부와 북한의 정부 당국자가 1991. 12. 13. 남북기본합의서를 채택하였으며, '남북교류협력에 관한 법률' 등이 공포·시행되는 등 대한민국과 북한과의 관계가 적대적 관계에서 화해와 협력의 관계로 진일보해 온 면이 있기는 하나, 한반도의 이념적 대립 상황과 북한의 대남적화통일 노선이 본질적으로 변경된 바는 없다고 보인다. (…)
>
> 무엇보다도 북한은 대한민국에 대하여 실제적인 무력도발행위까지 서슴지 않고 있다. 휴전 이후에도 북한은 미얀마 아웅산 묘

역 테러 사건 및 대한항공기 폭파 사건 등 끊임없이 무력도발을 해왔다. 북한은 1993년 핵확산금지조약을 탈퇴하면서 2006. 10. 핵실험을 강행한 후 최근까지도 장거리 미사일 발사실험을 계속하면서 한반도의 전쟁위기를 고조시키고 있을 뿐만 아니라, 제1, 2차 연평해전, 천안함 폭침 및 연평도 포격으로 인한 민간인 살상 사건 등 최근까지 대한민국을 향한 무력도발을 지속적으로 감행하고 있다. (…)

현재 대한민국은 북한이라는 현실적인 적으로부터 공격의 대상으로 선포되고 있고, 그로부터 체제 전복의 시도가 상시적으로 존재하는 상황이다. 대한민국의 헌법과 그 속에 담긴 민주주의와 기본적 인권의 존중 등을 내용으로 하는 민주적 기본질서도 궁극적으로 대한민국과 동일한 운명에 있을 것이다. 주지하는 바와 같이 이러한 이념 대립의 상황은 오늘날 세계의 보편적인 상황과 상충된다. (…)

이 사건은 남과 북이 대립되어 있는 현재 한반도의 상황과 무관하지 않다. 따라서 이 사건에 임하는 우리는 우리 사회가 처해 있는 분단이라는 특수한 상황 또한 고려할 수밖에 없다.

헌법재판소는 통합진보당의 주도 세력은 "'민주주의가 망할 때까지 민주주의를 외쳐라. 공산주의자는 법률위반, 거짓말, 속임수, 사실은폐 따위를 예사로 해치우지 않으면 안된다'고 한 레닌의 말처럼 용어혼란전술, 속임수전술 등을 통하여 북한식 사회주의의 실현을 '민주혁명의 과업'으로 바꾸어 말하고 있고, 그들이 말하는 자주·민주·통일이라는 용어도 일반적으로 사용하는 의미와는 전혀 다른 것이다. 그들은 '우익 대 좌익'의 싸움을 '민족·민주·민중 대 반민족·반민주·반민중'으로, '평화 대 전쟁, 통일 대 반통일, 화해 대 분열'로 포장한다. 나아가 그들은 내면화된 신념으로 무장하며, 자신의 깊숙한 정체를 드러내지 않은 채 조직적으로 활동하여 왔다. 폭력적 방법의 사용도 불사하여 자유민주주의 체제의 파괴를 기도"하였고, "민중민주주의변혁론에 따라 혁명을 추구하면서, 대중투쟁의 일환으로 외부단체와 연계하여 한미FTA 무효화, 제주해군기지 전면 재검토, 국가보안법 폐지 등 각종 사회적 이슈에 참가하여 왔다. 북한의 핵실험, 북한 인권문제와 3대 세습문제에 대해서도 피청구인(통합진보당) 주도세력은 일관되게 북한의 입장을 옹호하고, 북한에게 책임 있음이 명백한 장거리 미사일 발사, 천안함 사건, 연평도 포격 등에 관해서도 오히려 그 책임을 대한민국 정부에 돌리고 있다. 일심회 사건 관련자들을 여전히 당내 주요 직위에서 활동하도록 하고 있으며, 비례대표 부정경선 사건은 단순한 법률위반 수준을 뛰어넘어 선거제도를 형해화함으로써 민주주의 원리를 훼손하는 것이다. 나아가 애국가를 부정하거나 태극기도 게양하지 않는 등의 행태는 대한민국의 정통성을 부정하는 또 다른 모습이다. 이러한 경향은 이석기 등 내란관련 사건에서 보다 극명하게 드러났다. 이 사건 회합에 참석한 사람들은 북한의 정전협정폐기 선언 등으로 북한의 군사도발위협이 고조되자 '결정적 시기'라 판단하고는, 북한을 위하여 국가기간시설까지 파괴하겠다는 태도를 보임과 동시에 정보전·선전전을 펼치는 방안을 논의하고, 수령론과 선군사상을 찬양하는 발언까지 하였음에도, 피청구인은 이석기 등 관련자를 당에서 제명하는 등 적극적인 차별화 조치를 취하지 않으며, 오히려 당조직을 투쟁본부로 전환하고 전당적 차원에서 이들을 옹호하고 정부를 비난하고 있다"고 판시했다.

10

문재인 대통령 탄핵 사유

과거 탄핵 사례들과의 비교

이제 문재인 대통령의 이념 성향으로 인해 어떤 일들이 벌어졌는지, 이런 일들이 탄핵 사유에 해당되는지 살펴보기로 한다.

헌법 제65조는 대통령이 "그 직무집행에 있어서 헌법이나 법률을 위배한 때"를 탄핵 사유로 규정하고 있다. 대통령에 대한 탄핵소추와 파면 결정을 위해서는 대통령이 헌법이나 법률을 위배한 사실이 있고, 그 위반의 중대성이 인정되어야 한다. 이에 대해 헌법재판소는 두 차례의 대통령 탄핵심판 결정문에서 일관하여 "대통령의 법 위배 행위가 헌법질서에 미치는 부정적 영향과 해악이 중대하여 대통령을 파면함으로써 얻는 헌법 수호의 이익이 대통령 파면에 따르는 국가적 손실을 압도할 정도로 커야 한다"고 한

바 있다. 이에 더하여 박근혜 대통령 파면 결정에서는 '중대성'을 판단함에 있어 '헌법 수호 의지'를 거론한 바 있다.

이런 기준에 따라 헌법재판소는 박 대통령 탄핵심판 사건에서

1) 문건 47건을 유출하고,

2) 최서원이 추천하는 4명의 공직자(김종 문체부 2차관, 차은택 문화융성위원회 위원, 김종덕 문체부 장관, 김상률 교육문화수석비서관)를 임명하고,

3) 미르재단과 케이스포츠 재단을 설립했으며,

4) 일부 기업에 특정인 채용을 요구하는 등 사기업 경영에 관여했다

는 등을 탄핵 사유로 인정했다. 정유라, 최서원을 위해 문체부 공무원들에게 문책성 인사를 했다거나, 세계일보 사장 해임에 관여하고, 세월호 사건과 관련해 생명권을 침해했다는 등의 사유는 인정되지 않았다.

탄핵 정국 당시에는 언론의 각종 허위 과장 보도에 한껏 휘둘린 분위기로 인해 각각의 사유들이 심각해 보였겠지만, 지금에 와서 돌이켜보면 대통령을 탄핵시키기에는 정말 소박한 사유들임을 알 수 있다.

그에 비하면 현 문재인 대통령의 탄핵 사유는

1) 대한민국의 계속성 침해,

2) 국가 안보의 무력화,

3) 사법권 독립 침해,

4) 여론 조작 및 언론의 자유 침해,

5) 반反 자유주의 경제 정책,

6) 블랙리스트 직권 남용 행위

등으로, 각각의 사유가 앞서 박근혜 대통령 탄핵 때와 비교가 안될 정도로 대한민국 헌법의 본질적 내용을 침해하고 있다.

탄핵 사유의 중대성과 관련하여, 지난 탄핵 때 헌법재판소는 최서원이 국정에 개입하고 대통령이 최서원의 사익 추구를 지원했다는 점과 함께, 대통령이 검찰 조사나 특별검사의 수사, 압수수색에 응하지 않는 등을 고려하면 "헌법 수호 의지가 분명하게 드러나지 않는다"고 판단했다. 하지만 제2부에서 설명한 것처럼 특검의 대면 조사 결렬이나 청와대 압수수색 거부의 책임을 대통령에게 돌릴 수는 없다. 게다가 당시 대통령은 세 차례에 걸쳐 국민들에게 사과하고, 정치적 해결을 위해 국회에 '책임총리' 추천권 이양, '임기 단축 및 자진 사퇴' 안까지 제안했는데, 헌법 수호 의지가 없다고 볼 수 있을지 의문이다. 설령 헌법재판소의 판단을 인정한다 하더라도 헌재가 언급한 사유들은 '소극적 형태의 회피 행위'에 불과하여, 대한민국 헌법과 법치를 적극적으로 파괴하는 현 정권의 행태와는 비교 자체가 되지 않는다.

탄핵 사유 비교

박근혜 대통령 (헌법재판소 판단)	문재인 대통령/정권 (법리적 판단)

탄핵 사유

■ 문건 47건 유출
■ 공직자 4명 자의적 임명
■ 미르재단 설립
■ 사기업 경영 관여 등

■ 대한민국의 계속성 침해
■ 국가 안보의 무력화
■ 사법권 독립 침해
■ 여론 조작 및 언론의 자유 침해
■ 반자유주의 경제 정책
■ 블랙리스트 직권 남용 행위 등
(외교, 안보, 경제, 언론, 사법, 사회,
교육 등 국가 사회 전 분야에 걸친 광
범위한 헌법·법률 위반)

중대성(헌법 수호 의지 포함)

대통령이 검찰과 특별검사의 조사,
압수수색에 응하지 않는 등 **헌법 수
호 의지가 분명하게 드러나지 않음**

특정 이념에 따라 국가 정체성을 훼
손하고 헌법을 위반하고 있다는 점에
서 **헌법 수호 의지 자체가 없는 것으
로 판단**

결국 지난 탄핵 사유와 비교해서 지금부터 논의될 탄핵 사유는
비교할 수 없을 정도로 중대하며, 헌법 수호 의지 자체가 없는 것
으로 판단된다는 결정적 차이가 있다.

문재인 대통령과 현 정권의 탄핵 사유들을, 지난 탄핵의 경우와
비교해 가며 더 구체적으로 살펴보자.

대한민국의 계속성 침해

헌법은 대한민국을 한반도의 유일한 합법 정부로 선언하고(제 3조), 북한을 자유민주적 기본질서에 입각한 평화통일의 대상으로 본다(제4조). 자유민주적 기본질서는 대한민국의 근간이며(전문과 제4조), 대통령은 국가의 독립, 영토의 보전, 국가의 계속성과 헌법을 수호할 책무를 진다(제66조). 그러나 문재인 정권은 헌법과 교과서의 '자유민주주의'에서 '자유'를 삭제하려 시도하고 있고, 1948년 수립된 대한민국의 정통성을 부정한다. 헌법 위에 '촛불혁명'을 두어 헌법의 최고 규범 지위를 부정하고 공무원의 정치적 중립 의무를 훼손하고 있다.

자유민주주의 부정

자유민주주의, 자유민주적 기본질서는 대한민국의 근간이고 헌법의 기본이자 핵심 원리이다. 민주는 당연히 자유를 전제로 하기 때문이다. 자유민주주의에서 '자유'를 뺀 민주주의는 이름만 민주일 뿐, 해산된 통합진보당이 표방하는 민주주의나 북한의 '인민'민주주의와 구분 자체가 어렵게 된다.

2017년 말까지 활동한 국회 헌법개정특별위원회(개헌특위) 자문위는 '개헌 보고서'에서, 헌법 중 "자유민주적 기본질서"와 "자유와 권리에 따르는 책임을 완수한다"라는 문구를 삭제하고 "평등한 민주 사회의 실현을 기본 사명", "연대의 원리를 사회생활에서 실천"이라는 내용을 삽입하였다. 더불어민주당은 2018년 2월 1일 "헌법 전문에 '촛불혁명'을 명시하고, '자유민주적 기본질서'에서 '자유'를 빼고 '민주적 기본질서'로 수정하기로 당론을 모았다"고 발표했다가, 불과 4시간 만에 '자유' 삭제 관련 내용을 철회('촛불혁명'은 유지)하는 소동을 빚었다. 2018년 7월 교육부는 초·중등(중고등학교) 역사 교과서 교육과정에서 '자유민주주의', '한반도 유일합법 정부' 등의 문구와 '북한 도발', '북한 인권' 등 북한에 대한 부정적 표현도 삭제한 개정안을 확정했다.

'자유민주주의' 삭제안에 대해 비판이 쏟아지자 '자유민주주의'를 되살리는 대신 '자유민주적 기본질서'로 우회 서술토록 했는데, 대한민국 체제를 부정하는 것이 아니라면 왜 그토록 '자유' 삭제에 집착하는지 상식적으로 이해하기 힘들다. 이는 대한민국의 정통성을 부정하는 행위일 뿐만 아니라, 헌법이 보장하는 학생의 자유로운 인격발현권, 학부모의 자녀교육권 및 교사의 학생교육권을 침해하는 행위이다.

대한민국 정통성 부정

2019년 6월에는 초등학교 6학년 사회 교과서가 연구·집필 책임자도 모르게 213군데나 불법 수정된 사실이 검찰 수사를 통해 밝혀졌다. 예를 들어 1948년 8월 15일 '대한민국 수립'이 '대한민국 정부 수립'으로 바뀌었고, 북한에 대한 부정적 표현들이 대거 삭제되었다. 박정희 정권 부분의 '유신 체제'는 '유신 독재'로 바뀌었고, 새마을운동 관련 내용이 삭제되었다. 청와대의 개입을 충분히 의심할 만하여, 전 정부의 역사 교과서 국정화를 비판했던 문재인 정권의 '이중성'이 본격적으로 도마 위에 올랐다.

역사 교과서 사례는 문재인 정권이 "대한민국이 한반도 유일의 합법 정부"임을 부정한다는 증거다. 문재인 대통령의 역사관도 이와 일맥상통한다. 문재인 대통령은 야당 시절이던 2016년 광복절 때 자신의 페이스북에 "8·15를 건국절로 지정해야 한다는 주장은 대한민국의 정통성을 스스로 부정하는 얼빠진 주장"이라고 했고, 대통령 취임 후 2017년 광복절 경축사에서 "2년 후 2019년은 대한민국 건국과 임시정부 수립 100주년을 맞는 해"라고 하여 1948년 대한민국 건국을 부정했다. 이는 대한민국 초대 대통령 이승만과 '건국 70주년'을 인정하지 않으려는 의도로 보인다.

문재인 대통령은 2018년 북한을 방문했을 때 자신을 '대한민국 대통령'이 아니라 '남측 대통령'으로 소개했다. 2019년 현충일 추념사에서는 "임시정부는 중국 충칭에서 좌우 합작을 이뤘고, 광복군을 창설했습니다. (…) 광복군에는 무정부주의 세력 한국청년 전지공작대에 이어 약산 김원봉 선생이 이끌던 조선의용대가 편입되어 마침내 민족의 독립운동 역량을 집결했습니다. (…) 통합된 광복군 대원들의 불굴의 항쟁 의지, 연합군과 함께 기른 군사적 역량은 광복 후 대한민국 국군 창설의 뿌리가 되고, 나아가 한미 동맹의 토대가 되었습니다"라고 했다. 언급된 김원봉은 북한 정권 수립에 공헌하고 대한민국 전복에 앞장선 인물이다. 이런 김원봉을 칭송하는 것은 대한민국의 정체성을 훼손하는 반헌법적인 행위이다. 문재인 대통령에게는 대한민국이라는 '국가'는 없고 추상적인 '민족' 개념만 있는 것 같다.

더불어민주당 국회의원이었다가 목포 땅 투기 의혹으로 탈당한 손혜원 의원의 부친 손용우에 대하여 정부는 2018년 8월 15일 광복절 기념식에서 건국훈장 애족장을 추서하였다. 손용우는 광복 이후 좌익 활동 등 행적으로 인해 '신원 특이자'로 분류되어 보훈 심사에서 6차례나 탈락했으나 손혜원 의원이 피우진 당시 국가보훈처장을 만나 유공자 선정 문제를 논의한 후 독립유공자로 선정되어 특혜 논란이 불거졌다. 독립유공자 공적 조서에는 "대남공작선을 타고 월북해 밀명을 받았다"는 내용이 실렸다. 피우진 전 처장은 국회에서 "김원봉에게 국가유공자 서훈을 주는 것은 국민 대다수가 바라고 있다"고 발언했고, 국가보훈처는 그 근거로 "김원봉 관련 영화 〈암살〉이 흥행했다"는 코미디 같은 답변을 보냈다. 대남 적화 노선을 포기하지 않고 있는 북한 공산 정권 수립에 기여하거나 동조한 자들에 대한 서훈은 대한민국의 자유민주주의를 훼손하는 일이다. 또한 국가보훈처는 2019년도 업무계획에서, 광복 후 좌익 활동 경력자 298명을 포함해 독립유공자 포상보류자 2만 4,737명에 대해 재심사를 실시하겠다고 밝혔다.

반면 국가유공자로 인정해 마땅한 인사들에 대해서는 합당한 대우를 하지 않고 있다. '보훈 적폐' 청산의 일환으로 보훈처는 박승춘 전 처장을 직무유기 혐의로 검찰에 수사 의뢰했으나 검찰은 무혐의 처분을 내렸다. 애초에 수사 의뢰 자체가 무리한 정치 보복이었다. 박승훈 전 처장은 베트남 전쟁 '고엽제 후유증'으로 암 투병 중이다. 보훈처는 박 전 처장의 보훈 대상자 신청 처리를 6개월이나 보류하다가, 2019년 1월경 이 문제가 공론화되자 마지못해 뒤늦게 국가유공자로 인정하기도 했다.

'촛불혁명'은 법치 부정

문재인 정권이 탄핵 정국의 촛불시위를 '촛불혁명'으로 미화하면서, "'촛불혁명'의 정신을 계승하겠다"고 공공연하게 선언하고 있는 것은 자유민주주의의 근간인 법의 지배(법치)에 대한 정면 도전이다.

이낙연 국무총리는 2017년 5월 총리 취임사에서 "문재인 정부는 지난 겨울부터 봄까지 6개월에 걸쳐 연인원 1,700만 명이 동참한 '촛불혁명'의 산물입니다. (…) 문재인 정부의 공직자들은 촛불혁명의 명령을 받드는 국정 과제의 도구들입니다"라고 했다. 문재인 대통령은 2017년 7월 마크롱 프랑스 대통령을 만난 자리에서 "한국에는 촛불혁명이라는 민주주의 혁명이 있었고, 제가 그 힘으로 대통령에 당선됐다"고 말했다. 대통령과 국무총리가 '혁명'을 강조하는 것은 법치주의의 부정이고, 대통령의 헌법 수호 의무와 공무원의 정치적 중립 의무의 명백한 위반이다. 정홍원 전 국무총리는 한 언론과의 인터뷰에서 이렇게 비판했다.

"헌법에 의해 선거로 당선된 대통령이 '촛불에 의해 당선됐다'

고 이야기하는 상황입니다. 크게 잘못됐어요. 혁명으로 대통령 자리에 오른 게 아니란 말입니다. 헌법에 의해서 통치를 하는 게 아니라 '촛불 정신'으로 통치를 하겠다는 겁니까? 특히 외국에 가서 촛불 운운하는 것은 정통성을 해치는 발언이라고 봐요. 국가 위신을 떨어뜨리는 겁니다. 마치 반체제적인 지도자 같잖아요? 당당하게 '선거로 당선된 대통령'이란 얘기를 왜 못 합니까? 촛불을 강조하는 건 대한민국 법질서를 해치고 국민들에게 불안감을 가져오는 일입니다."

국가 안보 무력화

2018년 4월 27일, 문재인 대통령과 북한 김정은은 판문점에서 남북 정상회담을 개최하고 합의문('판문점 선언')을 발표했다. 핵 없는 한반도 실현, 연내 종전終戰 선언, 개성에 남북 공동 연락사무소 설치 등이 주요 내용이었다. 9월 19일에는 평양을 방문해 김정은과 회담을 갖고(제3차 남북 정상회담) '9월 평양 공동선언'과 그 부속 합의서인 '역사적인 판문점선언 이행을 위한 군사분야합의서'를 채택했다. 정부는 판문점 선언에 대해 국회의 비준 동의를 요청했으나 동의를 받지 못했다. 그러자 평양 공동선언과 군사 분야 합의서를 국회의 동의 절차를 거치지 않고 비준해 버렸다.

헌법 제60조 1항은 "국회는 상호원조 또는 안전보장에 관한 조

문재인 대통령(오른쪽)이 2018년 4월 27일 판문점에서 북한 김정은과 첫 회담을 갖고 '판문점 선언' 공동 발표 후 악수하고 있다.

약, 중요한 국제조직에 관한 조약, 우호통상항해조약, 주권의 제약에 관한 조약, 강화조약, 국가나 국민에게 중대한 재정적 부담을 지우는 조약 또는 입법 사항에 관한 조약의 체결·비준에 대한 동의권을 가진다"고 하고 있다. 평양 공동선언과 군사 분야 합의서는 대한민국의 안전보장에 중대한 영향을 미칠 뿐만 아니라 중대한 재정적 부담을 가져오는 문제이므로, 국회 동의 절차를 거치지 않고 비준한 것은 헌법 위반이다.

군사 분야 합의서에는 군사분계선 일대에서 상대방을 겨냥한 각종 군사연습 중지, 군사분계선 상공에서 모든 기종들의 비행금지구역 설정, 비무장지대 양측 1킬로미터 내 감시초소GP 완전 철수, 서해에 평화수역 및 시범적 공동어로구역 설정, '남북군사공동위원회' 가동 등의 내용이 포함되었다. 군사분계선 상공이 비행금지구역으로 설정됨에 따라 우리 군의 정보 감시와 정밀타격력이 무력화되어 북한군의 수도권 기습이 용이해졌다. 북방한계선NLL이 사실상 무력화되고, 서해의 배타적 영해권을 양보하여 수도권 서쪽도 직접 북한군의 위협에 노출되게 되었다. 남북군사공동위원회의 가동은 대한민국의 군사주권을 약화시켰다. 북한 핵무기는 그대로인 상태에서 우리의 군사력만 약화되는 결과가 초래된 것이다. 이는 헌법상 국민의 기본권인 생명권과 생명·신체의 안전권 침해이며, 헌법의 영토 조항 위반이다.

북한은 판문점 선언 후 2018년 5월 24일 국제 사회 전문기관의 검증을 받지 않은 채 풍계리 핵실험장 갱도를 폭파했고, 평양 공동선언에서 동창리 엔진시험장과 미사일 발사대를 유관국 전문가 참관 하에 영구 폐기하기로 합의했다. 하지만 2019년 2월 미·북 정상회담 이후 협상이 교착 상태에 빠지자 일부 시설을 복구하기 시작했고, 5월부터 8월까지만 해도 9차례의 미사일 발사 실험을 했다. 미국 랜드연구소가 2019년 1월 발표한 보고서에 따르면 북한은 현재 15~60개의 핵탄두를 보유한 것으로 추정되며, 2020년까지 핵탄두를 최대 100개까지 늘릴 수 있을 것으로 전망된다고 한다.

2019년 6월 15일 북한 목선이 군과 경찰의 제지 없이 동해 북방

한계선을 넘어 삼척항까지 들어와 정박한 사건이 발생했다. 5일 뒤 정경두 국방부 장관은 직접 대국민 사과문을 발표했다. 청와대에서 이를 은폐하려고 했다는 의혹이 제기되기도 했다.

북한은 2019년 8월 10일 단거리 탄도미사일을 발사하고, 다음 날인 8월 11일 권정근 북한 외무상 미국담당국장이 담화문을 통해 "지난번에 진행된 우리 군대의 위력 시위 사격을 놓고 사거리 하나 제대로 판정 못 해 쩔쩔매며 만 사람의 웃음거리가 된 데서 교훈을 찾는 대신 쫄딱 나서서 새벽잠까지 설쳐대며 허우적거리는 꼴이 참으로 가관"이라며 "청와대의 이러한 작태가 우리 눈에는 겁먹은 개가 더 요란스럽게 짖어 대는 것 이상으로 보이지 않는다"라고 비난했다. 대한민국을 능멸하는 이러한 발언에 대해 청와대 핵심 관계자는 그다음 날 "북쪽에서 내고 있는 그런 담화문들이 통상 우리 정부가 내고 있는 담화문과는 결이 다르고, 쓰는 언어가 다름은 대부분의 사람들이 다 인지하고 있는 부분"이라고 말하며 북한을 두둔했다.

국내에서 대공 업무를 수행하는 기무사와 국정원 역시 정치적 목적에 따라 무력화되었다. 2018년 7월 5일 이철희 더불어민주당 의원은 '전시 계엄 및 합수 업무 수행 방안' 문건 8쪽을 공개했는데, 다음날 군인권센터가 훨씬 상세한 버전의 문건을 공개하여, 민간단체에 불과한 군인권센터가 군사기밀에 해당하는 문건을 어떻게 확보했는지 논란이 일었다. 군인권센터 임태훈 소장과 임종석 비서실장의 친분에 대한 언론 보도가 나오기도 했다.

2018년 7월 10일에는 해외 순방 중이던 문재인 대통령이 기무사를 수사할 독립 수사단 구성을 지시했고, 같은 날 군인권센터는 조현천 전 기무사령관 등 관계자들을 내란음모 혐의로 검찰에 고발했다. 7월 16일 문재인 대통령은, 탄핵 정국 당시 검토되었다는 계엄령과 관련한 모든 문건을 대통령에게 즉시 제출할 것을 지시했다. 청와대는 7월 20일 기무사 문건 첨부 자료인 '계엄대비계획 세부자료'를 공개했고, 문재인 대통령은 7월 27일 전군 주요 지휘관회의 모두발언에서 "기무사의 세월호 유족 사찰과 계엄령 검토는 불법적 일탈행위"라고 말했다. 독립 수사단 구성은 헌법과 군사법원법에 배치되어 위헌·위법의 소지가 있고, 대통령이 수사 중인 사안에 대하여 관련 지시를 하고 '불법적 일탈행위'라고 판단까지 내리는 것은 수사의 가이드라인을 제시하는 부당한 수사 개입이어서 직권남용에 해당할 수 있다.

청와대가 공개한 '계엄대비계획 세부자료'는 2급 군사비밀로 지정되어 있다가 7월 23일에서야 비밀 해제되었기 때문에, 비밀 해제 이전에 청와대가 이 문건을 공개한 것은 군사기밀보호법 위반이다. 위 문건이 정부 공식 문건으로 등록된 시점에 주목할 필요가 있다. 위 문건은 대통령 선거 다음날인 2017년 5월 10일 정부 온라인 시스템인 '온나라시스템'에 공식 등재되었다. 문재인 정부의 주장대로 "기무사가 쿠데타를 모의"한 문건이었다면 문재인 정부 출범 직후 공식 문서로 등재될 수 없었을 것이다. 송영무 국방부 장관이 2018년 4월 말 위 문건의 존재와 내용의 문제점에 대해 청와대에 보고하기도 했다. 문제점이 없다고 판단했기 때문에 청와대와 국방부도 이후 별다른 조치를 취하지 않았는데, 사후에 정치적 목적으로 이 문건을 여론몰이에 이용한 것이다.

문재인 대통령은 2018년 8월 3일 기무사 해체를 지시했고, 기무사는 해체되었다. 하지만 기무사 계엄 사건을 조사한 군·검 합동수사단은 105일 동안 204명을 조사하고도 내란음모의 별다른 증거를 찾지 못했다. 결국 합동수사단은 11월 7일 "조현천 전 기무사령관의 소재가 불명하다"는 엉뚱한 이유를 들어 수사를 사실상 중단했다. 결국 여당 의원과 민간 단체의 폭로에 이은 대통령의 수사 지시로 대대적인 수사가 이루어졌고, 밝혀진 사실이 없었음에도 '예정된 수순대로' 기무사가 해체된 것이다.

한편 문재인 대통령의 지시에 따라 설치된 국방부 독립 수사단은 2018년 11월 6일 "기무사가 세월호 유족을 사찰했다"는 수사 결과를 발표했다. 검찰은 위 혐의를 이유로 11월 27일 이재수 전 기무사령관을 포토라인에 세웠고 29일 구속영장을 청구했으나, 영장은 기각되었다. 검찰은 이 전 사령관의 사찰 지시가 '부정적 여론 조성' 목적이었다고 주장했으나, 당시 기무사 문건 150개를 입수한 한 언론사의 분석 보도에 따르면 대부분 혐의 내용과 상반되거나 무관한 것이었다.

이재수 전 기무사령관은 12월 7일 투신 사망했다. 그의 유서에는 "세월호 사고 시 기무사와 기무부대원들은 정말 헌신적으로 최선을 다했음. 5년이 다 되어 가는 지금 그때의 일을 사찰로

단죄한다니 정말 안타깝다"는 내용이 쓰여 있었다. 이재수 전 기무사령관을 죽음에 이르게 한 원인 중 하나인 검찰 포토라인은 2019년 10월 폐지되었고, 조국 전 법무부 장관의 부인 정경심 씨가 그 첫 번째 수혜자가 되었다.

국정원 무력화도 마찬가지다. 서훈 국정원장은 2017년 6월 19일 민간인이 상당수 포함된 '국정원 개혁발전위원회'를 출범시키고, 위원회 산하에 국정원 직원 및 파견 검사들로 구성된 '적폐청산 TF'를 설치하였다. TF는 국정원 메인서버를 열어 기밀을 민간인이 포함된 위원회에 제공했다. 국가정보원직원법상 직무상비밀누설죄 및 형법상 공무상비밀누설죄에 해당되는 행위다.

국정원 적폐 청산 TF의 조사 대상은 NLL 대화록 유출, 서울시 공무원 간첩 조작 사건 등 13개였는데 그중 하나인 국정원 댓글 사건과 관련해 검찰 조사를 받던 국정원 소속 정치호 변호사와 변창훈 검사가 스스로 목숨을 끊었다.

한편 국정원은 대공 수사권을 폐지하기로 하고 2017년 11월 국정원법 개정안을 내놓았다. 남북 분단의 현실에서 국정원의 존재 이유를 망각한 조치다. 현재 개정안은 통과되지 않은 상태지만 국정원의 대공 업무는 사실상 중단된 상태다.

문재인 대통령이 취임하기 6일 전인 2017년 5월 4일, 북한은 서해 NLL 근처에 위치한 함박도라는 섬에 레이더 기지 건설을 시작했다. 주한 유엔군 사령부(유엔사)와 국방부는 함박도가 NLL 이북에 위치한 도서라고 밝혔지만, 1978년 이미 함박도에 '인천시 강화군 서도면 말도리 산97'이라는 남한 주소가 부여되었고, 등기부등본에는 산림청 소유로 기재되어 있으며, 국토부가 공시지가까지 발표한 사실, 그리고 국방부 웹사이트의 '카카오 지도'에는 함박도가 NLL 이남으로 표시되어 있다는 사실이 알려지면서 논란이 일었다. 이후 카카오 지도에서 함박도 표시가 사라졌다.

빈센트 브룩스 전 주한 미군 사령관은 "북한군이 함박도를 무장할 경우 대한민국 안보에 큰 문제가 될 수 있다"고 밝혔고, 2019년 10월 15일 열린 국정감사에서 해병대 사령관 역시 함박도에 타격 장비가 배치될 경우 안보에 큰 위협이 되어, 문재인 정부 출범 직전 '함박도 초토화 계획'을 세운 바 있다고 밝혔다. 이렇듯 북한의 위협에 해병대가 초토화 계획까지 세운 마당에 정부는 이 문제를 사실상 방치하고 있었던 것이다.

북한은 김정은의 지시에 따라 2015년부터 함박도를 포함한 서해 무인도 5곳의 군사기지화를 추진했다. 남북 간 군사 합의에 따라 한쪽에서는 비무장지대 남북 감시초소가 철거되는 상황에서도 함박도 군사시설 공사는 계속 진행되었다. 남북 군사 합의 자체가 허구임을 여실히 증명한 것이다. 함박도 논란이 지속되는 동안에도 문재인 정부는 함박도 무장화에 대한 대응 방안은 제대로 마련하지 아니한 채, 함박도가 북한 영토라는 점을 입증하는 데만 주력했다. 문재인 정권이 국가 안보와 국민의 생명·신체 보호보다 북한과의 관계에만 신경쓰는 모습은 지극히 비정상적이다.

대한민국 형법은 외환外患의 죄에 대해 규정하고 있다. 형법 제

93조(여적與敵)는 "적국과 합세하여 대한민국에 항적한 자는 사형에 처한다"고 하고 있다. 형법 제95조(시설제공 이적) 1항은 "군대, 요새, 진영 또는 군용에 공供하는 선박이나 항공기 기타 장소, 설비 또는 건조물을 적국에 제공한 자는 사형 또는 무기징역에 처한다"고, 제99조(일반이적)는 "전前 7조에 기재한 이외에 대한민국의 군사상 이익을 해하거나 적국에 군사상 이익을 공여한 자는 무기 또는 3년 이상의 징역에 처한다"고 규정하고 있다.

평화를 바랄수록 전쟁에 대비해야 한다. 적국의 선의에 의존하는 것은 너무나 위험하다는 사실은 역사를 통해 누차 증명되었다. 국가 안보를 무력화하는 문재인 정권의 잇따른 행보는 헌법상 국가의 독립, 영토의 보전, 국가의 계속성과 헌법을 수호할 책무를 위반, 형법상 외환의 죄 적용 여부가 검토될 수 있다.

사법권 독립 침해

'사법부 블랙리스트'와 사법행정권 남용 의혹

박근혜 대통령 파면 결정 직후인 2017년 4월 '사법부 블랙리스트' 의혹이 제기되었으나, 조사 결과 근거가 없는 것으로 결론이 내려졌다. 2017년 9월에 취임한 김명수 대법원장은 취임 직후 의혹에 대한 재조사를 지시하였으나, 역시 블랙리스트는 발견되지 않았다. 그러자 조사 과정에서 뜻하지 않게 드러난 '사법행정권

남용' 의혹에 대해 조사를 지시했고, 조사 결과 사법행정권 남용 사례는 발견되었으나 형사범죄를 구성할 사안은 아니라는 결론이 내려졌다.

하지만 김명수 대법원장은 검찰 수사 필요성에 대해 법관들의 의견을 듣겠다며, 특정 성향의 법관들이 주도하는 법관대표회의에 편승하여 "수사가 진행될 경우 필요한 협조를 마다하지 않겠다"고 밝혔다. 사법부의 수장이 스스로 행정부 소속의 검찰을 불러들인 격이었다. 이후 100여 명의 전·현직 법관들이 피의자 또는 참고인으로 소환 조사를 받았고, 전직 대법원장 등이 구속되어 재판을 받는 일이 벌어졌다.

사법부도 '주류 교체'?

2018년 9월 13일 사법부 70주년 기념식에서 문재인 대통령은 '재판 거래 의혹'에 대해 "의혹은 반드시 규명되어야 하며, 만약 잘못이 있다면 사법부 스스로 바로잡아야 합니다"라고 했고, 이에 김명수 대법원장은 "현 시점에서도 사법행정 영역에서 더욱 적극적으로 수사에 협조할 것이며…"라고 화답했다. 대법원장이 대통령의 '하명'에 따라 사법권의 독립을 저버리고 재판 담당 법관들을 압박한 모양새가 되었다. 심지어 법관대표회의는 사법행정권 남용 의혹에 관여된 법관들에 대한 탄핵을 검토해야 한다고 의결하기도 하였다. 이런 대법원장과 법관대표회의의 행태는 사법부의 '주류 세력'을 교체하고 현 정권의 정치적인 목적에 부합하도록 사법부 판결의 방향을 인위적으로 바꾸기 위한 것이라는 의심을 불러일으키기에 충분했다.

2018년 12월, 사법부의 신뢰 회복을 바라는 변호사 200인이 긴급 선언을 통해, "김 대법원장의 이와 같은 '사법부 파괴' 행태는

▲ 취임하자마자 전임 대법원장 시절의 속칭 블랙리스트를 찾는 다면서 무리하게 조사에 착수했다가 실패하고도 사법행정권 남용을 조사하는 특별조사단까지 운영했으나 형사범죄로 인정할 만한 사례를 발견하지 못하고 내부 갈등만 고조시킨 점,

▲ 사법부의 수장으로서 일반의 오해를 불식시키고 사법부의 권위와 독립을 지키기는커녕 대통령이 법원 행사에 나와 '사법 농단' 의혹 규명을 바라는 질책을 하자 부하처럼 복명하는 모습을 보인 점,

▲ 수사의 필요성이 없다는 경험 많은 법관들의 충언에는 귀를 닫은 채 이른바 '재판 거래'를 스스로 기정사실화하여 사법부에 대한 외부의 공격을 부추긴 점,

▲ 다시 급조한 법관대표회의 일부 특정 성향 판사들을 유도하여 무소불위의 검찰 권력을 사법부 내부에 개입시켜 마음껏 유린하도록 한 점,

▲ 결국 내부에서조차 대표성 논란을 빚고 있는 법관대표회의를 이용하여 국회나 헌법재판소의 고유 권능에 속하는 법관 탄핵을 동료들인 일부 소장 판사가 촉발하도록 방조하고 법원을 미

등만 보더라도 역연(歷然, 뚜렷함)하다 할 것이다"라며 김명수 대법원장의 사퇴를 촉구하기도 했다.

2019년 5월 양승태 전 대법원장의 재판에는 민변과 참여연대가 만든 '두눈부릅 사법농단 시민방청단' 관계자들도 참여했다. 이들은 고등학생을 비롯한 방청객들에게 양 전 대법원장 등의 혐의와 죄목을 정리해 놓은 안내 책자를 나누어 주었는데, 그 책자에는 재판을 받고 있는 전·현직 법관들의 얼굴을 참가자가 그려 보는 페이지와, 그들의 이름 글자 등을 이용해 가로세로 낱말풀이(크로스워드) 게임을 하는 페이지도 있었다. 부당한 정치 탄압이 다른 누군가에게는 놀잇감에 불과했다.

검찰은 2019년 3월 5일 사법행정권 남용 의혹에 연루된 전·현직 법관 10명을 기소하고 현직 법관 66명의 비위 사실을 대법원에 통보했다. 기소 명단에는 김경수 경남도지사에게 실형을 선고한 성창호 판사도 포함되어 있었다.

2019년 5월 이용우 전 대법관은 "사법부를 상대로 진행되는 이른바 '적폐 수사'는 정권의 이념에 완전히 추종하는 사법부로 길들이기 위한 것"으로 "정권이 사법행정권 남용 의혹 사건에 대해 엄중한 처벌을 내려야 한다는 사실상의 지침을 제시"했다고 지적했다. 또한, "지난해(2018) 7월부터 올해 2월까지 8개월 동안 지속된 전 대법원장과 사법부 구성원들에 대한 인류 역사상 유례없는 대규모 먼지떨이식 수사가 진행되고 있다", "전직 대법원장을 포함한 100여 명의 전·현직 법관을 소환해 사법부를 초토화하는 수사 끝에 직권남용죄라는 생소한 죄명을 붙여 이들을 기소했고 이는 사법부에 공포감을 심어 주고 있다"고 비판했다.

재판 개입과 법원·헌재 사유화

2018년 2월 이재용 삼성전자 부회장의 항소심에서 집행유예가 선고되자, 여당 중진 의원들과 일부 네티즌들이 재판장에 대해 도를 넘은 인신공격을 가하였다. 청와대 '국민청원' 게시판에는 재판장 파면을 촉구하는 청원도 올라왔다. 청와대는 "청원에 드러난 국민의 뜻이 가볍지 않은 만큼 모든 국가 권력 기관이 그 뜻을 경청해야 한다"고 밝힌 데 이어 해당 청원 내용을 대법원에 전달했다.

청와대의 이러한 처사는 사법권 독립을 침해하는 일이다. 청와대 홈페이지의 '국민청원'은 법상 제도가 아니고, 청와대 차원에서 국민 소통의 일환으로 만든 코너에 불과하다. 국회나 법원 등에 관한 청원에 청와대는 '헌법이 정한 삼권분립의 원칙 상, 청와대가 조치나 의견을 내는 것이 바람직하지 않음' 정도 취지의 답변을 했어야 마땅하다.

2019년 1월 30일 인터넷 포털 여론 조작 공모 혐의로 김경수 경남도지사가 징역 2년을 선고받고 법정구속되자, 더불어민주당 지도부는 담당 재판장인 성창호 판사를 집중 공격했다. 더불어민주당은 김경수 지사의 구속을 "사법 농단 세력의 보복성 재판"으로 규정하고 '사법농단세력 및 적폐청산 대책위원회'를 구성하여 '사법 농단 연루 판사'에 대한 탄핵을 추진하기로 했다. 집권 여당의 재판 불복 선언이자 사법권 독립 침해였다. 특히 이해찬 더불어민주당 대표는 자유한국당이 "문재인 대통령은 드루킹 댓글 조작을 몰랐느냐"며 청와대 앞에서 시위를 한 점을 지적하며 "탄핵당한 세력들이 감히 촛불혁명으로 당선된 대통령을 대선 불복으로 대하느냐"고 주장했다. 김경수 경남도지사와 드루킹의 재판에 대해서는 다음 절에서 집중적으로 검토하기로 한다.

한편, 문재인 대통령 취임 이후 새로 임명된 헌법재판관 8명 중 4명이 법률상 정해진 '청문보고서' 채택 없이 임명되었다. 국회 동의 없는 헌법재판관 임명은 헌법재판소 30여 년 역사에서 처음 있는 일이었다. 특히 헌법재판관들의 이념 편향이 큰 문제가 되고 있다. 2019년 4월 현재 헌법재판관 9인 중 5인이 우리법연구회, 국제인권법연구회, 민변 등 특정 성향 모임에 적을 둔 인사들로 채워졌다.

대법원에도 대법관 14명(대법원장 포함) 중 김명수 대법원장을 포함한 5명이 우리법연구회 등 출신이며, 문재인 대통령 임기 내에 추가로 4명의 대법관이 교체될 예정이어서 대법원의 이념 편향성도 더욱 강화될 것으로 보인다.

드루킹 여론 조작 의혹

　권력 집단의 '비리의 카르텔'은 사소하거나 뜻하지 않은 일로 균열을 일으키기도 한다. 문재인 대통령이 임명한 윤석열 검찰총장이 역시 문 대통령이 임명한 조국 법무부 장관과 일가의 비리를 수사함으로써 조 법무장관이 사퇴에 이르게 된 것이 대표적이다. 지금부터 보려는 '드루킹 댓글 조작 사건'도 비슷한 경우다.

　'드루킹 댓글 조작 사건'은 2018년 초 더불어민주당 법률대책단의 댓글 고소로 인해 세상에 알려졌다. 대책단은 '드루킹'이라는 닉네임을 가진 사람이 문재인 대통령에 반대하는 악의적인 댓글 공작을 했다고 판단하고 고소했으나, 수사 과정에서 드루킹이 지난 탄핵 정국과 대선 과정에서 더불어민주당을 위해 댓글 공작을 했으며, 김경수 경남도지사가 여기 깊이 연루되어 있다는 사실이 밝혀진 것이다.

　2018년 5월 21일 '드루킹 특검법'이 통과되고, 6월 7일 허익범 변호사가 특별검사로 임명되었다. 허익범 특검은 60일간의 수사를 마친 뒤 8월 27일 수사 결과를 발표하고 김경수 경남도지사와 '드루킹' 김동원을 포함한 9명을 기소했다. 김경수 지사는 2019년 1월 30일 1심 판결에서 징역 2년의 실형을 선고받고 법정구속되었다.

　1심 판결문에 적시된 범죄 사실에 따르면 김경수 경남도지사와

드루킹은

▲ 2016년 12월 4일부터 2018년 2월 8일까지 총 2,325개의 네이버 아이디와 '킹크랩' 매크로 프로그램을 이용하여 총 7만 5,788개의 네이버 뉴스 기사의 각 댓글 118만 6,602개에 총 8,833만 3,570회의 공감/비공감 클릭 신호를 보내어 네이버 통계 집계 시스템에 반영하도록 하였고,

▲ 2017년 2월 5일부터 2018년 2월 1일까지 총 484개의 다음 아이디와 킹크랩 프로그램을 이용하여 총 288개의 다음 뉴스 기사와 각 댓글 2,226개에 총 6만 4,556회의 추천/반대 클릭 신호를 보내어 다음 통계 집계 시스템에 반영되도록 하였고,

▲ 2017년 3월 3일부터 2017년 4월 29일까지 총 204개의 네이트 아이디와 킹크랩 프로그램을 이용하여 총 7개의 네이트 뉴스 기사의 각 댓글 38개에 총 3,088회의 추천/반대 클릭 신호를 보내어 네이트 통계 집계 시스템에 반영되도록 하였다.

정리하면, 네이버·다음·네이트 등 주요 포털 사이트의 뉴스 기사 약 8만 개의 댓글 약 120만 개에 약 8,800만 개의 클릭 신호를 보내어 댓글 순위를 조작한 것이다. 드러난 것만 해도 어마어마한 숫자의 뉴스 기사에, 자기 편에 우호적인 댓글을 '베스트' 댓글로 상위에 링크시키고 비우호적인 댓글은 '접기요청'으로 숨기는 방식으로 순위 조작을 한 것이다. 드루킹 댓글 조작이 이루어진

2016년 12월~2018년 2월은 탄핵 정국부터 제19대 대통령 선거를 지나 2018년 지방선거 약 4개월 전까지에 해당하여, 엄중한 시기 여론 형성에 막대한 영향을 미쳤을 것으로 여겨진다.

김경수 경남도지사가 드루킹과 공모했는지 여부를 놓고 치열한 다툼이 있는데, 1심 판결문이 다음과 같이 확인한 내용들을 고려하면 김 지사와 드루킹의 공모 관계를 부정하기 어려워 보인다.

▲ 김경수 경남도지사는 2016년 9월 28일 및 11월 9일 경공모 사무실을 방문하여 경공모와 경인선의 활동에 관한 내용, 온라인 여론의 중요성 및 그 대응책으로서 '킹크랩' 개발의 필요성에 관한 브리핑을 받았고 직접 킹크랩 프로토타입 시연을 보기도 함.

▲ 김경수 경남도지사가 2017년 1월 10일 경공모 사무실을 방문한 자리에서는 경공모 회원들에게 "경공모가 하는 일에 대한 부당한 수사나 압박이 있을 경우 이를 책임지고 방어해 주겠다"는 취지로 말함.

▲ 김경수 경남도지사와 드루킹은 2016년 6월경부터 2018년 2월경까지 11회 만남.

▲ 드루킹은 김경수 경남도지사가 사용하는 두 개의 전화번호를 이용한 4개의 텔레그램 및 시그널 대화방을 개설하여 대화를 나누었음.

▲ 드루킹은 2016년 10월경부터 2018년 3월경까지 김경수 경남 도지사에게 텔레그램 메시지로 경공모 회원들이 댓글 작업 한 기사 목록을 정리해서 보냈는데 약 8만 건 정도에 이름.

▲ 드루킹은 2016년 10월경부터 2018년 1월경까지 약 49회에 걸쳐 온라인 정보보고 문서를 작성하였고 이 문서들 중 일부가 김경수 경남도지사에게 전송된 사실이 확인됨(대화방 캡처 사진 존재). 온라인 정보보고를 보낸 뒤 내부 전략회의팀 채팅방에도 해당 문서를 공유하고 "온라인 정보보고에 대한 김경수의 반응 이 상당히 긍정적입니다"라는 메시지를 보내기도 함.

▲ 2016년 12월 28일자 온라인 정보보고에는 "현재 킹크랩 완성 도는 98% 정도입니다"라는 내용이 있음.

▲ 드루킹이 킹크랩 운영 지시를 내리는 내부 텔레그램 채팅방에 2017년 7월 21일 0시 29분 "김경수한테 링크보냈다. 내일 아침 에 기사 댓글 확인하겠지, 위 기사 아침 일찍 김경수가 보기 전 에 다 접기 요청해서 가려놔라, 접기 요청 때문에 문제 많다고 보냈으니까 접혀 있어야 돼, 아이디 최대한 써서 … 다 접어버 려 8시 전에"라고 보냈고, 같은 날 오전 9시 44분경 "야 기사댓 글 접어놓으라니까 펴놨냐"라고 지적했다가, 9시 48분경 "끝났 어 지금 김경수가 봤어 헛디꺼리했네"라는 메시지를 보냄. 이 는 김경수 경남도지사가 드루킹이 보내는 기사 목록을 매일 아 침 규칙적으로 확인한다는 것을 의미.

▲ 김경수 경남도지사도 2016년 11월경부터 2018년 1월경까지

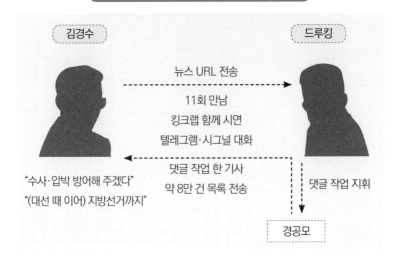

김경수–드루킹 공모(1심 인정 사실)

김경수 → 드루킹

뉴스 URL 전송

11회 만남
킹크랩 함께 시연
텔레그램·시그널 대화

댓글 작업 한 기사
약 8만 건 목록 전송

"수사·압박 방어해 주겠다"
"(대선 때 이어) 지방선거까지"

댓글 작업 지휘

경공모

드루킹에게 11차례 뉴스 기사 등의 URL 전송. 드루킹은 이를 전송받으면 "처리하겠습니다", "전달하겠습니다"라는 등의 답장을 하고 해당 뉴스기사 URL을 내부 텔레그램 방에 전달하면서 김경수 경남도지사가 전달한 것이라는 취지로 'AAA' 또는 'AAAAA'라는 표시를 남기고 댓글 작업을 지시함.

▲ 김경수 경남도지사가 2017년 4월 29일 9시 55분경 '정부냐 중기냐…' 네이버 기사 URL을 보내자 김동원은 곧바로 "처리하겠습니다"라고 답변하였고, 김경수 경남도지사가 약 7분 후인 10시 2분경 "원래 네이버 댓글은 이런 반응들인가요?"라는 메시지를 보내자 드루킹은 약 1시간 20분 뒤 "시그널로 답변드렸습니다"라는 메시지를 보냄.

▲ 김경수 경남도지사가 2017년 6월 11일 기사 URL을 전송한 것에 대해 드루킹은 "경인선은 이번주 금요일까지 일주일간 휴가를 주었습니다. 양해 부탁드립니다"라고 답장함.

▲ 드루킹은 "2017년 3월경 김경수 경남도지사를 만났을 때 김경수 경남도지사가 '내년 지방선거까지 도와줘야지, 기존 대선에서 한 게 있으니까 똑같이 하면 된다'고 이야기했고, 2017년 6월과 11월에 김경수 경남도지사와 만나 지방선거에서 어떤 전략을 가지고 가야 될지에 대해 논의하기도 하였다"고 진술함.

대통령 선거를 앞둔 당시 김경수 경남도지사와 드루킹이 한 댓글 순위 조작의 직접적인 수혜자는 문재인 대통령인 만큼, 문 대통령이 드루킹 및 '경인선'의 존재와 댓글 순위 조작 여부를 알고 있었는지 여부에도 관심이 쏠리고 있다.

판결문에 따르면 2017년 1월 5일 김경수 경남도지사가 드루킹에게 "(재벌 개혁 방안에 대한 자료를 문재인 전 대표가) 다음주 10일에 발표 예정이신데 가능하면 그 전에 반영할 수 있는 부분은 포함되는 게 좋지 않을까 싶네요"라며 자료를 요구하자, 드루킹은 이튿날 1월 6일 김경수 지사를 직접 만나 '재벌 개혁 계획 보고' 문건을 전달한다. 문재인 전 대표는 이 말대로 1월 10일 헌정기념관에서 열린 '정책공간 국민성장 대한민국 바로세우기 3차 포럼: 재벌 적폐 청산, 진정한 시장경제로 가는길'에서 기조연설을 하는데, 기조연설문에 드루킹이 전달한 문건의 내용이 일부 반영된 것으로 보인다. 김경수 지사는 이날 드루킹에게 연설에 대한 경공모 회원들의 반응을 묻고 경공모 사무실을 직접 방문하기도 하였다.

2017년 4월 3일, 더불어민주당 대통령 후보 경선 투표일에 문재인 후보의 부인 김정숙 여사가 지지자들과 악수를 나누던 중 수행비서의 만류에도 불구하고 "경인선도 가야지. 경인선에 가자"면서 여러 차례 '경인선'을 언급하며 이동한 영상이 확인되었다. 김정숙 여사가 경인선 회원들과 함께 포즈를 취하고 찍은 단체 사진, 경인선 지지자들과 악수하는 장면이 찍힌 사진이 확인되기도 했다. 적어도 김정숙 여사는 경인선의 존재를 알고 있었던 것이다.

드루킹은 김경수 경남도지사 재판에 증인으로 출석하여, 경공모가 아닌 경인선('경제도 사람이 먼저다')이라는 이름으로 활동한 이유에 대해 "경인선은 애초 '경공모 인터넷 선플 운동단'이었지만, 김 지사가 '어르신께서 경공모를 발음하기 어려워한다'고 해 경인선에 새로운 뜻을 부여하고 활동했다"고 밝혔다. '어르신'이 누구냐는 질문에는 "문재인 대통령"이라고 답했다.

이러한 정황들은 문재인 대통령 자신이 인터넷 여론 조작에 공모했다는 의심을 불러일으키기에 충분하며, 만약 사실로 밝혀질 경우 대선 무효에까지 이를 수 있는 중대한 사안이다.

조직적인 언론 장악 기도

자유민주주의 하에서 왜 언론의 자유, 표현의 자유가 그토록 중요한지, 헌법재판소가 스스로 결정문(89헌가104)에서 밝힌 바 있다.

> 자유민주주의 사회는 전체주의 사회와 달라서 정부의 무류성(無謬性, 오류 없음)을 믿지 않으며 정부는 개인이나 일반대중과 마찬가지로 또는 그 이상으로 오류를 범한 가능성이 있을 뿐만 아니라 권력을 가진 자가 오류를 범한 경우의 영향은 대단히 크다고 하는 역사적 경험을 전제로 하여 정부가 국민의 비판을 수렴함으로써 오류를 최소화할 수 있다는 사고방식을 보편적으로 수용하고 있는 것이다.
>
> 표현의 자유가 다른 기본권에 우선하는 헌법상의 지위를 갖는다고 일컬어지는 것도 그것이 단순히 개인의 자유인 데 그치는 것이 아니고 통치권자를 비판함으로써 피치자가 스스로 지배기구에 참가한다고 하는 자치정체(自治政體)의 이념을 그 근간으로 하고 있기 때문인 것이다.

'살아 있는 권력'인 문재인 정부가 오류를 범하면서도 국민의 비판에 귀를 닫는 행태에 정권 출범 직후부터 끊임없이 지적이 나오고 있다.

더불어민주당은 2017년 8월 25일 의원 워크샵에서 '언론 장악

로드맵'이 담긴 내부 문건을 공유했다. 위 문건을 입수한 언론사 보도에 따르면, 문건에는 이전 정권의 공영방송 운영을 비판한 영화 〈공범자들〉의 단체 관람을 추진하자는 내용, 정치권이 나설 경우 '언론 탄압'으로 비칠 우려가 있으니 방송사 구성원 중심으로 KBS와 MBC 사장 퇴진 운동을 전개하자는 내용, 시민사회·학계·전문가 그룹의 궐기대회 등을 통한 퇴진 운동이 필요하다는 내용, 야당 측 이사는 개인 비리를 부각시켜 퇴출시키자는 내용, 감사원과 방송통신위원회를 통해 사장을 압박하자는 내용, 금년(2017) 11월경 방송사 재허가 심사 시 엄정한 심사를 통해 책임을 물어야 하며 조건부 재허가를 통해 수시·정기 감독을 실시할 수 있다는 내용 등이 포함되어 있었다.

실제 위 문건의 내용대로 더불어민주당 지도부는 2017년 8월 31일 국회에서 영화 〈공범자들〉을 단체 관람했다. 9월 4일 전국언론노동조합(언노련) 소속 KBS 본부와 MBC 본부에서 사장과 임원진의 퇴진을 요구하는 파업이 시작되었고, 한국기자협회 등 외부 단체는 파업 지지 선언을 했다.

언노련은 민주노총 산하 언론노동조합으로 KBS, MBC, SBS, 연합뉴스, YTN 등 대부분의 방송사와 신문사가 가입하고 있으며 2019년 2월 현재 3개 본부(조합원 1천 명 이상), 72개 지부(조합원 30명 이상), 23개 분회를 두고 있고 총 조합원 수는 1만 4,512명이다. 언노련 강령에는 '노동자 정치세력화'가 포함되어 있고, 산하 정치위원회 규정에는 '노동자 정치세력화 및 진보정당 활동 관련 교육선전'이 명시되어 있다. 이념 편향적인 언노련은 실제 지난 탄핵 정국에서 큰 역할을 한 것으로 알려져 있다.

KBS 노조원들은 자기네가 퇴출하려 점찍은 이사의 학교까지 찾아가 집회·시위를 벌였다. 감사원은 KBS 이사진 업무추진비 사용 내역을 감사했고 방송통신위원회에 인사 조치를 요구했다. 그 과정에서 다수의 KBS 이사들이 사임하거나 해임되었다. MBC의 경우 이사가 학교와 주변 지인들로부터 사퇴 종용을 받고 자진 사퇴하는 일도 벌어졌다. 방송통신위원회가 MBC 방송문화진흥위원회에 각종 경영 자료 제출을 요구한 일도 있다. 12월경에는 KBS, MBC, SBS 등 지상파 3사가 모두 방송통신위원회 재허가 심사에서 기준에 미달하는 점수를 받았다. 모두가 더불어민주당의 문건에 있는 내용 그대로였다.

결국 KBS, MBC 사장은 교체되었고, SBS 회장 및 이사회의장은 재허가 심사를 앞두고 자진 사퇴했다. 명백히 헌법상 언론의 자유를 침해하는 이 모든 일이 문재인 정권 출범 후 불과 8개월 만에 일어났다.

다른 사례로, KBS의 '시사기획 창'은 2019년 6월 18일 '태양광 사업, 복마전'이라는 제목 하에 현 정부의 태양광 사업 졸속 추진과 그와 관련된 각종 비리 의혹을 보도하였다. 6월 21일 윤도한 청와대 국민소통수석은 정정 보도와 사과 방송을 요구하며 "즉각 시정 조치를 요구했는데, 사흘이 지난 지금도 아무 답변이 없다"

고 밝혔다. 다음날인 22일에는 '시사기획 창'의 재방송이 결방되었다. 그러자 '시사기획 창' 제작진 15명이 프로그램을 외압으로 누르지 말라는 성명을 발표했다.

6월 26일 윤도한 수석은 "정상적인 절차를 거쳐 정정 요구를 했다"고 해명했으나, 양승동 KBS 사장은 "청와대로부터 전화를 받은 적이 없다"고 해명했다. KBS 공영노조는 "청와대의 명백한 방송법 위반"이라며 규탄 성명을 발표했다. 이후 KBS 국장급 기자 14명과 부장급 기자 12명이 규탄 성명을 발표했고, KBS 공영노조는 윤도한 수석을 검찰에 고발했다. KBS 노동조합도 청와대에 진상 조사 요청 서한을 전달했다.

7월 KBS는 '시사기획 창'을 '추적 60분'과 통합하기로 하여, 태양광 사업 졸속 추진을 보도하고 청와대 수석을 고발한 '시사기획 창'에 대한 보복성 조치라는 비판이 제기되었다. 이 역시 명백한 언론의 자유 침해이며 방송법 위반이다.

유사한 사례가 박근혜 정부 때도 있었다. 당시 이정현 청와대 홍보수석비서관이 2016년 세월호 보도와 관련하여 KBS에 전화를 한 사실로 인해 방송법 위반 혐의로 1심에서 징역 1년, 집행유예 2년의 유죄판결을 받았다가 2019년 10월 28일 항소심에서 벌금 1천만 원으로 감형되었다.

반(反)자유주의 경제 정책

헌법은 '자유민주적 기본질서'를 근간으로 하고 있고, 자유민주적 기본질서 속에는 사유재산제와 시장경제 질서가 당연히 포함된다. 따라서 경제에 대한 국가의 규제와 조정은 사적 자치의 원칙을 준수해야 하며, 국민의 재산권과 사유재산 제도, 기업의 경영권의 본질적 내용을 침해할 수 없다.

하지만 문재인 정부는 집권한 이래 '성장보다 분배', '자유보다 평등'을 우선시하는 반(反)시장·반기업·반자유적인 경제 정책으로 일관하고 있다. 분배와 평등이 나쁘다는 것이 아니라, 자유민주적 기본질서의 근간을 흔들 정도로 과도한 편향성이 문제다.

독이 된 소득 주도 성장

문재인 대통령은 '소득 주도 성장(소주성)'을 경제 정책 기조로 내걸고, 최저임금을 2018~19년 2년에 걸쳐 29.1퍼센트나 올렸다. 이로 인해 고용 참사와 영세 자영업자의 폐업 사태가 빚어졌고, 소득 하위 20퍼센트 계층의 근로소득이 2년 새 25.9퍼센트나 감소하는 등 양극화가 심화되었다. 최저임금은 말 그대로 생계비를 고려한 최소한의 임금이어야 함에도, 이를 정부가 단기간에 과도하게 인상하여 헌법상 사적 자치의 원칙과 계약 자유의 원칙을 침해한 것이다.

이에 대해 한국경영자총연합회는 2019년 5월 13일 '우리나라와

OECD 국가의 최저임금 수준 국제 비교' 보고서를 통해, 우리나라 최저임금이 중위임금 대비 64.5퍼센트 수준으로 미국 32.2퍼센트, 일본 42.1퍼센트, 독일 47.2퍼센트에 비해 상당히 높은 수준이며, 이로 인해 중소기업과 소상공인의 어려움이 가중되고 고용 감소와 임금 질서 교란이 초래될 수 있다고 밝혔다.

반기업 정책과 '국민연금 스튜어드십'

문재인 정부의 일관된 반기업적 경제 정책도 계속하여 문제가 되고 있다.

2018년 6월 14일 김상조 당시 공정거래위원장은 "경영에 참여하는 직계 위주의 대주주 일가는 주력 핵심 계열사의 주식만 보유하고 나머지는 가능한 한 빨리 매각해 달라"면서, 공정위 조사까지 언급하며 경고하였다. 이로 인해 삼성SDS 주가가 급락하며 주주들이 피해를 입었다. 피해 주주들 중 일부는 김상조 공정거래위원장이 "시장경제 질서와 법치주의를 교란했다"며 직권남용, 강요 미수 등 혐의로 서울중앙지검에 고소하였다.

정부의 개입으로 조양호 한진그룹 회장이 대한한공 대표직에서 물러난 일도 있었다. 2019년 3월 27일 열린 대한항공 주주총회에서 국민연금의 반대표 행사로 인해 조양호 회장의 사내이사 연임이 부결되었다. 국민연금이 정부의 입김에서 자유롭다고 보기 어려운 상황에서 이러한 스튜어드십stewardship 행사는 논란을 불러일으켰다. 정부가 마음만 먹으면 법원의 판결과 무관하게 개인의 일탈을 핑계로 기업의 경영권을 빼앗을 수 있다는 나쁜 선례를 남긴 것이다. 조양호 회장이 약 3주 후인 4월 7일 갑작스럽게 별세한 데는 이 사건의 충격도 상당히 작용한 것으로 알려졌다.

30년 전 헌법재판소는 '국제그룹 해체 사건'에서, 정부가 사기업의 경영권에 자의적으로 개입하는 것은 헌법 제119조 1항과 제126조에서 정한 '개인 기업의 자유와 경영권 불간섭' 원칙을 침해한 것이라 판시한 바 있다. 당시 헌법재판소 결정(89헌마31) 중 한 구절을 인용해 본다.

> 부실기업을 그대로 방치할 때에 국가 사회적 파급효과가 크다 하더라도 법의 테두리 안에서 문제를 해결하도록 시도하는 것이 법치행정의 원칙의 준수이며, 만일 법이 없으면 공권력 개입의 객관적 기준을 세운 법안을 발안한 다음 새 입법을 기다려 그에 의거하여야 할 것이지, 그와 같은 절차가 번거롭다하여 이를 생략한 채 목적이 좋다는 것만 내세워 초법적 수단에 의거하여 마치 국·공영기업의 경영자를 발령하여 바꾸듯이 사영기업의 사실상의 지배주주를 갈고 경영권자를 바꾸는 식의 공권력의 행사는 시장경제적 법치질서를 파탄시키는 것밖에 되지 못한다.
>
> 인간의 정치적 예지의 산물이라 할 민주주의는 수단 내지 절차의 존중이지 목적만을 제일의第一義로 하는 것이 아니다. 적법절차가 무시되는 조치라면 추구하는 목적과 관계없이 공권력의 남용이요, 자의밖에 될 수 없으며 합헌화될 수 없다. 법은 만민 앞에 평

등하다. 대통령, 재무부장관 기타 어떠한 공권력도 법의 지배를 받아야 하는 것이다. 그것이 곧 법적 안정성과 예측가능성을 보장받는 사회를 이루는 길이기도 하다.

경제·환경 다 망친 탈원전과 4대강 보 해체

문재인 정부의 '탈脫원전 정책'도 큰 파장을 일으키고 있다.

문재인 대통령은 취임 직후인 2017년 6월 19일 고리 1호기 원자로 영구 정지 선포식 연설에서 '탈원전 선언'을 했다. 이어 6월 27일 정부는 신고리 5·6호기 공사를 일시 중단하도록 하고, '공론화위원회'를 구성하여 시민 배심원단에 의한 공론 조사를 하기로 했다. 고도의 전문성이 필요한 영역에서 전문성이 결여된 대중의 결정이 타당성을 갖는다고 볼 수 있을지, 정부가 책임을 회피하고 국민이라는 이름으로 사회적 갈등 현안을 일방적으로 밀어붙이고자 하는 것은 아닌지 논란이 제기되었다.

막상 공론화위원회는 2017년 10월 20일, 찬성 59.5퍼센트 대 반대 40.5퍼센트로 신고리 5·6호기 공사를 재개할 것을 권고했다. 동시에 "향후 원자력 발전 비중을 축소하는 방향으로 에너지 정책을 추진할 것"도 함께 정부에 권고했는데, 이 부분은 위원회의 권한 범위를 넘은 것이어서 논란을 불렀다. 하지만 정부는 이러한 공론화위원회의 권고를 탈원전 정책의 근거로 활용했다. 우여곡절 끝에 신고리 5·6호기 공사는 재개되었지만, 공사 중단으로 인해 막대한 손실이 발생한 뒤였다.

탈원전으로 인한 원자력 기술 사장死藏과 관련 산업 붕괴, 에너지 안보 및 전력 수급 문제, 대체 에너지 부재로 인한 환경 오염 등을 고려할 때, 정부 출범 한 달여 만에 탈원전을 선언한 것은 지나치게 성급한 조치였다. 우리 헌법은 자유민주적 기본질서의 토대 위에 '국토와 자원의 균형 있는 개발과 이용'(제120조), '과학기술의 혁신과 정보 및 인력의 개발'(제127조)을 위해 국가가 노력할 것을 규정하고 있다. 문재인 정부가 신중한 검토 없이 원자력산업을 사실상 폐기하고 관련 경제 주체들이 감당할 수 있는 한도를 넘는 예측 불가능한 손해를 가한 점에서 헌법 위반 문제가 제기될 수 있다.

정략적 판단에 따른 '4대강 보 해체'도 비판받고 있다. 2019년 2월 22일 환경부 산하 '4대강 조사평가 기획위원회'는 출범 3개월 만에 금강과 영산강의 5개 보 가운데 3개를 해체 또는 부분 해체하고 2개를 상시 개방하는 방안을 제안했다. 이 위원회는 15명의 위원 중 환경부 공무원이 7명, 나머지 민간 위원 8명 중 6명이 4대강 사업 반대론자라는 분석이 나와, 공정성 논란이 일었다. 해체 결정에 이르게 된 경제성 평가에서 평가 기준과 데이터를 자의적으로 사용했다는 비판도 제기되었다.

정부가 철거 또는 부분 철거 방안을 내놓은 3개 보가 있는 지역의 지방의회(충남 공주시의회, 전남 나주시의회, 세종시의회)는 모두 철거에 반대하는 공식 입장을 밝혔다. 세 곳 모두 여당인 더불어민주당이 다수 의석을 차지한 곳이었다.

4대강 보 처리 방안을 정하기 위해 정부가 2년간 13개의 보 수문을 열고 수질 등을 모니터링했는데, 3개 보는 이전과 큰 차이가 없었고, 7개 보에서는 수문을 연 뒤 오히려 수질이 악화되는 결과가 나오기도 했다. 4대강 보가 수질을 악화시킨다는 주장과 상반되는 결과가 나온 것이다.

2019년 5월경 조달청은 환경부로부터 의뢰받은 4대강 보 처리 입찰이 3차례나 유찰되자 더 이상 입찰을 추진하지 않겠다고 환경부에 통보했다. 현 정권이 추진하는 보 철거에 참여했다가 정권이 바뀐 뒤 '적폐 회사'로 몰려 수사 대상이 될 수 있어 건설사들이 입찰에 참여하지 않았다는 이야기가 돌았다. 이후 환경부는 필요한 계획을 세우는 데 수년이 걸릴 수 있다며 사실상 한 발 물러났다.

4대강 보는 전전 이명박 정부가 추진한 사업이어서, 보 해체 추진에 넓은 의미의 '적폐 청산'이라는 정략적 판단이 개입한 것으로 보인다. 사실로 밝혀진다면 직권남용죄 및 강요죄에 해당할 뿐만 아니라, 헌법재판소가 2004년 노무현 대통령에 대한 탄핵소추를 기각(2004헌나1)하며 밝힌 "대통령으로서 국민 통합과 경제 발전 및 국민 복리 증진에 힘써야 할 헌법상 책무"를 위배한 것으로 볼 수 있다.

'촛불 부채'로 '막가파 귀족 노조' 감싸기

반면 문재인 정부는 민주노총의 법치 파괴 행위에는 제대로 대응하지 못했다. 탄핵 정국 당시의 '촛불 채무' 때문에 정권도 어쩌지 못한다는 이야기가 돌 정도였다.

민주노총은 노동자의 인권과 권익 향상을 기치로 내걸고 출범했지만 어느덧 기득권 집단으로 변모했음은 잘 알려져 있다. 민주노총은 과도한 임금 인상을 요구하여 양극화를 악화시키고 노동 시장을 왜곡하고 있다. 조합원들의 '철밥통' 일자리를 지키기 위해 대기업의 신규 채용과 청년 일자리 창출을 가로막는 '귀족노조'라는 비판이 끊임없이 제기되고 있다.

더욱 심각한 것은 수시로 벌어지는 민주노총의 법치 파괴 행위다. 2011~17년 8월까지 민주노총과 산하 연맹의 불법 집회는 총 129회였고, 이로 인해 경찰 450여 명의 부상 피해가 발생했다. 2015년 11월 14일 민주노총이 주도한 제1차 민중총궐기에서만 경찰 129명이 부상당하고 차량 52대가 파손되었다.

통계 기간 이후인 2018년 11월 22일에는 민주노총 소속 조합원 7명이 유성기업 상무를 1시간가량 집단폭행하여 얼굴뼈가 부러지고 코뼈가 함몰되는 전치 12주의 중상해를 입히기도 했다.

2019년 4월 3일 민주노총 조합원 200여 명은 국회 정문 앞에서 '탄력근로제' 반대 집회를 하던 중 경찰관을 폭행하고 철제 담장을 무너뜨리며 국회 경내 진입을 시도하다가, 김명환 민주노총 위원장을 포함해 25명이 연행되었다. 김명환 위원장은 구속되었다가 구속적부심에서 보증금 1억 원을 조건으로 석방되었다.

2019년 5월 22일 현대중공업의 대우조선해양 인수를 반대하는 민주노총 소속 조합원들이 현대중공업 사무실 진입을 시도하다가, 진입을 막는 경찰을 폭행하여 19명의 경찰이 부상을 입었다. 하지만 당시 체포된 12명 중 11명은 곧바로 석방되었다. 이들은 법원의 주주총회 업무방해 금지 가처분 결정에도 불구하고 주주총회장과 주변을 5일간 불법 점거하기도 했다. 현대중공업이 경찰에 퇴거 요청을 했지만 별다른 조치가 이루어지지 않아, 정부가 민주노총의 폭력을 방관하고 있다는 비판이 나왔다. 민주노총 조합원들의 실력 행사로 지연된 주주총회는 5월 31일 장소를 변경하여 가까스로 열릴 수 있었다.

민주노총의 이런 법치 파괴 행위들을 정부가 수수방관하고 침묵하는 것은 형법상 직무유기에 해당할 뿐만 아니라, 헌법 수호 의지 결여로 탄핵 사유가 될 수 있다.

블랙리스트 직권남용 등

청와대의 김태우 특감반원 고발

우리나라는 조직의 일원이 양심선언 등으로 자기 조직의 비리를 폭로('딥스로트deep throat')할 경우, 일정한 조건에서 이 사람을 공익 제보자 또는 공익 신고자로 간주하여 그의 지위와 권익을 상당한 수준으로 보호하는 '공익신고자보호법'을 시행하고 있다. 그러나 문재인 청와대는 정권에 불리한 공익 제보에 대해 고소·고발로 일관하고 있다.

2018년 12월 14일 김태우 청와대 민정수석실 특별감찰반 수사관은 "문재인 대통령과 가까운 우윤근 주 러시아 대사의 비위 정보를 보고해 쫓겨났다"고 언론에 폭로했다. 이후 그는 청와대 특별감찰반이 민간인을 불법 사찰하고, 환경부에서 블랙리스트를 작성하였다는 내용 등을 추가로 폭로했다. 사실이라면 모두 직권남용죄에 해당한다.

청와대 윤영찬 국민소통수석은 "궁지에 몰린 미꾸라지 한 마리가 개울물을 온통 흐리고 있다"며 김태우 수사관을 비난하였고, 김의겸 대변인은 "문재인 정부 유전자에는 애초에 민간인 사찰이 존재하지 않는다"고 했다. 청와대는 12월 19일 김태우 수사관을 공무상기밀누설 혐의로 서울중앙지검에 고발했다.

국민권익위원회는 2019년 2월 22일 김태우 수사관이 공익신고자보호법 상의 공익신고자 자격을 갖고 있지만 '불이익 조치 보호' 대상은 아니라고 판정했다. 검찰은 김태우 수사관을 공무상비밀누설 혐의로 불구속 기소한 반면, 임종석 비서실장, 조국 민정수석을 포함한 청와대 관계자들은 무혐의 처분을 했다. 다만, 환경부 블랙리스트와 관련하여서는 김은경 전 환경부 장관을 포함한 2명을 불구속 기소했다.

자유한국당에 의해 공개된 '환경부 블랙리스트' 문건에는 환경부의 8개 산하 기관 임원 24명의 임기와, 문재인 정권 출범 후 사표 제출 여부 등이 담겨 있었다. 실제 8개 산하 기관에는 이후 친여 '낙하산' 인사 12명이 임명되었다. 김태우 수사관은 해당 문건을 환경부에서 받아 청와대에 보고했다고 폭로했지만, 청와대는 처음에는 이를 부인했고, 나중에는 "적법한 체크리스트"라고 말을 바꾸며 사실상 '수사·재판 가이드라인'을 제시했다. 김은경 전 환경부 장관의 영장실질심사를 앞두고는 "장관의 인사권과 감찰권이 어디까지 허용되는지 법원 판단을 지켜보겠다"며 법원을 압박했다. 명백한 사법권 독립 침해였다.

검찰은 김은경 전 환경부 장관에 대하여 직권남용 혐의를 적용해 구속영장을 청구했고 법원은 이를 기각했다. 그런데 법원의 김 전 장관 영장 기각 사유가 '이중잣대' 논란을 낳았다. 법원은 영장 기각 사유로 "최순실 일파의 국정 농단과 당시 대통령에 대한 탄핵으로 인해 공공기관에 대한 인사 및 감찰권이 적절하게 행사되지 못하여 방만한 운영과 기강 해이가 문제되었던 사정" 등을 들면서, "(리스트 작성) 관행이 법령 제정시부터 현재에 이르기까지 장시간 있었던 것으로 보여, 피의자에게 직권을 남용하여 의무 없는 일을 하게 한다는 구성요건에 대한 고의나 위법성 인식이 다소 희박해 보이는 사정이 있음"이라는 사유도 적시했다. 결정문은 '최순실 일파'라는 표현으로써 이념 편향성을 드러냈고, '관행'을 이유로 든 것은 자가당착이다. 이전 정부의 블랙리스트 혐의와 국정원 특활비 혐의에 대해 법원은 그 역시 관행이었음에도 유죄를 선고했다. "위법성 인식이 다소 희박해 보이는…" 이라는 표현은 봐주기 위한 논거로밖에 보이지 않는다.

기획재정부의 신재민 전 사무관 고발

2018년 12월 29일 신재민 전 기획재정부 사무관은 "문재인 정부가 KT&G, 서울신문 사장 교체 압력을 행사했다"고 폭로했다. 신재민 사무관은 이후 문재인 정부가 "박근혜 정부 시기의 국가채무 비율을 높이기 위해 4조 원 적자 국채를 추가로 발행했다"고 추가 폭로했다.

이에 대해 기획재정부는 12월 31일 긴급 해명 브리핑을 열었고, 더불어민주당 의원들은 신재민 전 사무관이 "먹고살려고 영상을 찍은 사람"이라는 등의 원색적 언사로 비판했다. 특히 손혜원 당시 더불어민주당 의원은 페이스북에 "나쁜 머리 쓰며 의인인 척 위장하고 순진한 표정을 만들며 떠드는 솜씨가 가증스럽기 짝이 없다", "(야당은) 사기꾼한테 또 속아서 망신당하지 말라"고 쓰기도 했다.

기획재정부는 2019년 1월 2일 신재민 전 사무관을 검찰에 고발했다. 하지만 기획재정부가 자문을 의뢰한 외부 법무법인 2곳은 모두 신재민 사무관의 행위에 불법성이 없다고 결론 내렸다는 사실이 뒤늦게 2019년 10월경 국회 기획재정위원회 소속 국회의원을 통해 밝혀졌다. 그럼에도 기재부는 고발을 강행했고, 4월 10일이 되어서야 고발을 취하했다. 기재부의 행위는 고발 사유가 없음에도 오로지 공익제보자에게 압박을 가하기 위한 액션으로 해석되며, 정부가 해서는 안 될 일이다. 이 고발은 의무 없는 일을 기획재정부 일선 직원들에게 강요한 것으로 직권남용죄에 해당할 수 있으며, 신재민 전 사무관에 대한 협박죄에도 해당할 수 있다. 고발 다음날인 1월 3일 신재민 전 사무관은 자살을 시도하며 유서에 "죽음으로라도 제 진심을 인정해 주셨으면 좋겠어요. 제가 폭로한 건 일을 하면서 느꼈던 부채 의식 때문이었어요. … 그래요. 제가 부족하고 틀렸다고 해요. 만약 그래도 이번 정부라면 최소한 내부고발로 제 목소리 들어주시려 해야 하는 것 아닌가요? 전 이렇게 말하면 그래도 진지하게 들어주고 재발 방지 이야기해 주실 줄 알았어요"라고 썼다.

검찰은 2019년 4월 30일 신재민 전 사무관이 폭로한 의혹들에 대해 모두 무혐의 결론을 내렸다.

공공기관 '캠코더' 인사

문재인 정권의 공공기관 '캠코더 인사' 역시 큰 문제다. '캠코더'란 '선거 캠프 출신, 코드 인사, 더불어민주당 출신'을 의미한다.

바른미래당이 2019년 3월 5일 발표한 '공공기관들의 기관장, 상임·비상임 이사의 낙하산 현황'에 따르면, 문재인 정부 출범 1년 반이 좀 지난 2018년 말 기준으로 340개 공공기관에서 434명의 낙하산 인사가 이루어졌다. 이들 공공기관의 소관 부처 전체 23개 중 11개 부처에서 제출받은 사퇴 현황에 따르면, 총 64명의 임원이 임기 전 교체되었다고 한다. 부수적으로, 안전 관련 공공기관의 비전문가 임명이 심각한 것으로 드러났다.

바른미래당이 2019년 10월 13일, 문재인 정부 집권 2년 3개월여 지난 2019년 8월 31일 기준으로 재차 확인한 낙하산 인사는 515명으로, 8개월 동안 오히려 81명이 증가했다. 캠코더 인사에 대해 비판이 있었는데도 정부가 경청하지 않고 시정하지 않는 태도를 보인 것이다. 만일 낙하산 인사를 위해 임기가 남은 기관장과 임원들에 대해 사퇴 압박을 행한 것이 드러난다면 직권남용죄 및 강요죄에 해당한다.

이 책 제작 막바지인 2019년 11월 2일, 오징어잡이 목선을 타고 귀순한 탈북민 2명을 5일 뒤인 11월 7일 강제 북송하는 사건이 벌어졌다. 이 사실은 판문점 공동경비구역(JSA) 경비대대장(중령)이 정상적인 지휘 라인이 아닌 청와대 국가안보실 1차장에게 보낸 문자 메시지가 언론사 카메라에 포착되면서 밝혀졌다. 정부는 "이들의 귀순 의사에 진정성이 없었고, 동료 16명을 살해한 혐의를 받고 있어 북송했다"고 밝혔다. 그러나 이들이 자의로 귀순의향서에 서명하였음에도 이례적으로 재갈을 준비하고 안대를 씌워 북송한 점, 16명을 살해했다는 혐의에 대해서도 여러 가지 의문이 제기되고 있는 점, 무엇보다 탈북민도 헌법상 대한민국 국민이므로 살해 혐의를 받는다는 이유만으로 북송할 수 없다는 점에서 비판을 불러일으켰다. 국제엠네스티 한국지부는 정부가 강제 송환을 금지한 국제 인권 규범을 위반했다고 비판했고, 미국의 인권 감시 기구 휴먼라이츠워치는 북송 조치가 유엔 고문방지협약을 어긴 것이라고 비판했다. 특히 김정은에게 문재인 대통령의 친서를 보낸 11월 5일에 강제 북송 통지를 했다는 사실이 밝혀지면서, "김정은 방한을 위한 희생양이 아니냐"는 논란이 일었다. 정부의 강제 북송 조치는 소극적으로 헌법상 국민 보호 의무 위반을 넘어, 적극적으로 국민의 생명권을 침해한 행위이며, 형법상 살인죄 또는 살인미수죄의 공동정범에도 해당될 수 있다. 공무원들에 북송을 지시한 행위 역시 직권남용죄를 적용할 수 있는 중대한 범죄 행위이다.

이 책 초쇄 출간 직후인 11월 27일에는 청와대가 울산경찰청장을 통해 울산시장 선거에 개입했다는 의혹이 보도되었다. 2018년 6·13 지방선거를 앞두고 경찰이 김기현 자유한국당 후보에 대한 압수수색 등 수사를 진행했고, 선거에서는 더불어민주당 후보가 당선되었다. 청와대의 선거 개입 의혹이 사실이라면 헌법상 공무원의 정치적 중립 의무 위반, 공직선거법 위반과 직권남용죄에 해당될 수 있다.

'친문 실세'로 거론되는 유재수 전 부산시 경제부시장(11월 27일 구속)의 그전 금융위원회 금융정책국장 재직 당시 비리 의혹에 대해 청와대 민정수석실이 감찰에 착수했다가, 내부 지시로 감찰이 중단되었다는 의혹도 터져 나왔다. 구체적인 정황이 차츰 밝혀지고 있지만, 감찰 중단 지시가 사실이라면 그것만으로도 직권남용죄에 해당된다.

결론적으로, 현 문재인 대통령을 탄핵할 사유는 있는가?
대통령은 자기가 속한 정파나 자기 지지층의 이익을 수호하는 자리가 아니다. 헌법 제69조의 대통령 취임 선서 문구는 대통령의 의무를 명시하고 있다.

"나는 헌법을 준수하고 국가를 보위하며 조국의 평화적 통일과 국민의 자유와 복리의 증진 및 민족문화의 창달에 노력하여 대통령으로서의 직책을 성실히 수행할 것을 국민 앞에 엄숙히 선서합니다."

헌법이 탄핵 사유로 정한 '헌법과 법률 위배', 헌법재판소가 천명한 '그 위반이 직무를 계속하게 할 수 없을 만큼 중대할 것', 2017년 박근혜 대통령 탄핵 인용(파면) 때 천명한 '헌법 수호 의지' 등의 조건들에 비춰 보면, 이상에서 살핀 문재인 대통령의 행위들은 어느 하나만 사실로 인정되더라도 그를 탄핵소추 및 파면하기에 충분하다는 것이 필자의 판단이다.

"대통령 문재인은 대한민국의 계속성을 침해했고, 국가 안보를 무력화시켰다. 사법권 독립을 침해했고, 여론을 조작했으며, 언론의 자유를 침해했다. 반자유주의 경제 정책으로 자유민주주의와 시장경제 질서의 근간을 뒤흔들었고, 블랙리스트 등 각종 직권남용 행위에 가담했다. 이와 같이 그는 외교·안보, 경제, 언론, 사법, 사회·교육 등 국정 전 분야에 걸쳐 광범위하게 헌법과 법률을 위반했다. 개인적 이념 성향에 따라 국가 정체성을 훼손하고 헌법을 위반하고 있다는 점에서 헌법 수호 의지 자체가 없는 것으로 판단된다."

제4부

값비싼 교훈

'백성'에서 '국민'으로

1948년 7월 17일 대한민국 헌법(제헌 헌법)에 서명하는 이승만 초대(제헌) 국회의장. 그는 공포사公布辭에서 "지금부터는 우리 전 민족이 고대 전제나 압제 정체政體를 다 타파하고 평등·자유의 공화적 복리를 누릴 것을 이 헌법이 담보"한다고 선언했다.

11

대한민국 자유의 역사

체제 전쟁

우리 헌법에는 '자유'가 수없이 등장한다. 헌법 전문에는 '자유 민주적 기본질서', '자유와 권리에 따르는 책임과 의무', '우리들과 우리들의 자손의 안전과 자유와 행복'이 언급되고 있다. 본문에 '자유민주적 기본질서'가 다시 등장하고, 정당 설립의 자유, 신체의 자유, 거주·이전의 자유, 직업 선택의 자유, 주거의 자유, 사생활의 자유, 양심의 자유, 종교의 자유 등 수없이 많은 자유(권)가 열거되어 있다.

하지만 우리는 이 '자유'에 대해 제대로 이해하지 못했다. 지금도 우리는 국가의 개입을 너무나 당연시한다. 국가의 개입으로 누군가의 자유는 제한되거나 침해당할 수 있다는 생각을 잘 하지 않는다. 악덕 기업으로 낙인찍히면 국가가 개입해서 문 닫게 만드는 게 당연하다고 생각한다. 청와대 게시판의 국민 청원 숫자가 20만 명이 넘으면 청와대가 개입하는 것이 당연하다는 생각이 팽배하다.

국가의 존재 자체가 자유를 제한한다. 국가가 책임지는 부분이 많아지는 만큼 개인은 자유를 잃고 의존적인 존재로 전락한다. 국가는 그 자체로 권력이고, 권력은 더 많은 권력을 갈구하는 경향성이 있다. 따라서 개인이 자유를 최대화하려는 노력이 지속되어야 국가와 개인의 관계가 제대로 정립될 수 있다. 그런 노력만이 사회가 전체주의화되는 것을 막을 수 있다.

'법의 지배(법치)'는 그래서 등장한 것이다. 법은 국가의 자의적 개입을 막는 필요 최소한의 장치다. 자유는 법치 없이 지켜질 수 없다. 하지만 지난 탄핵 사태를 거치며 대한민국의 법치는 무너졌고, 개인의 자유는 위협받고 있다.

지나간 박근혜 대통령 탄핵 사태와 다가올 문재인 대통령 탄핵은 '체제 전쟁'의 연장선 상에서만 제대로 된 이해가 가능하다.

1948년 대한민국 탄생 때부터 이 땅에는 '체제 수호 세력'과 '반체제 세력'이 있었을 뿐, 진정한 의미의 좌파도 우파도 없었다. 우파의 다수도 실질은 '반공 좌파'였다. 대한민국 건국 이래로 북한과의 체제 전쟁이 지속되었고, 이로 인해 건전한 정치 세력의 발전은 쉽지 않았다. 좌파는 종북(북한 추종) 혐의로부터 자유롭지 못했고, 우파는 반공에서 자유롭지 못했다. 대한민국의 진정한 자유민주주의 발전은 전제 왕조 뺨치는 북한의 3대 세습 독재가 사라져야만 가능하다.

체제 전쟁은 자기 부정으로 이어졌다. 지난 70년간 대한민국은 기적이라고밖에 표현할 길이 없는 눈부신 발전을 이룩했으나, 많은 한국인들에게 '부끄러운 역사'로 기억되고 있다. 역사는 왜곡되었고, 우리는 스스로를 자학하고 있다. 이 체제 전쟁이 끝나야 우리는 우리의 역사를 제대로 볼 수 있을 것이다.

구한말부터 21세기 오늘날까지 한반도의 역사는 '자유가 뿌리내리는 과정'이었다. 조선 시대의 강고한 신분제가 일제강점기를 거치면서 해체되었다. 자유가 뿌리내릴 수 있는 토양이 마련된 것이다. 해방 이후 공산주의라는 잘못된 길을 택한 북한의 끊임없는 위협이 있었지만, 대한민국은 경제 성장을 통해 자유의 물질적 토대를 구축했고, 민주적 정권 교체를 경험했다. 그리고 지나간 탄핵 사태로 대한민국 자유의 역사는 그 마지막 단계에 막 접어드는 중이다.

이승만 대통령은 서른 살을 바라보던 1904년 출간한 『독립정신』에서 "자유라는 새로운 이념으로 사람들을 오랜 관습의 굴레에서 벗어나게 하여 좋은 것과 나쁜 것을 구분할 수 있게 해야 할 것이다. 마음이 자유롭지 못하고 낡은 관습에 빠져 있으면서 몸만 자유롭기 원한다면 결코 성공하지 못할 것이다"라며, 이를 위해 양반과 상민의 구분을 허물어뜨리고 교육을 통해 사람들이 스스로 생각하고 판단할 수 있어야 한다고 했다. 그의 염원대로 신분제가 해체되고 스스로 생각하고 판단하는 자유인이 자라나는 토양을 만들기 위해 한반도는 지난한 과정을 겪어 왔다.

30년을 한 세대라고 한다. 세대는 사람이 태어나서 성장하고 후세를 재생산할 때까지의 평균 시간인데, 개인뿐 아니라 정치·사회적으로도 주류 세력이 교체되고 대변화를 겪는 주기가 대체로 사람의 한 세대에 해당한다.

지금으로부터 약 30년 전인 1987년 우리나라는 민주화 운동에 이어 제6공화국이 성립되었고, 중국에서는 1989년 톈안먼(천안문) 사태가 발생했다.

그 30년쯤 전인 1960년 3·15 부정선거에 대한 항의로 4·19가 일어났고 제2공화국이 성립되었고, 1년 뒤 5·16을 거쳐 제3공화국이 성립되었다. 중국의 경우 1959년 티베트 강제 합병에 반대하고 독립을 요구하는 반중국, 반공산주의 봉기가 티베트에서 일어났다. 진압군에 의해 수천 명이 희생되었고 티베트 최고 지도자 달라이라마는 인도로 망명했다.

그 30여 년 전인 1929년 우리나라는 일제 치하에 있었는데, 미국과 유럽에서는 세계 대공황이 발생했다. 대공황의 여파로 독일의 나치즘, 이탈리아의 파시즘이 득세하고, 일본이 군국주의화하여 제2차 세계 대전이 일어났다. 그 결과 대한민국이 독립했다.

다시 그 30여 년 전, 조선은 망국의 길을 걷고 있었다.

망국의 시대

우리나라에서 중산층 이상의 사람이나 한문을 안다는 사람들은 대부분 썩고 잘못된 관습에 물들어 기대할 것이 없고, 그들의 주변 사람들도 비슷하다. 이 말이 너무 심하게 들릴지 모르나 현실을 보면 잘못된 말이 아닌 줄 알 것이다.

진실로 바라는 바는 우리나라의 무식하고 천하며 어리고 약한 형제자매들이 스스로 각성하여 올바로 행하며, 다른 사람들을 인도하여 날로 국민정신이 바뀌고 풍속이 고쳐져서 아래로부터 변하여 썩은 데서 싹이 나며, 죽은 데서 살아나기를 원하고 또 원하는 바이다.

스물아홉 살 이승만의 『독립정신』 서문 일부다. 청년 이승만은 조선 민족에 대해 "양반과 상민의 구분을 허물어뜨리지 못하고 사람들 스스로 생각하고 판단하지 못한다. 관리들에게 무조건 복종하는 노예 근성을 버리지 못하고 권력에 의존하기 좋아하는 습성이 있다"며 안타까워했다. 또한, 병자호란(1636) 이후 청나라에 조공을 바친 300년을 오천 년 역사에서 가장 수치스러운 기간으로 평가하며 유학을 숭상하는 선비들을 비판했다.

당시 조선의 상황은 절망적이었다. 1894년 일어난 동학농민운동은 실패했다. 같은 해 시작된 갑오개혁 역시 실패했고, 이 듬해 일본이 친러파 민비(명성황후로 추존)를 시해하는 을미사변이 일어났다. 1896년 러시아 공사관으로 피신했던(아관파천) 고종이 1897년 대한제국을 선포했으나, 기울어진 나라를 도로 세우기에는 역부족이었다.

암울했던 시기였지만 자유 대한민국의 씨앗이 잉태되고 있었다. 청년 이승만이 그 주인공이었다. 그는 독립협회 활동을 하던 중 1899년 역모죄로 체포되어 1904년까지 약 5년 7개월간 감옥 생활을 했다. 힘든 시기였지만 이 시기를 통해 청년 이승만은 자유민주주의와 시장경제에 기초한 새로운 조국의 미래상을 정립할 수 있었다.

결국 1910년 한일병합조약이 강제로 체결되었다. 일제의 강점은 우리 민족에게 비극이었지만, 이 시기를 거치며 신분제의 질곡이 철폐되었고 자유인의 탄생을 위한 토대가 마련되었다.

건국의 시대

해방의 계기는 세계 대공황으로부터 나왔다. 1929년 시작된 대공황은 전 세계를 큰 충격에 빠뜨렸고, 민족주의와 전체주의 부활의 계기가 되었다. 독일에서는 히틀러의 나치 정권이 들어섰고, 이탈리아에서는 무솔리니의 파시즘이 대두되었다. 일본은 대양 건너 대공황이 불러온 자국 경제 침체를 극복하기 위해 대륙 침략을 감행해 1931년 만주사변을, 1937년에는 중일전쟁을 일으켰다.

1939년 유럽을 시작으로 제2차 세계 대전이 발발했고, 그 마무리와 함께 조선은 해방을 맞이했다. 자력에 의한 독립이 아니었기에 우리는 새로운 나라를 건설할 준비가 되어 있지 않았다.

1945년 8월 일본의 패망부터 1948년 대한민국 건국에 이르기까지 3년은 격동의 시기였다. 이때 결정된 것에 의해 모든 것이 달라졌고, 그 결과는 지금까지 영향을 미치고 있다. 한반도는 38선에 의해 남북으로 분할되어 북쪽에는 소련, 남쪽에는 미국의 군정이 들어섰다. 모스크바 3상회의 이후 신탁통치 찬반 논란, 여러 정파 간의 투쟁 등으로 혼란스러운 시기가 이어졌다.

1948년 38선 이남에서 5·10 총선거가 실시되었다. 7월 17일 제헌헌법이 공포되었고, 제헌헌법에 따라 이승만이 초대 대통령에 선출되어 8월 15일 대한민국이 건국되었다. 9월 9일 38선 이북에서는 조선민주주의인민공화국이 들어섰다.

이승만 초대 대통령은 취임 연설에서, 단군 이래 처음으로 '국민'이 된 대한민국 사람들에게 이렇게 호소했다.

"새나라를 만드는 데는 새로운 헌법과 새로운 정부도 필요합니다. 그러나 새 백성이 아니면 어렵습니다. 부패한 백성으로는 신성한 새나라를 만들지 못할 것입니다. 그러니 매일 매일 새로운 정신과 새로운 행동으로 낡은 관습을 버려야 합니다. 새로운 길을 찾아 매일 매일 분발하고 전진해야 합니다. 그래야 지난 40년 동안 잃어버린 세월을 다시 회복할 수 있습니다. 세계 문명국들 사이에서 경쟁할 수 있습니다. 나의 사랑하는 삼천만 국민 여러분, 오늘부터 더욱 열심히 노력해서 매일 매일 새로운 국민이 됩시다. 이를 통해 새로운 국가를 만년이 가도 흔들리지 않는 반석 위에 세웁시다. 그렇게 결심합시다."

이승만 대통령은 반공을 기치로 내걸고 자유 대한민국의 토대를 만들었다. 그의 결단으로 우리는 자유민주주의와 시장경제를 누릴 수 있었다. 자유주의 경제와 자유주의 정치를 지켜 낸 그의 가장 큰 업적은 농지 개혁과 한미상호방위조약 체결이다.

농지 개혁은 1949년 단행되었다. 당시 대한민국 인구의 70퍼센트가 농민이었고 그중 80퍼센트가 소작농이던 상태에서 농지 개혁은 혁명이나 다름없었다. 일제강점기를 거치면서 형식적으로 반상(班常, 양반과 상민)의 구별은 철폐되었지만 지주-소작농 관계는 여전히 유지되고 있었다. 해방이 됐어도 소작농은 여전히 상놈이고 머슴이었다. 조선 시대나 일제강점기나, 또 해방이 된 뒤에나 그들은 별다른 변화를 체감하지 못했다.

하지만 경자유전(耕者有田, 토지는 경작자가 소유함) 원칙의 농지 개혁으로 농민이 토지를 갖게 되자 모든 것이 달라졌다. 평생을 일해도 쌀밥을 먹지 못하던 사람들이 자기 땅에서 땀 흘려 농사짓고 쌀밥을 먹을 수 있게 되었다. 더 이상 지주의 눈치를 볼 필요가 없었다. 사람들은 내 땅과 내 나라에 애착을 갖게 되었다. 농지 개혁을 통해 농민들은 대한민국 국민으로 거듭날 수 있었고, 이는 6·25를 극복하는 원동력이 되었다. 또한 농지 개혁은 지주地主 자본이 산업 자본으로 전환하도록 유도하여 한국 자본주의의 태동을 이끌었고, 자유민주주의의 물적 기초가 되었다.

한미상호방위조약은 6·25 직후인 1953년 체결되었다. 당시 휴전을 앞두고 이승만 대통령은 "한미상호방위조약이 체결되지 않으면 단독으로라도 북진하겠다"고 선언했고, 미국은 휴전을 조건으로 조약 체결에 합의했다. 미국으로서는 세계 최빈국 대한민국과 '고래와 새우의 동맹' 격인 상호방위조약을 체결할 이유가 없었다. 하지만 미국은 이승만 대통령의 단독 행동으로 정전 협정 체결이 저지될 것을 우려하여 울며 겨자 먹기식으로 상호방위조약을 체결할 수밖에 없었다.

한미상호방위조약으로 대한민국은 북한의 무력 적화 위협을 극복할 수 있었다. 또한 안보 위기가 상존하는 가운데도 국방비 지출을 절감하고 이를 경제 개발에 투입할 수 있었다. 한미상호방위조약은 '한강의 기적'의 숨은 일등 공신이었다. "한미상호방위조약이 성립됨으로써 우리는 앞으로 여러 세대에 걸쳐 많은 혜택을 받게 될 것이다. 이 조약이 있기 때문에 우리는 앞으로 번영을 누릴 것이다. 한국과 미국의 이번 공동 조치는 외부 침략으로부터 우리를 보호함으로써 우리의 안보를 확보해 줄 것이다"라는 이승만 대통령의 예언은 그대로 실현되었다.

이승만 대통령은 대한민국을 세우고, 지키고, 기초를 다지는 데는 성공했지만, 대한민국을 반석 위에 올려놓지는 못했다. 반만년 역사에 처음으로 자유를 알게 된, 그나마 식민지 신세에서

갓 벗어난 신생 국가의 한계에다, 전쟁으로 인해 그나마 남아 있
던 산업 시설마저 대부분 파괴됐다. 폐허 속에서 나라를 구하기
는 했지만 가난을 극복할 수 없었다. 그러는 사이 정권은 부패했
고, 고령의 대통령은 이를 제대로 통제하지 못했다. 4·19로 이승
만 대통령은 하야 성명을 발표하고 하와이로 건너갔다가 끝내 귀
국하지 못했고 그곳에서 생을 마쳤다. 빗나간 좌파 교육으로 가
려진 그의 업적들은 다시 제대로 빛을 보아야 마땅하다.

부국의 시대

이승만 대통령 하야에 이어 총선거가 실시되고 제2공화국이 수
립되었지만, 채 1년도 지나지 않아 5·16이 일어나고 군사정권이
들어섰다.

1963년 민정 이양에 따른 직접 선거로 제5대 대통령에 취임해
이후 1979년까지 집권한 박정희 대통령 시대를 거치면서 대한민
국 경제는 '한강의 기적'이라는 말 그대로 비약적으로 성장했다.
경제개발 5개년계획, 경부고속도로 개통, 새마을운동, 수출 주도
산업화, 중화학공업 육성 등 당시 경제 성장을 상징하는 단어들
은 많다. 쉬운 일은 아니었다. 외화벌이를 위해 서독에 광부와 간
호사를 파견한 것이 단적인 예다.

박정희 대통령은 1964년 경제 개발을 위한 차관을 얻기 위해 독

일을 방문했다. 박 대통령은 독일 에르하르트 총리를 만나 다음과 같이 하소연했다.

"우리 한국도 서독과 마찬가지로 공산 국가들로부터 위협을 받고 있습니다. 공산 국가들을 이기려면 경제가 번영해야 합니다. 내가 혁명을 한 이유는 정권을 탐해서가 아닙니다. 정치가 어지럽고 경제가 피폐해져 이대로는 한국이 소생할 수 없다는 위기의식 때문입니다. 경제를 재건해서 공산 국가들의 위협으로부터 나라를 구하겠다는 일념뿐입니다. 그런데 우리에게는 돈이 없습니다."

회담에서 에르하르트 총리는 일본과 손을 잡으라고 박정희 대통령에게 당부했다. 지도자는 과거가 아닌 미래를 보고 가야 한다며, 공산 국가의 위협에 대비하기 위해서라도 일본과 손을 잡아야 한다고 했다. 회담 후에는 한국 정부에 차관 2억 5천만 마르크를 담보 없이 제공하겠다는 파격적인 제안을 했다. 이런 권유 때문이었는지는 몰라도 이듬해(1965) 한일청구권협정이 체결된다.

독일 방문 길에 박정희 대통령 내외는 파독派獨 광부와 간호사들을 격려하는 자리를 가졌다. 함께 애국가를 부르며 모두들 눈물을 쏟았다. 박정희 대통령은 "광부 여러분, 간호원 여러분! 모국의 가족이나 고향 땅 생각에 괴로움이 많을 줄로 생각되지만 개개인이 무엇 때문에 이 먼 이국에 찾아왔던가를 명심하여 조국의 명예를 걸고 열심히 일합시다. 비록 우리 생전에는 이룩하지 못하더라도 후손을 위해 남들과 같은 번영의 터전만이라도 닦아

놓읍시다"라고 연설했고, 강당은 눈물바다가 되었다.

가난을 극복하고자 모두들 노력한 시간이었다. 자식들에게만은 가난을 물려주지 않고자 다들 이를 악물었다. 그 결과 가난을 극복했고, 경제 성장을 이루었다. 그 과정에서 여러 가지 부족한 점이 있었다. 개인의 인권이 무시되는 경우도 많았고, 초보 민주주의는 성숙되지 않았다.

하지만 지금의 기준으로 그때를 비판할 수 있을까? 지금의 성취는 그때의 희생에 기초한 것임을 부인해서는 안 된다. 원래 아무것도 없던 나라가 그나마 전쟁으로 폐허가 된 위에서 당장에 자유를 꽃피울 수는 없었다. 당시 대한민국과 국민이 과연 무엇을 할 수 있었을지 생각해 보고 그때 이룬 성취를 돌이켜보면, 당시를 군사 독재라는 이름으로 싸잡아 비판하기 어려울 것이다. 공功도 과過도 당시를 기준으로, 있는 그대로 인정되어야 하는 이유다.

한일청구권협정 역시 박정희 정권에는 쉽지 않은 선택이었을 것이나, 꼭 필요한 선택이었다. 당시 국내에서 엄청난 반발이 있었지만 미래를 위해 어쩔 수 없는 선택이었다. 한일협정을 통해 일본으로부터 제공받은 3억 달러의 무상 자금과 2억 달러의 차관은 당시 일본 외환 보유고 16억 달러의 거의 3분의 1에 해당하는 것이었고, 이 자금은 고스란히 한국 경제 개발의 원동력이 되었다. 경부고속도로와 포항제철(포스코) 건설은 당시 받은 자금 덕분에 가능했다. 또 일본과 국교가 정상화되면서 대한민국은 본격적인 경제 성장의 기회를 잡았다. 미국과 일본의 지원 아래 대한민국은 국제 분업 체계의 일원이 될 수 있었고 기적 같은 경제 성장이 가능했다.

한일협정 당시 박정희 대통령의 고뇌는 그때의 특별 담화문에 그대로 담겨 있다.

(…) 한 민족, 한 나라가 그의 운명을 개척하고 전진해 나가려면, 무엇보다도 국제정세와 세계조류에 적응하는 결단이 있어야 합니다. 국제정세를 도외시하고 세계 대세에 역행하는 국가판단이 우리에게 어떠한 불행을 가져오고야 말았는가는 바로 이조 말엽에 우리 민족이 치른 뼈저린 경험이 실증하고 있습니다. (…)

오늘의 국제정세는 우리로 하여금 과거 어느 때보다도 일본과의 국교정상화를 강력히 요구하고 있습니다. 오늘날 우리가 대치하고 있는 적은 국제공산주의 세력입니다. 우리는 이 나라를 어느 누구에게도 다시 빼앗겨서는 안되지만, 더욱이 공산주의와 싸워 이기기 위하여서는 우리와 손잡을 수 있고 벗이 될 수 있다면 누구하고라도 손을 잡아야 합니다.

우리의 자유와 독립을 수호하고 내일의 조국을 위해서 도움이 될 수 있는 일이라면, 어려운 일이기는 하지만 과거의 감정을 참고 씻어버리는 것이 진실로 조국을 사랑하는 길이 아니겠습니까. 이 것이 나의 확고부동한 신념입니다. (…)

지난 수십년간 아니 수백년간 우리는 일본과 깊은 원한 속에 살아 왔습니다. 그들은 우리의 독립을 말살하였고, 그들은 우리의 부모형제를 살상했고, 그들은 우리의 재산을 착취했습니다. 과거만을 따진다면 그들에 대한 우리의 사무친 감정은 어느 모로 보나 불구대천이라 할 수 밖에 없습니다.

그러나 국민 여러분! 그렇다고 우리는 이 각박한 국제사회의 경쟁 속에서 지난날의 감정에만 집착해 있을 수는 없는 것입니다. 아무리 어제의 원수라 하더라도 우리의 오늘과 내일을 위해 필요하다면 그들과도 손을 잡아야 하는 것이 국리민복을 도모하는 현명한 대처가 아니겠습니까? (…)

하나의 민족국가가 새로이 부흥할 때는 반드시 민족 전체에 넘쳐흐르는 자신과 용기와 긍지가 있어야 하고 적극성과 진취성이 충일해야 하는 것입니다. 오늘날 우리나라의 근대화 작업을 좀먹는 가장 암적인 요소는 우리들 마음 한구석에 도사리고 있는 패배주의와 열등의식 그리고 퇴영적인 소극주의 바로 이것인 것입니다. 또 하나 있습니다. 그것은 비생산적인 사이비행세 이것들입니다. 또 있습니다. 속은 텅텅 비고도 겉치레만 번지레 꾸미려 하는 권위주의, 명분주의, 그리고 언행불일치주의들입니다. 이러한 요소들은 과감하게 씻어버려야 합니다. 그리하여 자신을 가진 국민이 됩시다. 자신은 희망인 것입니다. 희망이 있는 곳에 민족의 힘이 생기는 것입니다.

문재인 정권이 초래하고 부추기는 지금의 한·일 갈등을 지켜보면, 현 정권은 그때와는 정반대의 길을 걷고 있다. 현재와 과거가 싸우면 미래를 잃는다(처칠).

불완전한 동거의 시대

1987년 6월, 전두환 정권의 정권 재창출 기도에 반대하는 6·10 민주화 운동을 계기로 15년 만에 대통령 직선제로 되돌아가는 제 9차 개헌이 이루어졌다. 30년 가까이 이어진 권위주의 정부 하에서 달성한 급격한 경제 성장이 역설적으로 국민의 의식 수준을 향상시켜 권위주의 정부를 무너뜨린 것이다. 지금 우리 헌법은 '1987 체제'라 불리는 이때 만들어진 그대로다.

1987 체제 하에서 우파의 노태우-김영삼(1988~98) 정부와 좌파의 김대중-노무현(1998~2008) 정부가 10년씩 번갈아 집권했다. 다시 우파의 이명박-박근혜(2008~2017) 정부에 이어 2017년 좌파 문재인 정부가 들어섰다. 외견상으로는 좌파와 우파가 호각을 이뤄 온 것처럼 보이지만, 실질은 좌파가 주도한 체제였다. 좌파야말로 지난 30년 대한민국의 주류 세력이었다.

1987년의 경험은 강렬했다. 좌파는 민주와 인권이라는 강력한 '상징 자본'을 획득했다. 이 상징 자본을 바탕으로 1988년 한국민족예술인연합(민예총), 1989년 전국교직원노동조합(전교조), 1994년 참여민주사회와 인권을 위한 시민연대(참여연대), 1995년 전국민주노동조합총연맹(민주노총)이 잇따라 창립되었다. 이들 단체를 통해 좌파는 시민 사회와 문화계, 교육계, 노동계 권력을 장악할 수 있었다. 이런 권력을 바탕으로 좌파는 대한민국을 주도했다. 이명박 정부 때의 '광우병 사태'와 박근혜 정부 때의 '세월호 사건'에서 보듯이 좌파는 우파 정권도 언제든 흔들 수 있는 힘을 보여 줬다.

그러나 1987년으로부터 한 세대 30여 년이 흐르는 동안, 당시 '386 세대'로 불리며 혁신의 아이콘으로 부상한 청년들은 어느덧 기득권 세력이 되어, 과거 그들이 비난했던 자들과 비슷한 모습으로 변했다. 1987년의 후광이 오히려 독이 되었다. 시대의 변화를 따라잡지 못하고 과거에 안주했다. 공익을 주창하면서 뒤에서는 사익을 챙기고, 그때를 들먹이며 스스로에게 면죄부를 주었다.

더 큰 문제는 대한민국이 여전히 체제 전쟁 중이라는 사실이다. 1987년 이전의 남북 간의 체제 전쟁은 외견상 대한민국의 승리로 끝났다. 대한민국이 급격한 경제 성장을 이룬 반면 북한의 경제는 쇠락의 길을 걸었다. 하지만 북한은 새로운 방식의 전쟁을 시작했다. 사상전이 그것이다. 북한의 주체사상을 따르는 '주사파'가 1980년대 중·후반에 세력을 떨치더니, 이어 전교조와 민주노총·민예총 등이 북한의 영향을 받았다. 통합진보당 사태에서 보듯이 북한은 정치권에도 영향을 미쳤다. 북한과 주사파가 미친 영향이 어느 정도인지는 시간이 흘러야 정확히 파악이 가능하겠지만, 개인적으로는 우리 사회 곳곳에 북한 간첩과 추종 세력들이 암약하고 있다고 판단한다.

하지만 1987년 체제를 지탱해 온 386의 '상징 자본'은 이제 수명을 다했다. '조국 사태'가 극명한 예증例證이다. 어떤 형태로든 문재인 정부가 종말을 고할 때 대한민국에는 새로운 시대가 열릴 것이며, 그 시대에는 386 세대와 민주노총, 전교조 등 우리 사회의 주류 세력은 교체될 것이다. 그와 동시에 남북 간 체제 전쟁도 막을 내릴 것이다. 그 시대는 자유가 만개하기를 바란다. 다만, 그 시대가 공짜로 오지는 않을 것이다. 자유는 거저가 아니다. 자유는 싸워야 지킬 수 있다.

> 자유가 소멸되는 데는 한 세대가 채 걸리지 않습니다. 자유는 우리의 아이들에게 유전되어 전해질 수 있는 것이 아닙니다. 자유는 싸워서 지켜야 하며, 그렇게 후대에 전해질 수 있습니다.
> 그렇지 않다면 노년의 어느 날 우리는 우리의 아이들과 손주들에게 한때나마 미국이 자유로운 곳이었다는 것을 이야기해 주고 있을 것입니다. (로널드 레이건)

12

탄핵 사태의 책임과 교훈

좌파 본색

좌파가 표방하는 이상은 아름답다. 하지만 현실에서 좌파는 어쩌면 자기도 모르는 사이에 이상과 정반대의 길을 걷게 된다. 이는 필연이다. 불완전한 인간에 의한 인위적 개입은 부작용을 낳기 때문이다. 독일 시인 프리드리히 횔덜린도 "국가가 지상 지옥이 된 것은 항상 국가를 지상 천국으로 만들려고 했기 때문"이라고 했다.

때문에 인위적 개입은 점진적으로, 필요 최소한으로만 이루어져야 한다. 바로 이것이 보수주의가 추구하는 바다. 자유를 수호하고 확대하는 것, 인간의 불완전성을 인정하고 오랜 역사를 통해 검증된 전통 가치를 수호하는 것, 혁명이 아닌 점진적이고 안정적인 발전을 추구하는 것이 보수주의다.

서구에서 정치적 자유의 확대는, 의도치 않았지만 경제적 자유의 확대를 가져왔다. 국가의 통제 없는 개인의 자유로운 경제 활동이 복잡한 경제 질서를 형성하며 성장할 수 있다는 사실은 획기적 발견이었다. 의식적인 계획의 범위를 넘는 분업이 가능하다는 사실은, 통제가 아닌 자유가 개인과 사회에 이롭다는 것을 각인시켜 주었다.

국가의 운영은 자유에 기초해야 한다. 그래서 우리 헌법도 '자유민주적 기본질서'를 천명하고 있다. 헌법은 경제 분야에서도 국가의 규제와 조정을 인정하면서도, 어디까지나 "개인과 기업의 경제상의 자유와 창의를 존중함을 기본으로 한다"고 명시하여 '자유'에 우선순위를 두고 있다. 흔히 '자유'와 '민주'를 대등한 가치인 것처럼 섞어 쓰지만, 자유가 본질적 가치인 반면 민주는 자유를 이루기 위한 수단일 뿐이다. 자유주의가 아닌 전체주의 아래에서는 민주주의는 스스로를 파괴시킬 것이 자명하다.

사회주의와 전체주의는 쌍둥이

좌파가 추구하는 사회주의는 전체주의와 놀랄 만큼 유사하다. 둘 다 인위적인 통제에 기초하기 때문이다. 통제를 위해서는 권력이 필요하고, 권력을 잡기 위해서는 선전·선동이 필수다. 공산주의의 선전·선동이 나치 극우 정권의 선전·선동과 놀랍도록 똑같은 이유다. 좌파는 태생적으로 극우와 상통하는 것이다.

좌파가 내세우는 '이상'은 논리적 사고가 아니라 감정에 호소한다. 감정에 호소하는 과격한 이상은 점진적 발전을 추구하는 우파의 밋밋한 주장에 비해 매력적일 수밖에 없다. 게다가 좌파는 지지 세력을 강화하고 확대하기 위해 '직접적 혜택'을 약속하므로 현실적인 힘을 갖게 된다.

하이에크는 『노예의 길』에서 좌파가 주장하는 이상이 현실에서 힘을 갖게 되는 이유를 이렇게 설명한다.

> 특정 조치가 야기할 손해는 훨씬 더 간접적이고 또 쉽게 직시할 수 없는 반면, 이 조치가 즉각적이고 확실한 이득을 일부 사람들에게 준다는 것은 쉽게 직시할 수 있다. 이런 즉각적 이득을 사람들에게 내세울 수 있는 무수한 이해 집단이 존재하는 상황에서는 어떤 강하고 변함없는 규칙들이 아니고서는 이 이해 집단들에 대항하기에는 너무나 무력했을 것이기 때문이다.

> 지지를 얻고자 하는 계급에게 확실하게 특권을 약속해서 가장 힘센 집단이 되기만 한다면, 이 힘센 집단이 평등을 약속받았으나 특정 계급의 이익만 키워 준 꼴이 된 것에 실망한 모든 사람들의 지지를 획득할 가능성이 높다는 것을 그들은 알았다. 무엇보다 그들은 지지자들에게 약속했던 특권들을 정당화시킬 것으로 보이는 하나의 이론 혹은 세계관을 제공하였기 때문에 성공하였다.

문재인 정부 역시 동일한 방식으로 세력을 확대하고 유지해 왔다. 민주노총과 전교조, 민변, 좌파 시민단체로 대변되는 특정 세력이 '특권 그룹'이 되었다. 급격한 최저임금 인상을 통해 '혜택 받는 집단'을 만들었다. 최저임금의 과도한 인상으로 소상공인들은 어려움을 겪고 취업난은 가중되었지만, 혜택을 받는 화이트칼라 집단의 지지는 공고해졌다. 소외된 집단의 반발은 각종 보조금을 남발하여 무마했다. '공정'을 이야기했지만 애초에 공정할 수 없었다. 공정을 통해서는 권력을 유지할 수 없기 때문이다.

민족주의는 극우 파시즘과 한통속

하이에크는 이런 좌파 전체주의 정권은 보편적으로 민족주의 성향을 띤다는 점을 간파했는데, 이 역시 문재인 정권에 그대로 적용된다. 문재인 정권은 북한의 핵 위협에도 불구하고 끊임없이 '우리 민족끼리'를 주창했고, 일본에 대하여는 배타적 태도로 일관했다. 한일청구권협정은 미래를 위한 선택이었고 지금 그 혜택을 보고 있음에도 불구하고, '명분'에 집착하여 반일 감정을 국내 정치에 이용했다. '죽창가'까지 들먹이는 좌파의 반일 선동과 배타적 민족주의는 극우 또는 파시즘과 맥이 닿아 있다.

이런 전체주의적 성향과 함께, 좌파의 친북 성향이 모순을 배가시켰다. 그들은 입만 열면 '인권'과 '민족'을 내세우지만, 정작 한 민족인 북한 주민들의 인권에는 눈을 감았다. 북한의 인권 상황은 최악이고, 2014년 유엔 북한인권조사위원회COI 보고서 발표 이후 김정은은 사실상 반인도反人道 범죄 책임자로 지목되고 있는 실정이다.

하지만 문재인 정권은 김정은과의 회담이나 각급 대표 회동 시 북한 인권 문제를 한 번도 거론하지 않고 있다. 2016년 '북한인권법'이 11년 만에 국회를 통과했으나 문재인 정권은 이를 사문화시켰다. 북한인권법의 핵심인 '북한인권재단'은 구성조차 되지 못했고, '북한인권기록보존소' 파견 검사는 모두 복귀시켰다. 북한의 인권 침해 사례와 증거를 수집, 기록, 보존할 기구가 형해화되어 버린 것이다. 더 나아가 현재는 정권의 친북 성향으로 인해 대한민국의 존립과 안녕이 위협받는 상황에까지 이르렀다.

'선량한 다수'가 망친 나라들

아테네 민주정을 망친 중우정치

국가는 그냥 멸망하지 않는다. 멸망하기 전에 내부에서부터 붕괴가 시작된다.

고대 그리스 도시국가인 아테네도 마찬가지였다. 아테네를 중심으로 한 '델로스 동맹'과 스파르타를 중심으로 한 '펠로폰네소스 동맹'이 힘을 합쳐 전제군주정의 페르시아를 물리친 후, 두 도시국가 간의 패권 다툼이 28년간 지속되었다. 애초에 아테네가 스파르타를 모든 면에서 압도하고 있었지만, 최종 승자는 스파르타였다. 승패를 결정지은 두 장면을 살펴보자.

아테네는 기원전 415년 스파르타의 동맹국인 시라쿠사를 공격하기로 결정하고, 알키비아데스를 지휘관으로 세운다. 하지만 알키비아데스가 원정을 떠난 사이 그의 정적들은 그에게 헤르메스 신상 훼손 혐의를 뒤집어씌웠다. 아테네 재판소는 신성 모독을 이유로 알키비아데스에 사형을 선고했고, 알키비아데스는 스파르타로 망명했다. 2년 뒤인 기원전 413년, 아테네의 원정 함대는 스파르타와 시라쿠사 연합군에 괴멸당한다.

기원전 406년 펠로폰네소스 전쟁 말미에 벌어진 아르기누사이 해전에서도 같은 일이 반복되었다. 당시 아테네는 제대로 함대를 꾸릴 수도 없을 정도로 국력이 고갈된 상태였다. 하지만 특별세를 징수하고 신상의 금 장식들을 떼어 내고 은으로 된 그릇들까지 녹여서 재원으로 삼는 등 마지막 힘을 긁어모아 짧은 기간 내에 110여 척의 함대를 진수시켰다. 그리고 악전고투 끝에 스파르타와의 해전에서 승리했다.

하지만 엉뚱한 곳에서 문제가 발생했다. 해전에서 승리하고 적의 선단이 퇴각할 무렵 폭풍우가 덮쳤다. 폭풍우로 침몰하는 배가 속출했고, 남은 배까지 희생될 위기에 처하자 바다에 떨어진 선원들 1천여 명을 구조하지 못했다. 이 소식이 아테네에 전해지자 희생자의 가족들은 분노했다. 선동가들은 이를 부채질했다. 결국 해전에 참여한 8명의 지휘관 모두에게 사형이 선고되었고, 도망친 2명을 제외한 6명에 대해 사형이 집행되었다. 아테네는 전쟁에서 승리했지만, 자해 행위로 유능한 지휘관들을 잃었다. 1년 뒤 아이고스포타미 해전에서 아테네 해군은 전멸했고, 펠로폰네소스 전쟁의 최종 승자는 스파르타가 되었다. 아테네는 무력이 아닌 중우衆愚정치로 인해 자멸했다.

유명한 소크라테스의 사형은 그 6년 뒤인 기원전 399년의 일이다. 시오노 나나미는 『그리스인 이야기』에서 당시 상황을 이렇게 묘사했다.

> 재판이 있던 그해 소크라테스의 나이는 인생의 막바지라고 해도 좋을 70세였다. 페리클레스가 세상을 떠났을 때 소크라테스는 41세였기에 아테네의 황금시대를 만끽한 세대에 속한다. 페리클레스가 죽은 뒤 아테네에 막대한 피해를 초래한 시칠리아 원정군이 전멸한 해에는, 그것을 '믿지 못하는' 아테네 사람들 사이에서 57세의 철학자의 삶을 보내고 있었다.
> 펠로폰네소스 전쟁에서 패배한 직후, 소크라테스는 아테네를 덮친 혼란과 비참함 속에서 66세를 맞이했다. 다시 말해, 소크라테스는 75년의 생애를 통해 민주정치 아테네의 영광과 굴욕을 모두 경험한 사람이었다. 그에게 가족보다 소중한 존재였을 제자들은 암살당하거나 전쟁터에서 죽었고, 죽지 않은 젊은 제자들도 아가톤이나 크세노폰처럼 아테네를 버리고 외국으로 떠났다.

그리고 소크라테스의 죽음에 대해서는 "소크라테스는 죄를 뒤

집어쓰고 죽어야 하는 상황을 역으로 이용해 자기의 철학을 완성시켰다. 한편 아테네는 마지막까지 남아 있던 이 애국자를 사형에 처하면서 지금 이 혼란에서 탈출할 힘조차 없다는 사실을 스스로 증명하고 말았다"라고 평가했다.

베네수엘라를 망친 좌파 포퓰리즘

베네수엘라의 사례를 반면교사로 삼을 필요가 있다. 베네수엘라는 1998년 우고 차베스 대통령 당선 이후 몰락의 길을 걷게 된다. 그는 당선 후 석유·철강 등의 기간 산업을 국유화했다. 2000년대 중반 고유가로 인해 산유국 베네수엘라의 오일머니가 급증하자 이를 무상 의료, 무상 교육 등의 형태로 빈민층에 쏟아 부었다. 전형적인 포퓰리즘 통치였으나 빈민층은 그를 지지했고, 차베스는 선거에서 연승할 수 있었다.

하지만 국제 유가가 폭락하자, 오일머니가 지탱하던 베네수엘라 경제도 무너졌다. 한때 중남미에서 가장 잘사는 나라였고 세계 5위의 원유 수출국인 베네수엘라에서 극심한 경제난과 사회 혼란으로 2015~19년 현재까지 약 500만 명이 탈출한 것으로 알려졌고, 지금도 탈출 행렬이 이어지고 있다.

'촛불 만능'의 문재인표 포퓰리즘

'촛불 정신'은 삼권분립과 법치주의에 위배

중우정치로 몰락한 아테네 민주정과, 좌파 포퓰리즘으로 몰락한 베네수엘라. 오늘날의 대한민국도 크게 다르지 않다.

문재인 정부는 '촛불 정부'임을 자임하고 있다. 직접민주주의를 자기 합리화의 근거로 삼고 있다. 여론을 전가의 보도처럼 활용하고 있다. 청와대 국민청원 게시판이나 원전공론화위원회가 그 대표적인 예이다. 여론, 특히 '촛불 민심'이라는 미명 하에 초법적인 '적폐 청산'을 자행하고 있다. 법원과 검찰을 압박하고, 언론을 통제하고 있다. 이 모두 삼권분립과 법치주의의 근간을 흔드는 행태다.

더 큰 문제는, 민심과 여론이 정권에 의해 조작되고 있다는 것이다. 청와대 청원 게시판은 열혈 지지층의 놀이터가 되었다. 야당 해산 청원까지 올라오고, 청원 수 경쟁은 실시간으로 보도된다. 청와대는 '청원'을 슬쩍 '민심'으로 치환해 정책 합리화의 근거로 삼고 있다. 하지만 '드루킹 사태'에서 보듯이 인터넷 여론이 조작되고 있음이 확인된 상황에서 청와대의 태도는 여론 조작을 부추기는 것이나 마찬가지다. 결국 청와대 국민청원 게시판은 마치 중국 문화대혁명 시절의 홍위병을 연상시키는 인민재판의 장이 되어 버렸다.

망국으로 가는 고속도로 '광장 민주주의'

문재인 정권이 강조하는 직접민주주의는 자연스럽게 인민민주주의로 흐르고, 이는 필연적으로 전체주의로 귀결된다. 전체주의는 권력 유지 수단으로 포퓰리즘을 사용한다. 열혈 지지자들을 등에 업고 '민심'을 내세운다. 의회를 무시하고 관료와 전문가들을 무시한다. 권력은 청와대로 과도하게 집중되고, 장관보다 청와대 비서들의 목소리가 크다. 이는 망국으로 가는 지름길이다.

지난 탄핵 정국에서 촛불을 든 대부분의 국민은 순수했지만, 특정 정치 세력과 루머와 오보에 쉽게 휘둘렸고, 급기야 죄 없는 대통령을 탄핵 파면시키는 공범이 되었다. 이들이 새로 세운 문재인 정권은 2년 넘게 '적폐 청산'에 올인하며 좌파 영구 집권을 꿈꾸고 있다. 문 정권 '적폐 청산'의 실질은 전 정권 인사 탄압이고, 권력 유지의 방편이다. 잘못된 탄핵의 전철을 더 이상 밟아서는 안 된다.

경제 망친 포퓰리즘 정책

문재인 정부의 좌파 포퓰리즘은 나라경제를 뿌리부터 좀먹어 들어가고 있다.

문재인 대통령은 2017년 5월 취임 직후 인천공항공사를 찾아 '공공부문 비정규직 제로' 시대를 열겠다고 선언했다. 이에 따라 인천공항공사는 비정규직 9,700명 중 6,800명을 자회사 소속 정규직으로 전환하기로 결정했다. 근로자들 입장에서 보면 '파견

업체'에서 '자회사'로 소속이 바뀌었을 뿐 고용 불안은 여전한, 눈 가리고 아웅 식 편법이었다. 고용노동부에 따르면 2019년 7월 현재 공공기관 656곳 중 484곳이 정규직 전환 결정을 했는데, 상당수가 인천공항 같은 자회사 방식 전환을 검토하고 있다고 한다. 한국도로공사 요금수납원 갈등도 비슷한 문제다.

비정규직의 정규직 전환은 노동 시장의 유연성을 떨어뜨리고, 청년 구직자들의 취업 시장 진입 장벽을 높이고 있다. 정부가 표방하는 것과 정반대로 노동 시장의 '부익부빈익빈' 양극화를 심화시키는 것이다.

2017년 8월 정부는 '문재인 케어'를 통해 '병원비 걱정 없는 든든한 나라'를 만들겠다고 약속했다. '문재인 케어'를 위해 2023년까지 42조 원이 필요하다고 하지만 재원 마련 방안조차 구체적으로 마련되어 있지 않다. 경감되는 환자 부담금은 고스란히 국민건강보험료와 국고 지원 비율 인상으로 이어질 수밖에 없고, 결국은 건강보험 적립금의 조기 고갈로 의료의 부익부빈익빈을 심화시킬 것이다.

문재인 정부는 집권 5년 동안 공무원 17만 4천 명을 증원하겠다는 계획 아래 공무원 신규 채용 규모를 늘리고 있다. 이는 공공 부문 비정규직의 정규직 전환과 함께 정부의 재정 부담을 가중시키고 있다. 2018년 정부, 공기업 등 공공 부문의 인건비 지출액은 150조 원에 육박했다. 또 정권 출범 초기부터 '일자리 정부'를 표방하며 2017~18년에 54조 원의 일자리 예산을 투입했지만, 고용 상황은 오히려 악화되고 있다.

문재인 정부의 포퓰리즘 정책 실행을 위한 예산은 매년 급격히 증가하고 있다. 2017년 400조 원이던 예산은 2020년에는 513조 원에 이를 것으로 전망된다.

베트남, 데자뷔인가 반면교사인가

과거 베트남(월남)이 패망하고 적화되기까지의 상황은 지금의 대한민국과 너무도 유사하다. 반면교사 삼아, 배정호 박사의 『사이공 패망과 내부의 적: 베트남 전쟁과 통일전선전술』(2018)을 기초로 베트남의 적화 과정을 간략히 소개해 본다.

베트남은 우리와 마찬가지로 일본이 제2차 세계 대전에서 패망하면서 해방을 맞이하였다. 이후 북쪽에는 공산주의 비엣민(월맹) 정권, 남쪽에는 자유민주주의 베트남 정권이 각각 들어섰고, 1956년 국제 감시 하의 통일 선거가 예정되어 있었으나 냉전의 여파로 통일 선거는 실현되지 못하고 휴전 상태의 분단국가가 되었다. 여기까지는 1945~48년 우리의 건국 과정과 매우 유사하다. 하지만 베트남에는 이승만 대통령과 같은 지도자가 없었고 이는 결정적인 차이를 가져왔다.

분단 직후 북베트남은 과거 우리의 '남조선노동당(남로당)'과 유사한 공산주의자 집단인 '베트남 민족해방전선(베트콩)'을 남쪽에

결성했다. 베트콩은 민족주의를 표방하며 베트남의 친미 정권 타도를 목표로 공산주의·민족주의·민주주의 세력들과 연대하여 반정부 투쟁의 배후 세력으로 작용하면서 사회 혼란을 부추겼다. 동시에 북베트남도 첩보원들을 베트남 각계각층에 침투시켜 체제 전복 공작을 벌였다. 그리고 남베트남이 혼란에 빠지자 전쟁을 일으켰다. 이후 미국이 '통킹만 사건'을 계기로 북베트남과의 전면전에 돌입하고(베트남 전쟁), 남쪽엔 한국·호주·태국 등 미국의 우방국들, 북쪽엔 소련·중국·북한이 개입하면서 국제전 양상을 띠게 되었다. 그런데 아이러니하게도 전쟁은 무력이 아닌 정치전에 의해 종결된다.

북베트남은 베트남 배후에서 반전·반미 평화운동을 전개하며 국론 분열을 일으켰다. 최대의 명절인 1968년 음력 설을 앞두고는 "설 연휴 1주일 동안 휴전하겠다"고 대대적으로 선전하여 미군과 베트남군의 경계를 늦춘 뒤, 설날인 1월 30일에 대대적인 공세를 감행하여(구정 공세) 미 대사관을 일시 점거했다. 미국 대사관이 불타는 모습은 TV를 통해 전 세계에 보도되었고, 미국 내에서 반전 여론이 힘을 얻기 시작했다. 대학생들로부터 시작된 반전운동은 미국 전역과 유럽 등 국제 사회로 확산되고, 결국 1973년 1월 파리에서 평화협정이 체결된다.

하지만 북베트남은 미군을 철수시킨 뒤 2년 3개월 만에 베트남을 무너뜨렸다. 그 과정에서 베트남 내 제3의 세력을 부추겨 반정부 시위를 격화시켰고, 베트남은 사실상 내부에서부터 무너졌다.

1975년 4월 30일 오전 11시, 사이공의 자유 베트남 대통령궁에 진입하는 남베트남 민족해방전선군의 소련제 탱크. 약 2시간 뒤 월맹(북베트남)군이 진입하여 '베트남 해방'을 선포했다.

공산당의 전형적인 통일전선 전술이었다. 힘의 우위 없이 평화협정에만 기대서는 결코 평화를 지킬 수 없음을 베트남 패망은 여실히 보여 준다(이상, 배정호, 『사이공 패망과 내부의 적』, 2018 정리).

　1975년 4월 30일 사이공 함락 후, 공산화된 나라들에서 어김없이 일어나는 무더기 탄압과 처형이 뒤따랐고, 패망을 전후하여 가까스로 탈출한 사람들은 '보트 피플'이 되어 세계를 떠도는 신세가 되었다. 11년간의 암흑기를 거친 후 1986년 공산당이 그들식 개혁·개방 정책인 '도이모이(쇄신)'를 천명하여 사실상 공산주의에서 이탈함으로써 베트남 사회·경제가 간신히 소생하고 있다.

호전적인 북한 공산 집단의 존재와 저들의 통일전선 전술, 그에 부화뇌동하는 현 집권 세력의 전작권 환수와 미군 철수 주장, 한·미·일 삼각동맹의 무력화—지금 우리의 상황은 1975년 베트남 패망을 앞둔 상황과 너무나 유사하다.

외부의 적보다 무서운 것이 내부의 적이다. 베트남은 내부에서부터 무너졌다. 자유 대한민국은 베트남 패망의 복사판이 될 것인가, 아니면 베트남을 반면교사 삼아 자유의 회복에 나설 것인가?

지나간 탄핵, 누구의 책임인가

대처와 영국 보수당의 몰락

1979~90년 영국 총리를 지낸 고 마거릿 대처(1925~2013)는 '철의 여인'으로 불리는 정치인이다. 영국 최초의 보수당 여성 당수이자 여성 총리로서 3차례나 총선을 승리로 이끌었다. 그의 '대처리즘'은 영국 경제의 몰락을 가져온 '영국병'을 치료하는 데 성공했고, 비슷한 시기 미국의 로널드 레이건 대통령의 '레이거노믹스'와 쌍두마차를 형성하며 1980년대 자유주의와 시장경제를 상징했다.

그러나 정치인 대처의 마지막 순간은 우리의 지난 탄핵 정국과 많이 닮았다. 누구도 대처의 연임을 의심하지 않던 순간, 대처는 실각했다. 당내 분쟁 때문이었다.

대처의 몰락은 그녀의 최측근이던 외무장관 제프리 하우로부터 시작되었다. 1990년 10월 로마회의에서 유럽 국가들은 단일 통화通貨를 도입하려 했으나, 대처는 의회 발언을 통해 공개적으로 이에 반대했다. 제프리 하우는 이에 반발하여 사임하였다. 거기서 그치지 않고, 의회에서 사직 이유를 밝히며 다른 의원들에게 함께 행동에 나서 줄 것을 촉구했다.

당시 대처는 인두세人頭稅 도입 정책으로 지지율이 떨어지고 있던 상황이었고, 보수당 의원들은 대처로는 차기 총선을 장담할 수 없다고 생각했다. 결국 의원들은 당대표 선거를 요구했다. 대처는 1차 투표에서 과반수 득표를 했으나, 당선을 위한 65퍼센트에 불과 4표가 모자라 대표가 되지 못했다. 당시 대처는 파리에서 열리는 유럽공동체 회의에 참석 중이었기 때문에 당대표 선거에 직접 참가하지 않았다. 국내에 있었더라면 결과가 달라질 수도 있었겠지만, 대처 자신은 당시에 결과를 낙관했던 것 같다. 2차 투표가 진행될 예정이었지만 승리를 장담할 수 없게 되자 출마하지 않고 총리직과 대표직에서 사퇴하고 다음해 정계를 은퇴했다. 박지향 교수는 『대처 스타일』에서 당시 상황을 이렇게 묘사한다.

"1990년 11월의 3주 동안 영국 정치에는 일종의 '셰익스피어 버전의 멜로드라마'와 같은 상황이 전개되었다. 신체적으로 에너지가 넘치고 의회에서 다수 의석을 장악한 총리가 집권 중에 무너진다는, 생각조차 할 수 없는 일이 벌어졌던 것이다. 갑자기 대처가 사라졌을 때 보수당 의원들은 자신들이 무슨 짓을 했는지 깨닫고 깜짝 놀랐다. 사람들은 그 사건을 '근대 영국 역사에서 가장 잔인한 정치적 배반', '배은망덕', '중세적 만행', '암살', 나아가 '국왕 시해'라고까지 불렀다. 어떤 이는 인류학적 용어를 사용하여 '토리(보수당) 부족이 어머니와 같은 존재를 죽여서 먹어 치웠다'라고 표현하기도 했다."

대처의 몰락 후 보수당은 20년 이상 상처를 회복하지 못했다. 존 메이저가 총리가 되어 1992년 총선에서 가까스로 승리하기는 했지만, 의석을 다수 잃었다. 1994년 노동당이 41세의 토니 블레어를 당대표로 뽑고 '대처리즘'을 수용한 '제3의 길'을 천명하자 보수당의 위기가 본격적으로 찾아왔다. 1995년부터 탈당이 본격화되었고, 1997년 총선에서 최악의 참패를 맞으며 블레어의 노동당에 정권을 넘겨주었다.

이후 보수당은 2005년 당시 39세의 데이비드 캐머런을 당대표로 선출하며 강도 높은 개혁을 추진했고, 2010년이 되어서야 13년 만에 재집권에 성공할 수 있었다. 대처 사퇴 이후 20년 동안이나 '친 대처'와 '반 대처' 사이의 반목과 갈등이 치유되지 않았던 것이다.

반성 없이 미래 없다

지금 우리의 상황이 대처와 보수당의 몰락 당시 영국과 놀랍도록 닮았다. 박근혜 대통령 탄핵 사태로 자유한국당도 탈당과 당내 분열, 대통령 선거와 지방선거 패배를 겪었다. 탄핵에 대한 입장 차이와 친박–비박 간 갈등은 아직도 해결되지 않고 있다. 영국의 예에서 보듯이 오랜 시간이 흐르고 세대 교체가 이루어진 뒤에야 상처의 치유가 가능할지도 모른다.

하지만 당시 영국과 지금 대한민국 사이에는 본질적 차이가 몇 가지 존재한다. 가장 중요한 차이는, 영국 대처와 보수당 몰락의 경우와 달리 우리의 탄핵 사태는 '기획'되었다는 점이다. '최순실 TF'를 만들고 이를 실행한 정치·언론 세력들, 북한과 북한 추종 세력들의 치밀한 '설계'가 있었다. 진실 규명이 반드시 필요한 이유이다.

또한 영국의 경우와 달리 우리의 탄핵 사태는 '정치'의 문제가 아니라 '법치'의 문제이다. 영국은 의원내각제 국가여서 집권당 대표가 자동으로 총리가 된다. 당대표에서 물러나게 되면 총리직에서도 내려오게 되는 것이다. 따라서 대처의 낙마는 보수당 내 반대파의 정치적 배신일 수는 있지만 절차적으로는 문제가 없다. 반면, 우리가 채택하고 있는 대통령제는 국민 직접 선거로 선출된 대통령의 임기가 보장된다. 임기가 보장된 대통령을 끌어내리기 위해 탄핵 절차가 이용되었다. 대통령 탄핵을 위해서는 대통령이 헌법과 법률을 중대하게 위반했음이 입증되어야 하지만, 국회는 이에 대한 제대로 된 조사조차 없이 언론 기사와 검찰의 공소장만으로 탄핵소추안을 의결했다. 언론은 루머와 오보를 사실처럼 포장했다. 검찰과 특검은 브리핑 등의 명목으로 피의사실을 공표하며 여론을 선동했다. 정치권은 끊임없이 헌법재판소를 압박했다. 헌법재판소는 법과 원칙을 무시하고 절차를 운용했고, 정치적으로 결정을 내렸다. 그것으로 끝이 아니었다. 탄핵으로도 모자라 대통령을 기소하고 구속했다. 32년 형이 나왔고, 대통령은 아직도 감옥에 있다. 정권은 적폐 청산이라는 미명 하에 대통령을 끊임없이 조리돌림하고 있다.

철저하게 기획되었다는 점, 단순한 정치적 배신의 문제가 아니라 법치가 무너진 사태라는 점에서 우리의 탄핵 사태는 영국 대처의 경우와 결정적으로 다르다. 법원·검찰·언론·국회 등 자유민주주의를 지탱할 기둥들이 무너져 버렸다. 그렇게 거짓은 산처럼 쌓였다. 거짓이 진실을 덮고 법치가 정치에 굴복했다.

일각에서는 2016년 4·13 총선 패배 책임에서 탄핵의 정당성을 찾기도 하지만, 이는 부당하다. 탄핵은 '기획'되었기 때문이다. 게다가 요건이 전혀 다르다. 탄핵은 정치적 책임이 아닌 헌법 또는 법률 위반을 이유로 법적 책임을 지는 절차다. 총선 패배로 인한 여소야대 상황이 '탄핵 공작'을 가능하게 한 토양이 되었을지언정, 총선 패배 책임이라는 정치적 책임을 이유로 탄핵을 사후에 정당화하는 것은 사리에 부합하지 않는다.

대통령이 탄핵 정국에서 정치력을 발휘하지 못했다거나, 우파의 분열과 몰락에 책임이 있으니 탄핵은 정당하다는 주장 역시 마찬가지다. 이런 주장들은 떼강도 침입으로 인한 피해의 책임을 강도와 싸우다 부상당한 경찰관에게 지우는 격이다.

결론적으로 탄핵의 직접적인 책임은 탄핵을 기획한 세력과 그에 부화뇌동한 세력들에 있다. 그다음으로 정략적 판단에 따라 헌법을 위반하여 탄핵소추안을 의결한 국회의원들, 법치를 무시한 검찰·특검·헌법재판소, 그리고 온갖 오보와 루머를 통해 여론을 선동한 언론에 책임이 있다. 탄핵은 남한 대 북한, 자유민주주의 대 공산주의의 '체제 전쟁'의 결과이고, 대다수 국민들은 이 전쟁의 선의의 패자이자 피해자들이지만 진실을 확인하려는 노력을 게을리한 책임마저 피하기는 어려울 것이다.

　모든 문제의 해결은 '기획된 탄핵'의 진실을 밝히고 체제 전쟁에서 승리하는 데서만 시작될 수 있다. 체제 전쟁에서 승리하지 않고서는 탄핵 사태의 궁극적 해결은 요원하다. 박근혜 대통령 탄핵 사태를 통해 해방 이후 70여 년간 이어져 온 체제 전쟁의 최종전의 서막이 열렸고, 자유민주주의를 지지하는 사람들은 이 전쟁에 반드시 승리해야 할 의무가 있다.

　사태의 원인을 직시해야 해결책도 나온다. 시작은 당시의 잘못에 대한 반성이다. 진실과 책임을 외면하면 자유 우파의 가치와 정신은 사라진다. 가치와 정신이 사라지면 미래는 없다.

　반성 다음은 철저한 혁신이다. 영국 보수당은 제대로 된 반성과 혁신의 시기를 놓쳐 20년간 갈등과 반목 속에서 패배를 거듭했다. 그들의 전철을 밟아서는 안 된다. 우리에게는 그들만큼 시간이 많지 않다.

　반성과 혁신 위에 자유 우파의 품격이 비로소 세워질 것이다.

이는 정치 이전에 양심의 문제이고 법치의 문제다. 신상필벌은 그다음 문제다. 시간이 걸릴 수는 있지만, 우리 모두는 앞으로의 현실에서, 또 역사의 법정에서 심판받게 될 것이다. 세상은 인과율로 돌아간다.

민족에서 국가로

'민족'은 개인을 인정하지 않는다

일반적으로 '민족주의=우파'라는 통념이 있다. 반대로 좌파 사회주의 내지 공산주의는 '만국의 노동자여, 단결하라!'라는 구호에서 보듯이 범세계적 연대를 지향하는 것처럼 보인다.

하지만 대한민국에서는 정반대다. 대한민국 우파 사이에서는 그간의 민족주의에 대한 반성적 분위기가 형성되어 가고 있는 반면, 좌파는 오히려 민족주의를 강하게 지향한다. 말할 것도 없이 북한의 영향 때문이다.

좌파의 관점에서 대한민국은 '태어나지 말았어야 할 나라'다. 이승만 대통령은 분단의 원흉이며, 김구 선생이야말로 남북 통합을 위해 마지막까지 노력한 위인이다. 대한민국은 친일파들이 건설한 나라이고, 북한은 친일을 청산한 지상 낙원이다. 이런 관점에서는 김원봉은 독립운동을 했으므로, 후에 월북을 하고 6·25 전쟁에 책임이 있더라도 국가유공자 서훈에 아무런 문제가 없다. 심지어 6·25는 조국 통일 전쟁이므로, 전쟁 책임은 북한이 아니라 대한민국과 대한민국을 도와 적화 통일을 막은 미국을 비롯한 자유 우방에 있다. 대한민국 헌법의 '자유'는 사회주의 북한을 배척하므로 삭제되어야 한다.

이런 논리를 따라가면 문재인 대통령을 비롯한 더불어민주당 집권 세력의 그간의 일련의 행동들이 일목요연하게 이해된다. 왜 문재인 대통령이 현충일 추념사에서 김원봉을 언급했는지, 왜 '대한민국 건국 70주년'이 아닌 '임시정부 수립 100주년'을 강조하는지, 왜 헌법에서 '자유'를 삭제하려 하는지, 북한인권법 제정을 그토록 반대하였고 현재는 이를 사문화시켰는지 이해할 수 있다.

문제는, 민족이라는 이름 아래 개인의 자유와 인권이 무시당하고 있다는 점이다. 추상적인 '민족'과 '북한'이 있을 뿐, 구체적인 북한 주민의 인권이나 북한의 3대 세습 독재는 애써 무시하고 있다. 정확한 통계가 없어 우리 통계청의 보수적 추계에 따르더라도 1990년대 중반 '고난의 행군' 시절 식량난으로 적어도 33만 명의 북한 주민이 굶어 죽은 사실, 2010년 국가인권위원회의 조사에 따르면 북한은 6곳의 정치범 수용소를 운용 중이며 20만 명에 달하는 정치범이 고문, 성폭행, 공개 처형 등 인권 침해를 당하고 있는 사실도 무시된다.

그리고 '민족'이라는 관념은 체제 전쟁에 이용되고 있고, 대한민국을 부정하기 위해 사용되고 있다. 그러는 사이 부당하게도 대한민국 '국가'가 극복의 대상처럼 여겨지고 있다.

최진석 교수는 '국가란 무엇인가'라는 글에서 "근대 국가를 세워 본 경험도 없이 독립을 상실한 우리는 일본에 저항하고 독립 의지를 키우기 위해 '민족'이라는 개념에 기댈 수 밖에 없었다"고 설명한다.

> 우리는 국가가 무엇인지, 무엇이어야 하는지에 대하여 삶의 뿌리에서 인식을 형성하지 못한 상태에서 국가를 가졌기 때문에 국가를 국가의 높이에서 다룰 실력이 부족한 것으로 나타난다. 국가보다 민족이 더 생생한 상태다. (…)
>
> 대한민국의 거의 모든 문제는 국가를 국가의 높이에서 경영하지 않는 것에 뿌리를 두고 있다. 국가와 민족 사이에서 대통령이 중심을 잡지 못하고 있을 수도 있다. 분명한 것은 민족의 시각으로는 국가의 문제를 풀지 못한다는 것이다. 하지만, 국가의 시각으로는 민족의 문제를 풀 수 있다. 국가가 민족을 살리지, 민족이 국가를 살리는 일은 없다. 게다가 우리는 민족들로 둘러싸여 있는 것이 아니다. 국가들에 둘러싸여 있다. 국가들과는 다 등을 돌리고, 민족이라고 상상하는 북한에만 목을 매고, 그 북한과 가까운 중국에만 굽실거리는 것으로는 국가의 높이에 있는 문제는 풀리지 않는다.

이영훈 교수는 『반일 종족주의』(2019)에서 "한국의 민족주의에는 자유롭고 독립적인 개인이란 범주가 없습니다. 한국의 민족은 그 자체로 하나의 집단이며, 하나의 권위이며, 하나의 신분입니다. 그래서 차라리 종족이라 함이 옳습니다. 이웃 일본을 세세의 원수로 감각하는 적대 감정입니다. 온갖 거짓말이 만들어지고 퍼지는 것은 이 같은 집단 심성 때문입니다"라고 지적했다.

법치와 개방성이 꽃피는 국가로

'민족'에 의존해서는 지금의 문제를 풀 수 없다. '국가'를 주창해야 모든 문제가 풀린다. 민족 관념을 탈피해야 북한에 대한 제대로 된 대응이 가능하다. 그래야 민족이라는 관념에 기댄 친북·종북 세력의 발호를 막고, 북한 인권 문제에 대해 제대로 목소리를 낼 수 있다. 일본과도 '민족'에 기댄 과거의 원한을 넘어 '국가 대 국가'로 미래지향적인 관계 정립이 가능하다.

또한, 국가를 주창해야 개인이 바로 설 수 있다. 국가는 개인들의 권익을 보호하기 위해 개인들로부터 일정한 권한을 위임받아 세워졌다. 때문에 국가의 존재 자체가 개인들의 자유를 제한하는 측면이 있다고 하더라도 이러한 제한을 필요 최소한으로 억제하고 '법의 지배'를 이루려는 것이다. 개인의 자유와 권리와 법의 지배는 국가를 통해서만 나온다. 민족이라는 관념 속에는 개인도 법치도 없다. 추상적인 '민족'을 위해 구체적 개인들은 언제나 희생의 대상이 될 뿐이다.

민족을 넘어서서 국가가 바로 세워질 때 대한민국의 또 한 번의 도약이 가능할 것이며, 통일도 가까워질 것이다. 이념 대립과 배타성은 완화되고 진정한 세계 국가로 도약할 수 있을 것이다.

민족을 넘어설 때, 역설적으로 단군의 건국 이념인 '홍익인간' 정신이 실현될 수 있다. '널리 인간을 이롭게 한다'는 홍익인간 정신의 핵심은 개방성이다.

로마 제국이 천 년을 갈 수 있었던 원동력도 개방성이었다. 로마는 개방성을 바탕으로 피정복자들을 대부분 동맹으로 끌어들였고, 동맹은 위기 상황에서도 유지되었다. 로마가 카르타고의 사령관 한니발의 공격을 막아 내고 3차례에 걸친 포에니 전쟁을 승리로 이끌 수 있었던 원동력이 바로 견고하게 유지된 동맹이었다.

여기에 더하여 로마는 율리우스 카이사르(줄리어스 시저)에 의해 본격적으로 시작된 로마 시민권 확대를 통해 제국의 기틀을 다질 수 있었다. 피지배 민족 출신이어도 실력과 노력으로 로마 시민권을 취득하면 동등하게 대접받을 수 있었다. 카피톨리노 언덕의 부족국가로 출발한 로마는 세계 시민을 포용함으로써 제국이 되었다. 현대의 미국 역시 세계 각국의 이민자들을 포용함으로써 지금의 번영을 이루었다.

시오노 나나미는 『또 하나의 로마인 이야기』에서 "시행착오가 로마를 만들었다"고 했다. 로마는 발전의 단계마다 도전에 맞닥

뜨렸다. 켈트족의 침략을 극복한 후 '공화정'을 만들었고, 포에니 전쟁 이후 영토 확대와 함께 발생한 정치적·사회적 불안을 '제정 帝政'을 통해 극복하고 '오현제五賢帝 시대'라는 황금시대를 맞이했다.

민족을 넘어서야 개방성이 발휘될 수 있다. 국가가 우선해야 진정한 법치가 자리 잡을 수 있다. 북한과의 통일은 민족 통일이 아니라 국가 대 국가의 통합이 되어야 한다. 이제는 좁은 반도를 넘어설 때다.

지금 체제 전쟁은 막바지로 향하고 있고, 대한민국은 새로운 시대로 진입하고 있다. 1987 체제는 수명을 다했다. 새로운 시대에는 민족을 넘어 법치와 개방성을 갖춘 국가가 중심이 되어야 한다. 그래야 새로운 도전을 극복할 수 있다.

새로운 시대는 잘못된 과거의 반성에서부터 시작되어야 한다. 반성은 양심이다. 폐허에서 한강의 기적을 일으켰듯이, 무너진 법치 속에서 진정한 참회를 통해 자유 우파의, 보수의 품격을 세워야 한다.

이것이 지나간 탄핵 사태의 값비싼 교훈이다. 탄핵 사태를 통해 우리의 의식 깊은 곳에서부터 변화가 일어나고 있다. 지금은 이 변화가 어떤 결과를 낳을지 예측하기 어렵지만, 긍정적인 변화가 이루어진다면 박근혜 전 대통령께 고마움을 표하고 싶다. 대통령의 일생은 고난의 연속이었지만 우리의 양심을 각성시켰다. 진심

으로 국가를 위해 헌신한 삶이었기에 그의 비극은 우리의 비극이
되었다.

2030년 7월.

'동북아 경제공동체'가 공식 출범했다. 대한민국과 북한, 옛 사회주의 중국에서 독립한 동북 3성省 및 몽골이 국민투표를 통해 참여를 확정했고, 여든을 바라보는 박근혜 전 대한민국 대통령이 초대 의장으로 선출되었다.

지난 10년은 동아시아의 엄청난 격변의 시기였다.

2019년 발생한 홍콩 사태의 불길은 그다음 해인 2020년 중국 본토로 옮겨 붙었다. 중국 공산당의 부정부패와 내부 세력 다툼, 경기 침체와 미국의 압박이 복합적으로 작용하면서 중국 본토에서 대대적인 민주화 시위가 벌어졌고, 중국 공산당은 맥없이 무너졌다. 신장위구르자치구, 티베트자치구 등 중국 내 비非한족 지역들이 대부분 독립을 선언했고, 한족이 대다수인 중원도 정치 세력별로 쪼개져 내전 상태에 돌입했다. 동북 3성이 이즈음에 독립을 선언했다.

중국의 이런 혼란은 북한 김정은 정권에 치명타를 입혔다. 중국의 민주화 시위와 공산당 몰락 소식은 순식간에 북한 전역에 퍼졌다. 중국의 지원이 끊긴 상황에서 북한 지도층은 김정은으로부터 쉽게 등을 돌렸다. 여기에 미국의 압박이 더해지면서 김정은 정권은 몰락했다. 이후 군부를 중심으로 집단지도 체제가 성립되었다.

이런 격변은 대한민국에도 큰 영향을 주었다. 2019년 하반기에 발생한 '조국 사태'는 민심을 이반시켰다. 문재인 대통령 가족 및 측근 문제가 연이어 불거지고, 권력형 게이트가 잇따라 터져 나왔다. 북한이 무너지면서 유출된 자료들은 한국 사회에 큰 충격을 안겨 주며 옛 좌파 정권에 치명타를 날렸다. 남한 내 종북 세력들이 북한의 3대 세습 독재를 지원하고 북한의 개혁 개방을 가로막고 대한민국 전복을 기도한 원흉이었다는 사실이 밝혀진 것이다. 이런 내용이 담긴 자료들의 유출을 북한에 새로 들어선 집단지도 체제 인사들이 묵인 또는 방조했다는 후문이다. 지난 수십 년간 북한이 남한에서 벌였던 공작들과, 남한의 정치권뿐만 아니라 언론계, 관료계, 재계, 시민 사회 단체 등 곳곳에서 암약하고 있던 협조자들의 실체가 드러났다. 이들이 문재인 정권과 함께 몰락하는 데는 채 1년이 걸리지 않았다.

이 과정에서, 2016년 북한 추종 세력들의 '탄핵 기획'의 배후에 북한이 있었다는 결정적인 증거가 확보되었다. 박근혜 대통령 탄핵 사태의 재조사를 위해 국회에 조사위원회가 꾸려지고, 특별검사가 임명되어 진실을 규명하고 관련자들을 처벌했다. 이와 동시에 특별법이 제정되어 박근혜 전 대통령을 비롯한 피해자들에 대한 명예 회복 및 구제 조치가 이루어졌다.

그로부터 '동북아 경제공동체' 성립까지 10년. 대한민국과 북한은 독립된 국가 체제를 유지하면서 느슨한 경제 협력을 이어 왔다. 남한과 북한은 경제적, 사회·문화적으로 차이가 커서 급격한 통합은 부작용만 낳을 것이라는 공감대가 남북 주민 모두에 형성되어 있었다.

남한과 북한의 교류가 확대되자 옛 중국 동북 3성과 남북한 사이의 교류 역시 자연스럽게 확대되었다. 조선족이 다수 거주하는 이 지역은 남북한과 언어·문화적 공통성이 있을 뿐만 아니라, 혼란한 중국 본토 대신 남북한과의 교류 확대를 원해 왔다. 일찌감치 자본주의 국가로 탈바꿈한 몽골 역시 대한민국과의 오랜 경제적·인적 교류를 통해 우호적인 여론이 형성되어 있었다. 2016년 7월 박근혜 당시 대통령이 몽골과 경제동반자협정EPA 체결 추진에 합의한 것이 컸다. 10여 년의 과도기를 거쳐 몽골까지 아우르는 '동북아 경제공동체'는 이렇게 탄생할 수 있었다.

이제 세계 경제는 미국, 유럽연합, 동북아 경제공동체의 세 축으로 재편되었다. 그중 동북아 경제공동체는 남한의 자본·기술과 북한·동북 3성·몽골의 자원 및 인력이 결합되어 세계에서 가장 높은 경제성장률을 보이기 시작했으며, 이 추세는 2060년까지 향후 30년간 지속될 것으로 예측된다.

중국 공산당과 북한 김정은 정권이 몰락하자 대한민국의 이념 지형은 '종북으로부터 자유로운 좌파'와 '반공으로부터 자유로운 우파'로 재편되었다. 좌파와 우파 모두 자유민주주의와 시장경제 질서를 인정하는 전제 위에서 경쟁할 수 있는 토대가 마련되었다. 이후 10년간 세대 교체도 충실히 이루어졌다.

중국 공산당의 몰락 이후 미국은 고립주의로 회귀하는 움직임을 보이고 있다. 사회주의 중국과 북한이 동반 추락하고 중국 내전 상황이 수습됨에 따라 주한·주일 미군의 단계적 철수가 예정되어 있다. 미국은 '셰일 혁명'으로 산유국 중동의 전략적 가치가 낮아진 데 이어 중국의 몰락으로 동북아에 예전처럼 집중할 이유도 없어졌다. 미국은 동북아 지역에서 대한민국을 중심으로 한 새로운 세력 재편을 바라며 동북아 경제공동체 출범을 적극 지원해 왔다. 대한민국을 중심으로 한 동북아 경제공동체가 유럽의 선례를 따라 '동북아공동체'를 거쳐 '동북아국가연합' 형태로 발전하고 미국과 협조 관계를 지속할 것이 예상된다.

조선 왕조가 수명을 다하고 망국의 아픔을 겪은 뒤 자유민주 국가를 세웠지만 기쁨은 잠시, 대한민국은 1948년부터 약 80년간 동족상잔에 이은 분단의 아픔을 다시 겪었다. 2016년 탄핵 사태로 개시된 분단과 좌우 대립의 최종전은 14년 만에 끝을 맺었고,

한반도와 동북아에는 비로소 영구 평화가 찾아왔다.

새로운 기회가 열렸다. 자유가 강물처럼 흐르는 새로운 시대가 도래하고 있다. 홍익인간의 5천 년 염원은 민족과 국가의 경계를 허물며 실현되고 있다.

지나간 **탄핵**, 다가올 **탄핵**

탄핵 인사이드 아웃 2

초판 1쇄 발행   2019년 11월 25일
초판 3쇄 인쇄   2019년 12월 12일

지은이   채명성
펴낸이   안병훈
펴낸곳   도서출판 기파랑
등 록   2004. 12. 27 제300-2004-204호
주 소   서울시 종로구 대학로8가길 56 동숭빌딩 301호   우편번호 03086
전 화   02-763-8996(편집부) 02-3288-0077(영업마케팅부)
팩 스   02-763-8936
이메일   info@guiparang.com
홈페이지   www.guiparang.com
ⓒ채명성, 2019

ISBN 978-89-6523-612-2   03300